Collection **marabout service**

Traduction & Desktop Publishing réalisés par Lu's Paragraph.

Groupe Diagram

La force de l'esprit

MARABOUT

Avant-propos

Maya Pilkington et le «Groupe Diagram» se sont, comme toujours, écartés des sentiers battus et ont bousculé les disciplines et les conventions pour rassembler dans ce livre, avec une étonnante richesse de détails, des idées et des suggestions pour votre plaisir. Ils n'ont rien épargné; ils remettent les arguments en cause et avancent de nouvelles idées.

La force de l'esprit ébranle vos convictions, défie votre pensée et vous présente des exercices et des techniques que vous pourrez utiliser, dans le style incomparable de «Diagram». **Qui êtes-vous?** vous invitait à partir à la découverte de votre propre personnalité. **Qui étiez-vous?** a exploré vos origines et votre destin. **La force de l'esprit** ajoute une nouvelle dimension importante à votre conception des choses.

La force de l'esprit vous emmène en voyage d'exploration. Le Chapitre 1 vous permet de distinguer différents états d'esprit. Le Chapitre 2 vous donne des exemples d'esprits forts et vous propose des techniques que vous pouvez utiliser pour développer certains aspects de votre esprit qui vous intéressent plus particulièrement. Le Chapitre 3 est consacré aux dons de prophétie et aux techniques que vous pouvez apprendre pour développer votre propre sensibilité aux événements futurs. Divers aspects de la force d'esprit sont examinés en détail dans le Chapitre 4 et sont accompagnés d'exemples de personnes qui ont utilisé leurs dons spirituels, souvent dans des circonstances difficiles.
Le dernier chapitre vous propose des méthodes pour déverrouiller les parties de votre esprit qui se sont bloquées. Il explore certaines idées inhabituelles et propose plusieurs exercices pratiques et simples.

La force de l'esprit vous propose une approche originale des principes éprouvés pour mettre en œuvre vos dons spirituels à des fins pratiques.
Dans ce livre, les sciences occultes côtoient les recherches scientifiques les plus récentes sur le cerveau. De nombreux états d'esprit sont explorés et développés; l'esprit terre à terre est mis à nu alors que vous pénétrez dans un monde excitant où tantôt, c'est la logique qui règne en maître et tantôt, l'imagination instinctive. Ce guide, abondamment illustré, des royaumes opulents de l'esprit se propose d'élargir vos connaissances et d'accroître vos capacités dans les nombreux domaines créatifs où s'exerce l'esprit.
La force de l'esprit vous poussera souvent à tenter de nouvelles expériences et à vous livrer à des plaisirs inconnus.

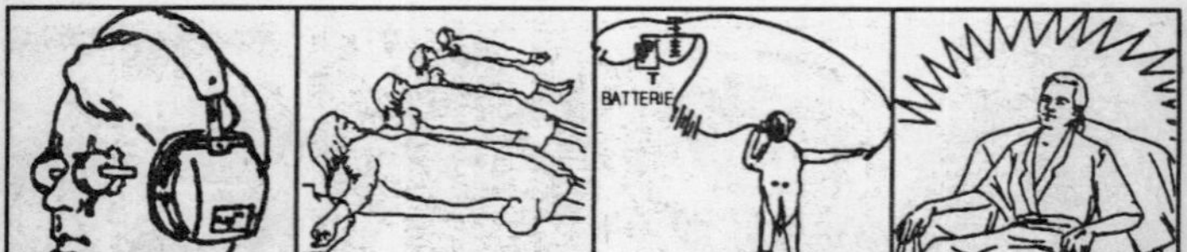

L'auteur vous rappelle que, dans le domaine du cerveau et de l'esprit, de nombreux éléments sont sujets à une mauvaise interprétation ou compréhension. Elle vous laisse souvent, vous le lecteur, vous faire votre propre opinion sur certaines questions. Lorsque les avis divergent, elle l'indique toujours clairement et présente les deux points de vue.

La force de l'esprit est un livre que l'on peut prendre et ouvrir à n'importe quelle page; chaque rubrique est un ensemble complet qui peut être lu séparément ou à la suite, en fonction de vos préférences.

L'esprit n'est pas qu'un intellect, c'est un monde aussi vaste que la vie elle-même. Nous espérons qu'au fil de votre lecture vous aimerez accroître l'emprise de votre esprit sur la matière.

Table des matières

CHAPITRE 1
L'ETAT D'ESPRIT

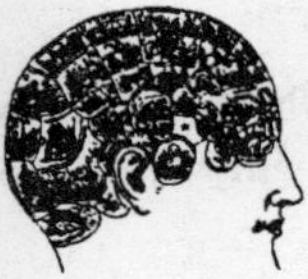

CHAPITRE 2
LES ESPRITS PUISSANTS

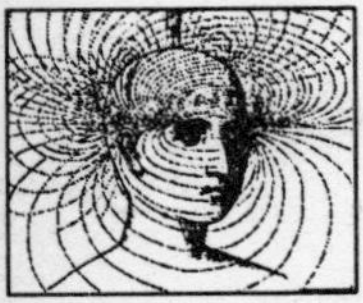

CHAPITRE 3

LES DONS DE PROPHETIE

CHAPITRE 4
LA VOLONTE DE PUISSANCE

CHAPITRE 5

DEVERROUILLEZ VOTRE ESPRIT

Chapitre 1

L'ETAT D'ESPRIT

Nos pouvoirs potentiels dépendent de notre état d'esprit. L'état d'esprit d'une personne se reflète souvent sur son visage ou dans l'attitude de son corps. Même lorsque nous essayons parfois de dissimuler nos pensées ou nos sentiments les autres peuvent malgré tout deviner (sentir intuitivement) notre état d'esprit. Mais où se trouve l'esprit, chaque personne ne possède-t-elle qu'un seul esprit et que contient l'esprit? En effet, lorsque nous disons ce que nous pensons, au travers de quel esprit le faisons-nous? Ce sont ces questions que nous allons étudier dans ce chapitre.

1 Une carte phrénologique du dix-neuvième siècle intitulée: *Tête symbolique illustrant le langage naturel des facultés.*
2 Nous essayons souvent de dissimuler nos véritables pensées et sentiments derrière un masque.
3 Le cerveau possède deux hémisphères censés être liés à des activités différentes.
4 Nous pouvons provisoirement "perdre l'esprit", par exemple lorsque nous sommes (**a**) fortement ivres ou (**b**) en état de choc.
5 La posture de ces huit personnes, debout ou assises, révèle leur état d'esprit. Chacune de ces personnes exerce également une influence sur l'état d'esprit de son partenaire social.

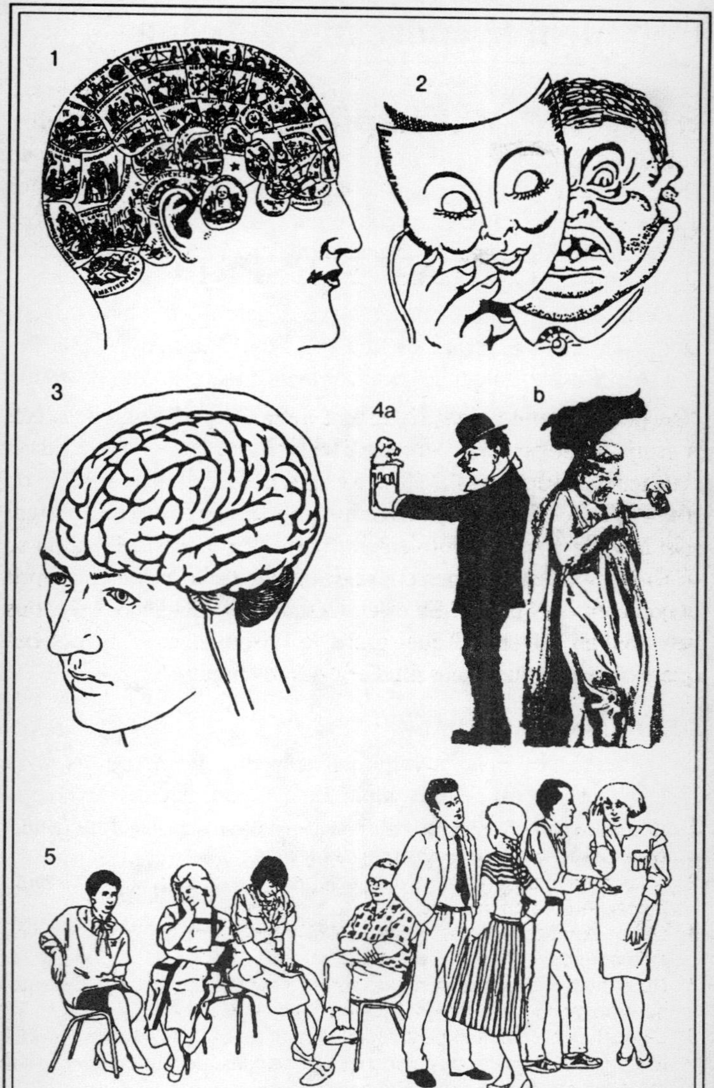
1
2
3
4a
b
5

Comment prendre une décision

Votre esprit est un mécanisme merveilleux. Vous pouvez porter une chose à l'esprit, garder cette chose à l'esprit et la chasser de votre esprit. Vous pouvez penser à deux choses à la fois, changer d'avis et forger votre propre opinion. Vous pouvez également apprendre à lire les pensées d'une autre personne ou vous empresser d'oublier les vôtres!

Certaines personnes ont tendance à garder un esprit ouvert, tandis que d'autres ferment leur esprit à tout autre point de vue.

L'esprit est le moteur de la pensée mais lorsqu'on vous demande "A quoi penses-tu?", votre interlocuteur s'enquiert plutôt de votre état d'âme que de l'objet de votre pensée.

Il faut souvent faire des choix en prenant des décisions. Comment prenez-vous une décision: très rapidement, après mûre réflexion ou éprouvez-vous à chaque fois des difficultés?
Une fois votre décision prise, que faites-vous: maintenez-vous cette décision, en changez-vous ou avez-vous tendance à osciller d'un point de vue à l'autre?

DECISIONS PAS A PAS

La prise d'une décision implique souvent une définition plus précise de ses choix. Par exemple lorsque vous décidez de ce que vous allez manger. Au premier stade, vous avez le choix entre toutes sortes d'aliments. Au deuxième stade, vous avez limité votre choix aux aliments sucrés. Au troisième stade, parmi la gamme des aliments sucrés, vous avez choisi les fruits et au quatrième stade parmi tous les fruits vous avez finalement choisi une pêche .

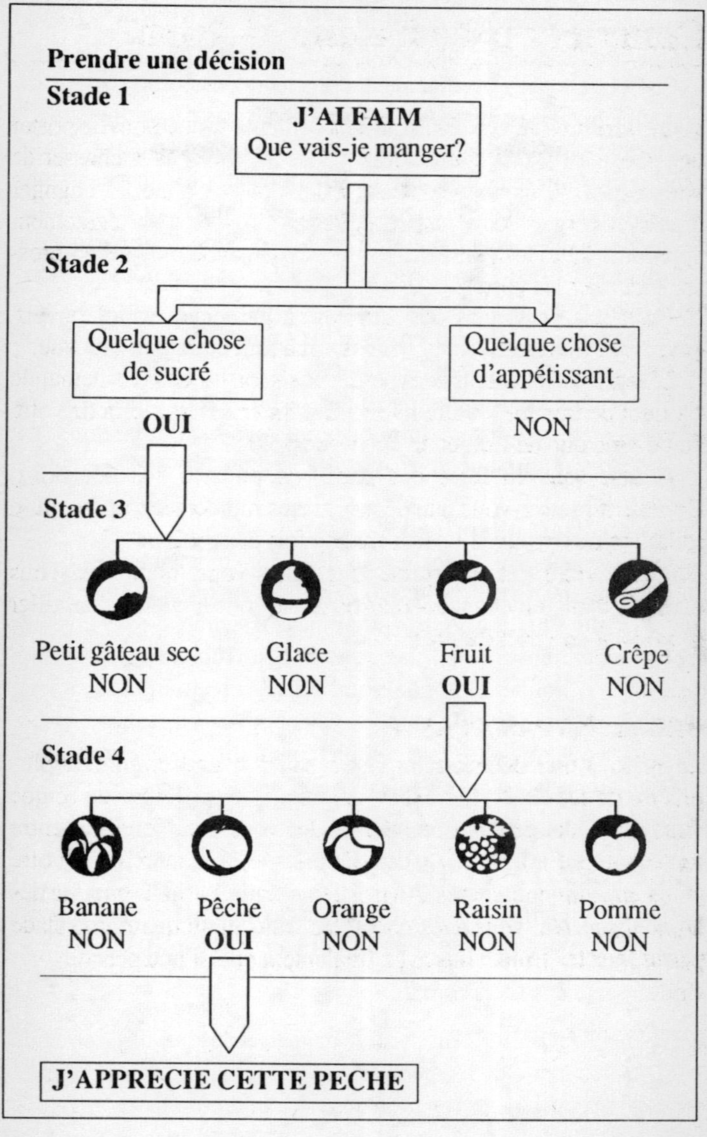
Prendre une décision
Stade 1
J'AI FAIM
Que vais-je manger?
Stade 2
Quelque chose de sucré
OUI
Quelque chose d'appétissant
NON
Stade 3
Petit gâteau sec
NON
Glace
NON
Fruit
OUI
Crêpe
NON
Stade 4
Banane
NON
Pêche
OUI
Orange
NON
Raisin
NON
Pomme
NON
J'APPRECIE CETTE PECHE

Comment prendre une décision

1 Déterminez ce que vous voulez.

2 Cherchez-le en vous ménageant plusieurs possibilités au cas où précisément ce que vous voulez ne serait pas disponible.

Lorsque vous faites un choix, vous rejetez automatiquement toute autre alternative. C'est la solution adoptée par certaines personnes pour prendre une décision: elles rejettent ce qu'elles désapprouvent et acceptent ce qui reste. Procédez-vous parfois par élimination? C'est souvent le cas lorsque ce que nous voulons réellement n'est pas disponible. Par exemple, c'est d'un abricot dont vous aviez vraiment envie, mais vous avez penché pour la pêche comme second meilleur choix.

La formule de l'alternative pour la prise d'une décision est simple à établir, mais elle implique que vous sachiez ce que vous voulez, c'est-à-dire que vous ayez d'abord un avis.

Dans deux états d'esprits

Vous avez peut-être envie de vous détendre en lisant un bon livre, mais en même temps, vous voulez finir un rapport pour votre travail. Cette situation crée un dilemme et il semble qu'il y ait deux esprits qui entrent en jeu dans ce cas-ci. L'un répond à ce que vous ressentez et l'autre à ce que vous pensez. Tout en essayant de choisir entre le livre et le rapport, vous pouvez vous surprendre à rêvasser à quelque chose de complètement différent! Seriez-vous à présent dans trois états d'esprits?

QUEL ESPRIT?

Certains individus ont suggéré que nous avions en fait trois esprits: un esprit corporel, un esprit intuitif et un esprit astral.

Une théorie des trois esprits

L'ESPRIT CORPOREL se situe dans le corps fait de chair et de sang et fonctionne de façon pratique et concrète. L'esprit corporel dit: "Je suis fatigué, je veux me détendre et lire un livre."

L'ESPRIT ASTRAL est une partie consciente de nous-même qui peut se détacher de la réalité du moment et travaille dans l'abstrait. L'esprit astral dit: "Il y a dans ma serviette un rapport que je dois rédiger. Il serait préférable qu'il soit terminé avant que j'arrive au travail demain."

L'ESPRIT INTUITIF est un champ d'énergie qui rayonne à la fois à l'intérieur et légèrement à l'extérieur du corps et travaille de façon instinctive. L'esprit intuitif dit: "Mes instincts rêvent d'un footing le long de la plage sous un chaud soleil."

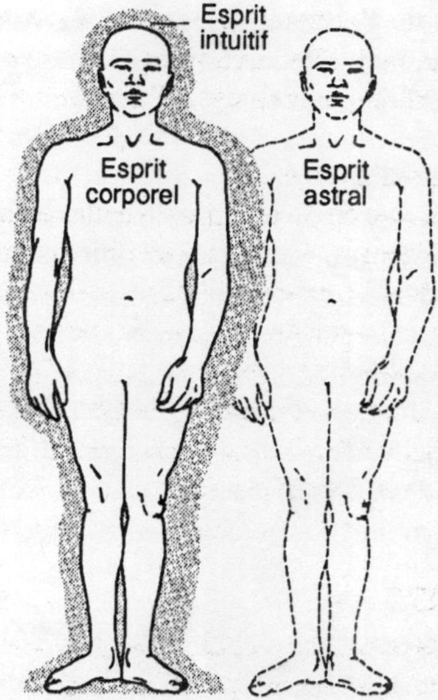

Ces trois esprits sont explicités dans les pages suivantes: **Découvrir votre esprit astral; Utiliser votre esprit corporel; Apprendre à connaître votre esprit intuitif.**

Découvrir votre esprit astral

UNE DEFINITION CONCRETE DE L'ESPRIT ASTRAL

L'esprit astral est la capacité de l'esprit à sortir du corps et à voir à la fois le corps et tout ce qui l'entoure, d'une façon entièrement objective, détachée et indifférente comme l'illustre le croquis de la page 20.

Qu'est-ce que l'esprit?

Il existe plusieurs définitions de l'esprit: des pouvoirs intellectuels; la mémoire; l'intention; une façon de penser et d'éprouver un sentiment; le siège de la conscience et de la volonté; l'âme par opposition au corps matériel et caetera. Nombre de ces idées sont contradictoires et aucune d'entre elles ne donne une explication claire de ce qu'est l'esprit. Elles ne suggèrent pas davantage l'endroit exact où peut se trouver l'esprit.

L'esprit est une fonction très complexe de la personne dans son ensemble. Ce n'est pas un objet dans le sens où une jambe ou un cœur peuvent être considérés comme une partie vraiment distincte.

Nous décrivons sur cette page et dans les onze qui suivent trois façons plutôt inhabituelles d'observer l'esprit en fonctionnement. Il s'agit de l'esprit astral, de l'esprit corporel et de l'esprit intuitif, même si, comme vous allez le découvrir, d'autres noms sont utilisés pour les désigner. Chacun de ces trois éléments fait partie intégrante de l'esprit et ne peut fonctionner séparément.

Le corps astral

Les philosophies ésotériques définissaient le corps astral comme la conscience de l'âme qui peut se détacher du corps matériel et vivre une existence indépendante après la mort.

C'est de là que provient l'expression "expérience extracorporelle" qui est utilisée pour décrire de tels phénomènes où l'esprit conscient se sépare apparemment du corps pendant la vie. Cette fonction de séparation de l'esprit est souvent appelée "abstraction", mais esprit astral serait une expression plus appropriée.

L'esprit astral

Les expériences extracorporelles ont fait couler beaucoup d'encre ces dernières années. Elles se produisent en général sous tension, en état de choc ou sous anesthésie, mais elles peuvent également avoir lieu lorsque notre perception des événements ne correspond pas à la réalité. Lorsqu'une sortie hors du corps se produit pendant une situation de vie ou de mort, on peut parler d'une "expérience de mort imminente". La raison de ce phénomène demeure inexpliquée.

Quelques exemples d'expériences extracorporelles

Une expérience extracorporelle due à l'immobilité du corps pendant des déplacements à grande vitesse.

Une expérience de mort imminente due à un choc physique survenu lors d'un accident.

Une expérience extracorporelle due à un choc culturel dans une situation totalement inhabituelle.

L'ESPRIT EN FONCTIONNEMENT DANS LA VIE DE TOUS LES JOURS

Les théories visant à définir de quelle manière notre aptitude à l'apprentissage se développe depuis l'enfance ont permis de découvrir que nos esprits fonctionnent de trois façons principales pendant l'âge adulte.

La fonction spontanée de l'esprit

Pendant la gestation et plus tard pendant la petite enfance, nous apprenons directement par nos sens. Nous touchons, nous suçons, nous regardons et nous écoutons sans référence à la mémoire, à la pensée ou au bon sens. Par exemple, nous apprécions ou nous n'apprécions pas un morceau d'orange placé devant nous, quelle que soit sa valeur nutritive, et cette réaction est instantanée. Cette fonction intuitive de notre esprit ne nous quitte pas lorsque nous développons une vision plus concrète de la vie.

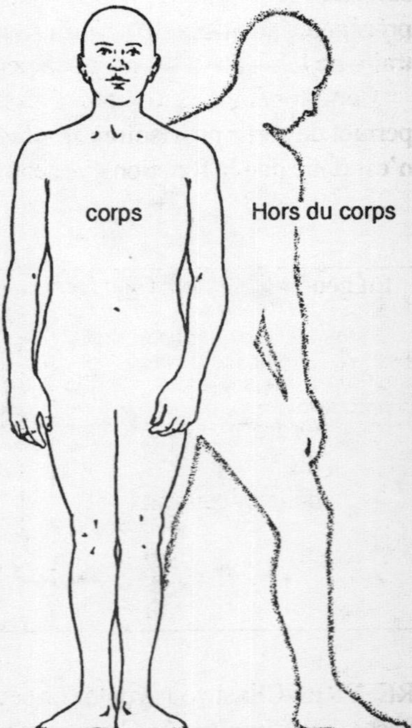

La fonction concrète de l'esprit

Pendant cette phase de développement, nous apprenons à utiliser toutes nos capacités corporelles pour faire la distinction entre les apparences et la réalité. Nous assimilons, par exemple, la constance du volume en versant la même quantité d'eau d'un pot dans d'autres pots et nous découvrons que le même volume d'eau ne semble différent que lorsqu'il se trouve dans des récipients différents. Cette fonction concrète de nos esprits ne nous quitte pas à mesure que nous apprenons à penser de façon abstraite durant l'âge adulte.

La fonction abstraite de l'esprit
C'est la capacité de penser à une chose tandis que l'on fait quelque chose de complètement différent. En faisant l'entretien de notre voiture, nous pouvons penser à une autre partie du moteur ou à quelque chose qui n'a aucun rapport avec cette activité, comme le match de football auquel nous prévoyons d'assister la semaine suivante ou la réunion que nous avons eue au travail la semaine précédente. En d'autres termes, il nous est possible de nous abstraire de la réalité présente et de penser à autre chose.

Cette fonction abstraite de l'esprit, poussée à l'extrême, nous permet de sortir provisoirement de notre corps. Notre esprit astral n'est donc que la fonction abstraite poussée à l'extrême.

En général, les trois fonctions principales opèrent ensemble:		
	↑	**L'ESPRIT ASTRAL** fonctions abstraites
Ordre de développement	↑	**L'ESPRIT CORPOREL** fonctions concrètes
	↑	**L'ESPRIT INTUITIF** fonctions spontanées

REFERENCE: si vous voulez en savoir plus sur votre esprit astral, passez au **Chapitre 2: Comment faire un voyage astral** (pages 78-82).

Utiliser votre esprit corporel

UNE DEFINITION PRATIQUE DE L'ESPRIT CORPOREL

L'esprit corporel est l'ensemble des fonctions liées au système nerveux central qui contrôlent le comportement physique, mental et émotionnel du corps, comme le montre le diagramme page 24. L'esprit corporel continue à fonctionner que nous soyons conscients ou non.

LE CORPS HUMAIN

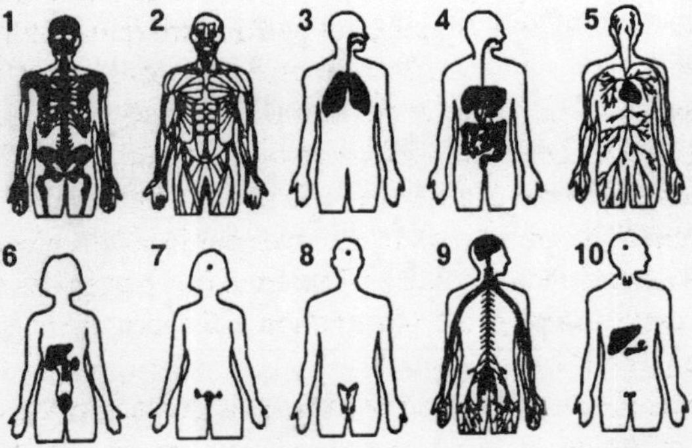

Les systèmes du corps:
1 Squelette-avant et arrière
2 Muscles-avant et arrière
3 Respiratoire
4 Digestif
5 Vasculaire
6 Foie et système urinaire
7 Reproduction-femme
8 Reproduction-homme
9 Système nerveux
10 Métabolisme et système endocrinien

La structure physique, matérielle du corps est relativement facile à étudier. Le squelette lui donne une structure de base, les muscles permettent à cette structure de bouger et le cœur n'est qu'un muscle spécialisé qui propulse le sang dans les artères et les veines. Tout comme pour les organes principaux, recevoir un nouveau cœur, un nouveau foie ou un nouveau poumon est possible si un donneur disponible vient à décéder. Des tronçons d'artère ou de côlon peuvent être enlevés et remplacés par des tubes en plastique, et l'on peut greffer sur une zone endommagée de votre peau des tissus sain prélevés ailleurs sur votre corps. On a même commencé à remplacer des cellules endommagées du cerveau.

En dépit de toutes nos connaissances à propos du corps, son fonctionnement reste dans une large mesure un mystère. Plus nous en savons sur l'esprit corporel, moins nous semblons en savoir. Une chose est certaine: le corps cesse de fonctionner lorsque le cerveau meurt.

MORT CEREBRALE ET MORT CLINIQUE

La mort clinique se produit lorsque le cœur et les poumons cessent de fonctionner. Une personne peut parfois être ramenée à la vie si son cerveau est resté intact, à condition de disposer immédiatement d'une assistance qualifiée et des équipements nécessaires.

C'est au cours de cette période de mort apparente que certaines personnes ont éprouvé la sensation de se voir elles-mêmes, comme légèrement à l'écart, et ont été capables par la suite de se rappeler les actes des médecins et des infirmières. Ces personnes ont indiqué que cette expérience d'observation à distance était agréable et indolore.

La mort cérébrale se produit lorsque le cerveau cesse de fonctionner et qu'aucun tracé n'apparaît sur un électroencéphalogramme qui mesure les impulsions électriques produites par le cerveau.

Dans quelques cas, lorsque la structure corporelle n'était pas endommagée, certaines parties du corps ont pu être maintenues en état de fonctionnement dans une certaine mesure après la mort cérébrale. Par exemple, une femme enceinte qui meurt dans le coma à quelques semaines de l'accouchement. Le corps de la mère est maintenu en vie grâce à une machine d'assistance respiratoire jusqu'à l'accouchement et donne naissance à un bébé apparemment normal et en bonne santé. L'esprit corporel de la mère a cessé de fonctionner et la machine a relayé les quelques fonctions physiologiques de base.

Mais qu'en est-il de l'esprit du bébé? L'esprit du bébé est-il conscient des changements qui se sont produits? Il est également intéressant de se demander si une fonction de l'esprit de la mère est restée à proximité sous la forme de son esprit astral. (Voir les pages 20 et 21 pour plus de détails.)

L'ESPRIT CORPOREL, FONCTION MAITRESSE DE L'ESPRIT

Le système nerveux central

Le système nerveux présente trois aspects:

1 Le cerveau et la transmission centrale de la moelle épinière.

2 Le système nerveux périphérique pour les action conscientes et les réflexes.

3 Le système nerveux autonome qui contrôle les battements du cœur, la respiration et d'autres activités inconscientes.

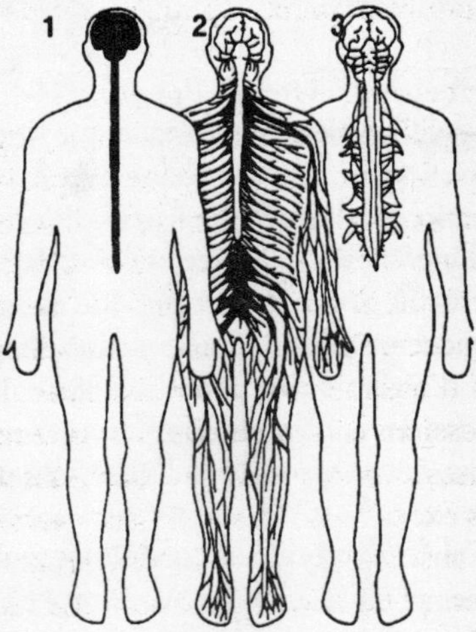

Ne perdons pas de vue que bien que nous ayons cité trois esprits, à savoir l'esprit astral, l'esprit corporel et l'esprit intuitif, ce sont les trois fonctions principales de l'esprit pris dans son ensemble que nous décrivons ici.

L'esprit corporel est concret, il se compose de chair, de sang et de millions de cellules en interaction électrique et biochimique. C'est cette interaction globale qui est réelle. La façon dont nous interprétons cette réalité personnelle se reflète physiquement, mentalement et émotionnellement dans nos attitudes.

C'est grâce à une fonction de notre esprit que nous sommes capables de nous séparer de la réalité, de nous abstraire de la réalité totale et, ce faisant, nous vivons parfois dans deux états d'esprit.

L'utilisation de la fonction de l'esprit abstrait ou astral est impossible sans l'esprit corporel. Mais l'est-elle vraiment? Si l'esprit corporel est la fonction maîtresse qui contrôle toutes les autres fonctions de l'esprit, nous pouvons en déduire qu'il n'y a rien après la mort. Pourtant d'aucuns prétendent que l'esprit astral subsiste après la vie terrestre. Etant donné qu'aucune preuve tangible ne vient étayer l'une ou l'autre de ces thèses, vous devez vous faire votre propre opinion sur cette question.

L'esprit corporel forme l'ancre

Votre esprit corporel est raisonnable, logique et réaliste. Il s'intéresse aux faits et nous fait garder les pieds sur terre. Il peut analyser les situations de façon empirique. Il ne croit que ce qui est réellement et incontestablement prouvé et il n'est pas non plus spécialement créatif. Il émet et reçoit des messages et se comporte en conséquence. Sans lui, nous serions complètement perdus dans un fouillis d'abstractions contradictoires. Il peut trier une myriade d'impressions et d'intuitions et en tirer un sens. Il peut se souvenir des choses importantes et se débarrasser de ce qui est superflu. Sans lui, nos excursions dans le monde merveilleusement créatif de la pensée abstraite ne nous mèneraient nulle part. L'esprit corporel nous permet de traduire une nouvelle idée brillante dans les faits. L'esprit corporel est l'ancre qui nous empêche d'errer à jamais sans but.

Où jetez-vous l'ancre?

Hélas! L'esprit corporel n'est pas parfait. Il peut commettre des erreurs à cause de cette autre fonction de l'esprit, celle avec laquelle nous sommes venus au monde: la fonction intuitive de l'esprit, qui sera étudiée à la page suivante.

REFERENCE: pour en savoir plus sur votre esprit corporel, passez au **Chapitre 2: Dépasser les barrières de votre esprit** (pages 122-126).

Apprendre à connaître votre esprit intuitif

UNE DEFINITION CONCRETE DE L'ESPRIT INTUITIF

L'intuition est la capacité que possède l'esprit de savoir quelque chose de façon spontanée sans pensée ni raison apparente. L'esprit intuitif sent ou capte des informations provenant du monde extérieur comme si elles traversaient la peau et de la même manière il transmet des informations au monde extérieur comme s'il s'agissait d'un rayonnement d'énergie. Voir diagramme ci-dessous.

L'ESPRIT INVISIBLE

Comme c'est le cas pour toutes les fonctions de l'esprit, l'intuition est une réponse de l'esprit aux informations provenant à la fois de l'intérieur et de l'extérieur du corps. Alors que les pensées et les sentiments abstraits et concrets semblent trouver leur source dans le cerveau et le système nerveux, les intuitions, en revanche, peuvent être ressenties dans différentes parties du corps, par exemple la sensation générale que quelque chose ne va pas ou que le moment est bien choisi.

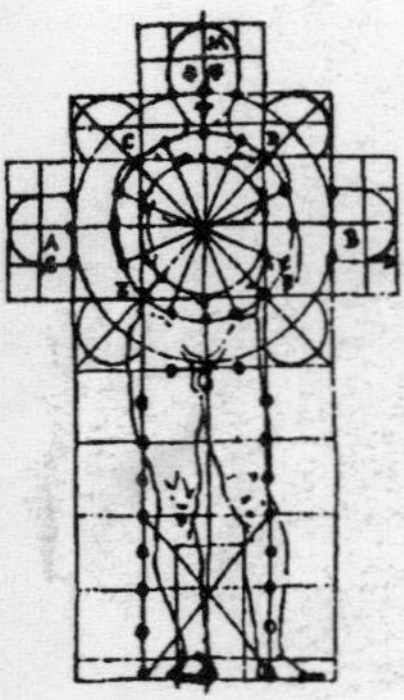

Les architectes et les artistes donnent souvent à leurs créations des proportions humaines ou animales. Le plan d'une église italienne du 15ème siècle par le Siennois Francesco di Giorgio de même que le système 'Modulor' du 20ème siècle du Suisse Le Corbusier qui se base sur une figure humaine idéale de 1m83 en sont deux exemples (ci-contre).

Certaines personnes pensent que la fonction intuitive de l'esprit peut émettre ou recevoir des messages par l'intermédiaire d'un rayonnement ou d'une force énergétique invisible qui est parfois appelée aura corporelle. Dans les philosophies ésotériques, l'aura est une manifestation de l'énergie du corps éthéré ou du corps tout entier sans laquelle le corps ne pourrait vivre.

L'AURA CORPORELLE

Tous les êtres vivants dégagent de l'énergie. On dit que la vibration constante et les couleurs changeantes de cette aura indiquent les conditions de vie. Des thérapeutes reichiens, comme le Dr. John Pierrakos, le Dr. Alexander Lowen, Stanley Keleman et d'autres, ont utilisé cette aura corporelle à des fins diagnostiques et thérapeutiques avec beaucoup de succès. On a découvert des liens étroits entre leurs travaux et les philosophies de certaines religions orientales comme le bouddhisme.

L'aura est invisible à l'œil nu, mais peut être perçue de façon intuitive avec de la pratique et même observée par les personnes qui sont particulièrement sensibles. De nombreux guérisseurs et voyants semblent pouvoir se brancher sur l'énergie du corps tout entier par l'intermédiaire de l'aura. La photographie de Kirlian est une méthode qui permet de reproduire sur une plaque photographique les émanations dégagées par une main ou la feuille d'une plante après exposition de plusieurs secondes.

LA FONCTION PRIMITIVE DE L'ESPRIT

C'est peut-être parce que les toutes premières impressions reçues par nos esprits sont spontanées et non traitées que l'intuition a la réputation d'être primitive, en particulier lorsqu'elle se mélange aux instincts naturels dont nous avons hérité.

Les intuitions font assez fréquemment l'objet de railleries parce qu'elles sont irrationnelles ou immatures. Certaines d'entre elles le sont en effet puisque nous avons besoin de notre esprit corporel concret pour en saisir la signification.

D'autre part, l'intuition est une fonction précieuse de l'esprit qui ne nous quitte pas tout au long de notre vie et nous fournit ces pressentiments qui se révèlent si souvent d'une exactitude absolue.

La plupart de nos croyances se basent sur une perception intuitive de ce qui est bon ou mauvais. Nous pouvons utiliser nos esprits concrets et abstraits pour soutenir nos croyances, mais, en fin de compte, elles sont fortement intuitives.

Apprendre à connaître votre esprit intuitif

Rares sont ceux qui consacrent beaucoup de temps à trier les perles intuitives disséminées dans la boue des erreurs de l'intuition. Tomber amoureux, par exemple, peut être une question d'intuition. Nous pouvons tomber passionnément amoureux d'une personne sans raison aucune. Au fil des ans, nous pouvons nous choisir un port d'attache où nous jetons l'ancre au retour de nos traversées sur l'océan de la vie. Si ce choix s'avère judicieux, tout va bien.

Si, par contre, les mêmes problèmes sempiternels réapparaissent, peut-être serait-il plus raisonnable de prendre conscience qu'il vaut mieux ne pas se fier à son intuition pour cette affaire en particulier et choisir un partenaire différent la fois suivante? Jeter l'ancre dans un autre port ne signifie pas qu'il n'y aura plus de problèmes, mais que les moyens de les résoudre seront différents.

La seule façon d'éduquer votre esprit intuitif, c'est de lui faire confiance, de mettre votre intuition à l'essai et d'utiliser votre esprit corporel et votre esprit abstrait pour contrôler les résultats.

C'est de cette façon que vous pourrez certainement dégager de la boue de vos intuitions quelques pierres précieuses véritables à côté desquelles vous seriez passé.

Voici plusieurs exemples de combinaison entre l'esprit intuitif et le stock de connaissances et de compétences accumulées par l'esprit logique: prévoir le résultat d'un jeu de hasard; peindre un tableau; décocher une flèche.

REFERENCE: pour en savoir plus sur la façon d'utiliser votre esprit intuitif, passez au **Chapitre 2: Comment utiliser vos dons de guérisseur** (pages 137-140).

Loin des yeux loin du cœur

A l'époque où les ordinateurs n'en étaient encore qu'au stade initial de leur développement, il y avait une histoire illustrant combien ce nouveau type de technologie pouvait être stupide. On racontait qu'un ordinateur interprétait la phrase 'loin des yeux loin du cœur' comme une 'démence' invisible. Il s'agissait, bien sûr, d'une traduction littérale puisque l'ordinateur ne pouvait reconnaître la signification des mots.

La reconnaissance de la signification fait appel à la mémoire, mais pas forcément au même type de mémoire chez tout le monde. Là où une personne voyante reconnaît une chaise par son apparence, une personne non voyante la reconnaît par le toucher. Une personne à l'ouïe normale reconnaît la parole par le son, tandis qu'une personne mal entendante comprend les mots en se souvenant de leur forme, par exemple en lisant sur les lèvres.

Les yeux perçoivent des images et les oreilles des vibrations, mais la reconnaissance et la compréhension sont des fonctions de l'esprit: elles dépendent toutes deux de la mémoire.

La mémoire est vitale pour l'esprit

Sans mémoire, vous ne pourriez même pas reconnaître votre propre maison. Il serait toutefois pénible de se rappeler tout ce qui s'est passé chaque jour à tout moment de la journée. Deux processus nous permettent de ne retenir que ce qui est important.

Processus 1: la mémoire à court terme. Pendant les 30 premières minutes qui suivent un événement, son enregistrement dans notre mémoire se ferait de façon électrique. Il s'agit d'une forme provisoire de stockage et les événements plus importants laisseront une trace plus profonde que les événements plus dérisoires.

Des amoureux, par exemple, se souviendront de petites impressions personnelles et ignoreront jusqu'aux événements les plus intéressants se déroulant autour d'eux.

Par contre, une personne ayant reçu un coup violent sur la tête lors d'un accident est souvent incapable de se rappeler ce qui s'est passé dans la demi-heure qui a précédé l'accident.

Processus 2: la mémoire à long terme. Pendant ou après la première demi-heure, la mémoire électrique peut s'effacer ou être transférée dans le cerveau sous forme chimique pour un enregistrement à long terme. L'enregistrement chimique sera ensuite imprimé par la répétition ou l'addition de nouvelles informations.

Le fait, par exemple, de conduire le même véhicule tous les jours sur la même route peut devenir une seconde nature puisque les images, les sons, les odeurs et les mouvements deviennent familiers et sont enregistrés dans la mémoire à long terme. La façon de conduire a été apprise et avec elle, les mauvaises habitudes que l'on peut avoir acquises, comme le fait de coller de trop près aux véhicules qui précèdent.

AVEZ-VOUS UNE BONNE MEMOIRE A COURT TERME?

Prenez un crayon et du papier et lisez le paragraphe qui suit. Ne le lisez qu'une seule fois.

Le Russe Anton Pavlovich Tchekhov naquit en 1860 à Taganrog. Bien qu'il fût médecin diplômé, il préféra écrire des nouvelles. Il écrivit sa première pièce, *La Mouette*, en 1896. Il écrivit également *Oncle Vania* en 1899, *Les Trois Sœurs* en 1901 et *La Cerisaie* en 1904, année de sa mort.

41971693993751058209749445923078164062862

Eloignez à présent le livre et prenez votre crayon et votre feuille de papier. Notez-y tous les éléments du paragraphe que vous vous rappelez, dans n'importe quel ordre. Lorsque vous avez terminé, reprenez votre livre et vérifiez le nombre d'éléments dont vous vous êtes souvenus avec exactitude.

La moyenne est de 50%, mais ne désespérez pas si vous n'avez pas pu vous rappeler grand-chose. L'intérêt joue un rôle important dans la mémoire et le processus de mémorisation varie selon les personnes. Mozart avait une mémoire auditive. Les joueurs de billard, les danseurs et les joueurs de football ont en général une excellente mémoire motrice et tactile. Cet exercice ne concernait que la mémoire visuelle et verbale. Vous aurez peut-être envie de refaire cet exercice avec un paragraphe extrait d'un livre ou d'un magazine qui traite de votre sujet favori.

- **1800** Washington devient la capitale
- **1800** Jefferson est le 3ème Président élu
- **1801-05** Guerre Tripolitaine
- **1803** Achat de la Louisiane
- **1804** Burr tue Hamilton en duel
- **1804-06** Lewis
- **1804** Jefferson
- **1805-07** Pike
- **1806**
- **180**
- **1**

Π=3,1415926535589793238462643382795028 8

Sans une mémoire fidèle, les candidats des jeux-concours télévisés, les joueurs d'échecs, les instrumentistes et les acteurs seraient incapables de se souvenir des informations dont ils ont besoin pour déployer leurs talents.
En 1981, Rajan Srinivasen Mahadevan, un indien de 23 ans, a réussi à se rappeler la valeur mathématique de 'pi' jusqu'au 31.811e chiffre après la virgule. Au bas de ces pages nous avons imprimé le début (75 chiffres) de la séquence décimale.

MEMOIRE EIDETIQUE

Pensez à l'endroit ou à la personne que vous préférez. Fermez les yeux et essayez de vous rappeler l'endroit ou la personne avec précision, dans les moindres détails. La plupart des gens pourront se représenter une image mentale, tandis que d'autres ne pourront se rappeler que d'une partie de l'image. D'autres encore seront incapables de créer une image visuelle mentale, mais pourront se souvenir du son d'une voix ou de la senteur d'un parfum.

Les personnes qui ont une mémoire eidétique pourront "voir" le site ou la personne tels qu'ils sont dans la REALITE. Si vous croyez être la personne sur un milliard qui peut y arriver, vérifiez-le en procédant à l'expérience suivante.

1 Choisissez une page au hasard dans ce livre.
2 Observez-la pendant 5 secondes.
3 Fermez le livre.
4 Fermez les yeux.

Pouvez-vous voir la page du livre EXACTEMENT comme si elle était encore ouverte devant vous? Si vous pouvez vous asseoir et lire cette page, vous avez une mémoire eidétique.

41971693993751058209749445923078164062862

Un problème

Une personne qui possède une mémoire eidétique confond souvent l'image eidétique avec la réalité et doit apprendre à jeter un voile mental sur les images eidétiques.

On dit que les enfants peuvent percevoir de façon eidétique; les personnes imaginaires dont les enfants prétendent qu'ils partagent la vie ou les repas sont probablement des images eidétiques. Heureusement, le cerveau modifie sa façon d'enregistrer les informations au fur et à mesure que nous vieillissons et que nous acquérons le langage. C'est peut-être également une des raisons pour lesquelles nous oublions tant de souvenirs de notre enfance.

LA PERTE DE MEMOIRE

La maladie d'Alzheimer, appelée communément démence, touche certaines personnes âgées en provoquant des pertes de la mémoire à court terme mais en laissant intacts les souvenirs anciens. Quelques personnes perdent leur capacité à se souvenir des choses récentes à la suite d'une maladie virale qui peut frapper à n'importe quel âge.

Clive Waring, musicien classique et chef d'orchestre britannique, a souffert de cette maladie à l'apogée de sa carrière au milieu des années 1980. Ses talents pratiques, comme celui de jouer de l'orgue, ne sont pas affectés, mais sa mémoire à court terme ne fonctionne pas. Il est incapable de se rappeler comment il a passé chaque moment de la journée, une expérience à la fois terrifiante et très troublante. Il salue souvent son épouse comme s'il la voyait pour la première fois, mais oublie les autres personnes, même si on vient de les lui présenter. Il décrit sa vie comme une mort vivante. Son intelligence et les nombreux talents non verbaux qu'il a acquis avant sa maladie sont les seuls éléments de sa vie qui l'agréent.

Qu'est-ce que le sixième sens?

Pouvons-nous recevoir des informations en provenance de l'extérieur de notre corps par d'autres moyens que les cinq organes des sens? Les voyants sont censés recevoir de telles perceptions extra--sensorielles. La télépathie, quant à elle, est la transmission de messages entre des personnes sans recours à l'un des cinq sens. Si nous avons un sixième sens, comment commandons-nous cette perception? Est-elle commandée par nos cinq organes des sens ou par un autre moyen? Nous "branchons"-nous sur la longueur d'onde d'une autre personne, ou résonnons-nous de nos propres vies intérieures? Pour découvrir ce qu'il faut entendre par sixième sens, nous devons d'abord étudier les sens mieux connus.

LES CINQ SENS

Il existe cinq sens qui reçoivent clairement des stimuli provenant de l'extérieur du corps, par l'intermédiaire des récepteurs du système nerveux qui se trouvent dans des organes sensoriels spécialement adaptés (A à E sur votre schéma).

A Les deux yeux sont les organes de la VUE, qui perçoivent des ondes lumineuses.

B Les deux oreilles sont les organes de l'OUIE, qui perçoivent des ondes sonores.

C Le nez est l'organe de l'ODORAT, qui perçoit des particules chimiques émises par des substances en suspension dans l'air.

D La langue est l'organe du GOUT, qui perçoit des particules chimiques provenant de solides ou de liquides.

E La peau est l'organe du TOUCHER, qui perçoit les changements de pression et de température. Nous possédons de nombreux autres sens qui reçoivent des stimuli provenant de l'intérieur du corps. Par exemple, un sens de l'équilibre et un sens kinesthésique qui ne sont que deux des nombreux autres systèmes récepteurs que possède notre corps.

F Les canaux semi-circulaires qui se trouvent dans les deux oreilles internes sont les organes de l'EQUILIBRE, qui perçoivent des signaux émis par le mouvement du fluide à l'intérieur de ces canaux.

G Les propriocepteurs présents dans les articulations, les ligaments, les tendons et les muscles sont les récepteurs nerveux de notre sens KINESTHESIQUE, qui nous permet d'effectuer des mouvements réguliers et coordonnés.

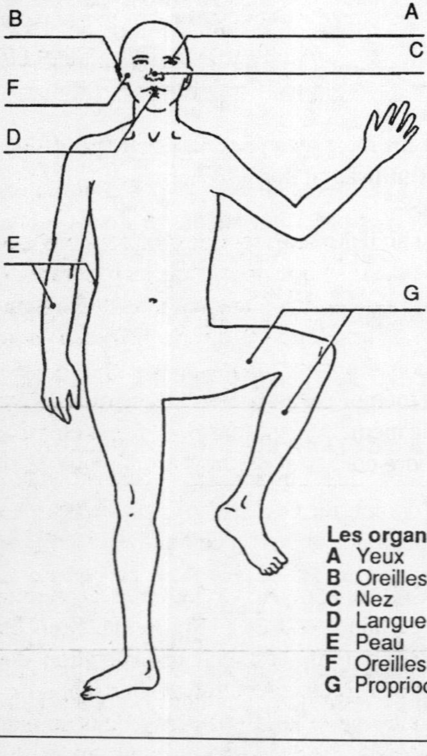

Les organes des sens
A Yeux
B Oreilles
C Nez
D Langue
E Peau
F Oreilles internes
G Propriocepteurs

Tous les systèmes récepteurs, A à G (à gauche), dépendent des cellules réceptrices du système nerveux pour percevoir les stimuli qui sont ensuite transmis au cerveau où ils sont interprétés. Le sixième sens est-il un système récepteur qui dépend, d'une façon similaire, de récepteurs nerveux?

Quatre avis à propos du sixième sens
PREMIER AVIS
Toutes les connaissances du sixième sens ne sont que des hypothèses qui se vérifient parfois, mais par le fait du hasard.
DEUXIEME AVIS
Le sixième sens consiste en des messages reçus par une partie ou par l'ensemble des autres sens réunis pour former une nouvelle combinaison.
TROISIEME AVIS
Les informations et les messages peuvent être reçus d'une façon qui n'implique pas l'utilisation des sens normaux.
QUATRIEME AVIS
Les informations du sixième sens sont des impressions que nous avons reçues dans le passé et que nous n'avons pas traitées, mais enregistrées dans notre mémoire. Captons-nous des signaux provenant de l'extérieur de nous-mêmes directement dans notre cerveau ou appréhendons-nous simplement des choses que nous avons déjà mises en mémoire à notre insu? L'examen du mode de fonctionnement de la mémoire peut fournir d'autres éléments permettant de comprendre comment pourrait fonctionner le sixième sens.

LA MEMOIRE

Personne n'a encore résolu le mystère relatif à la façon dont nous nous souvenons de certaines choses à long terme. Nous croyons que la mémoire à court terme est une réverbération dans les chemins neuraux, un peu comme la vibration d'un diapason ou les ondulations provoquées par le jet d'une pierre dans un étang. La forme de l'onde subsiste pendant un court instant et disparaît ensuite. La mémoire à long terme pose un problème plus difficile à résoudre et plusieurs théories existent.

La théorie de la trace

Aristote suggérait que les souvenirs étaient conservés dans le cerveau par une certaine forme de trace laissée par eux, tout comme une impression peut être conservée dans la cire. Les idées modernes, tout en étant plus sophistiquées, sont similaires et supposent que chaque souvenir laisse sa trace dans le cerveau et que cette trace peut être identifiée et rejouée, un peu comme un passage sur une bande magnétique.

Le sixième sens laisse-t-il des traces dans le cerveau?

La théorie du code

A la fin des années 60, certains chercheurs pensaient que les souvenirs à long terme étaient enregistrés sous forme de code pendant la formation de molécules d'acide ribonucléique, semblables aux molécules d'ADN qui enregistrent le code génétique.

Le sixième sens consiste-t-il en une capacité d'interprétation de codes chimiques?

La théorie de la modification synaptique

Les synapses sont le point de contact entre les cellules nerveuses. On pense que la structure des synapses peut être modifiée lorsque de nouvelles informations pénètrent dans les cellules du cerveau et que ces modifications représentent de nouveaux souvenirs.

Le sixième sens consiste-t-il en une modification de la structure de certaines cellules nerveuses?

La théorie morphogénique

D'aucuns ont suggéré que tous les organismes s'harmonisent sur plusieurs de leurs propres éléments constitutifs fondamentaux, appelés éléments morphiques, et se développent en conséquence. Pour nous rappeler un événement passé, il nous suffirait donc de nous brancher sur ces structures fondamentales en résonnant avec elles.

Le sixième sens est-il la capacité de s'accorder sur nos propres éléments morphiques et sur ceux d'autres personnes?

Schéma hypothétique du fonctionnement de la mémoire

On pense que le fonctionnement de la mémoire joue un rôle dans les processus didactique et créatif. Si les signaux extra-sensoriels peuvent également être reçus de l'extérieur du corps, comme l'indique ce schéma, ce dernier s'applique-t-il également au mode de fonctionnement du sixième sens?

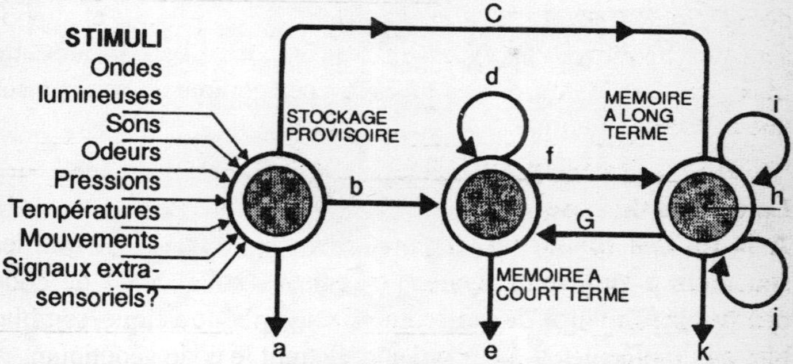

STOCKAGE PROVISOIRE

- **a** Impressions abandonnées
- **b** Impressions transférées dans la mémoire à court terme
- **c** Impressions envoyées directement dans la mémoire à long terme

MEMOIRE A COURT TERME

- **d** Impressions en boucle itérative pour aider la mémoire en attendant d'être traitées
- **e** impressions qui s'effacent et sont perdues à titre définitif
- **f** Impressions transférées pour être traitées
- **g** Matériel récupéré pour une utilisation immédiate

MEMOIRE A LONG TERME

- **h** Matériel dans la mémoire à long terme
- **i** Boucles de traitement conscient
- **j** Boucles de traitement inconscient
- **k** Matériel oublié mais éventuellement récupérable

Si nous possédons un sixième sens qui capte des signaux extra-sensoriels et si ces impressions sont traitées par l'intermédiaire de la mémoire, notre sixième sens pourrait alors s'avérer précis en certaines occasions et être aussi bien enclin à commettre les mêmes erreurs que la mémoire. Cette hypothèse pourrait expliquer la raison pour laquelle les voyants et autres personnes qui utilisent la perception extra-sensorielle, ont tantôt raison et tantôt tort.

Etes-vous au diapason?

On demanda un jour à un chirurgien cardiologue s'il était d'accord avec la conception traditionnelle qui fait du cœur le siège de l'amour. Il répondit que le cœur n'était rien d'autre qu'un mécanisme remarquablement résistant pour pomper le sang et qu'il y avait dans le corps des organes plus prédisposés à l'amour. Il voulait sans doute parler des organes génitaux.

Tout le processus de l'amour peut être réduit à des termes mécanistes et il existe des manuels qui décrivent d'excellentes techniques pour stimuler chaque zone érogène du corps. Si un robot était programmé pour exécuter les instructions, vous ne devriez pas chercher plus loin pour trouver le partenaire idéal!

Le cerveau est, lui aussi, souvent comparé à un merveilleux mécanisme informatique... est-ce donc tout ce que nous sommes? Ne sommes-nous qu'un châssis plutôt bien conçu, mis à notre disposition pour une durée moyenne de soixante-dix ans?

Ou bien sommes-nous moins simples que nous en avons l'air aux yeux de l'analyste mécaniste? En quoi nous différencions-nous de l'ordinateur ou du robot que nous avons construit à notre image? Une comparaison entre la vision mécaniste du cerveau et des propositions plus créatives éclairera quelque peu cette question.

UN MODELE MECANISTE DE LA MEMOIRE DU CERVEAU

Dans les pages qui précèdent, nous avons vu de façon détaillée les théories de fonctionnement de notre mémoire. La théorie de la trace, la théorie du code et la théorie de la modification synaptique adoptent toutes une vision mécanique du cerveau en tant que système de stockage. Ces unités de stockage sont représentées sous formes de cases sur le croquis ci-contre.

Ce modèle mécaniste suppose que tous les apprentissages et toutes les expériences sont stockés quelque part dans notre cerveau, mais n'aliènent pas fondamentalement la personne dans son ensemble. Seuls quelques mécanismes peuvent être affinés; lorsque nous apprenons à chanter, par exemple, les muscles de la gorge et du larynx peuvent être développés, mais les informations concernant la façon de s'en servir restent emmagasinées dans le cerveau et non dans les muscles eux-mêmes.

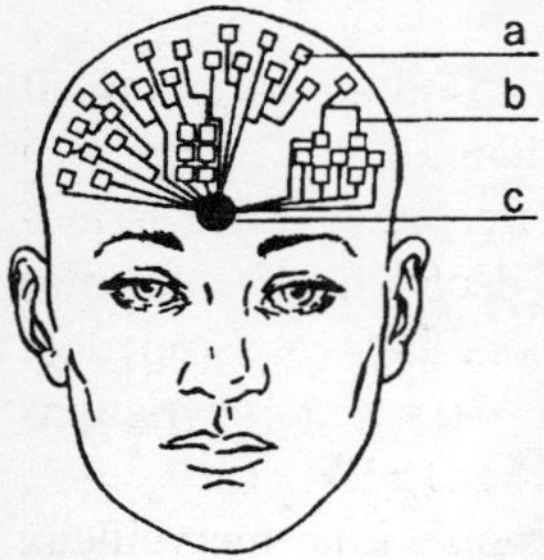

La mémoire mécanique
a Souvenirs dans des unités de stockage d'où ils peuvent être récupérés et amenés à un centre de conscience
b Cheminement le long des nerfs
c Un centre de conscience

LE CERVEAU, UN SYNTONISEUR COMPLEXE

Si le cerveau joue le rôle de syntoniseur pour la mémoire, il peut alors sembler raisonnable de supposer que l'ensemble du système nerveux du corps peut être impliqué. Cette capacité à se mettre en phase nous permet peut-être de comprendre des signaux différents de ceux qui sont captés par nos sens habituels, comme nos yeux et nos oreilles. Et serait-il également possible de transmettre des signaux paranormaux? Cette représentation de nous-mêmes en systèmes de mise en phase présentée ci-après vous aidera peut-être à vous faire une opinion à ce sujet.

Etes-vous au diapason?

a Signaux des voyants extra-lucides
Je suis perdu, trouvez-moi

b Signaux télépathiques
Pourquoi ne téléphones-tu pas?

c Signaux de préconnaissance
La tour sera frappée par mes pouvoirs

d Visions

e Signaux venant d'autres mondes
OVNI

f Signaux d'intérêt mutuel

g Musique provenant de compositeurs disparus
Beethoven

h Compréhension des langues étrangères
Hello

i Empathie
AIE!

j Déjà vu
Je suis déjà venu ici

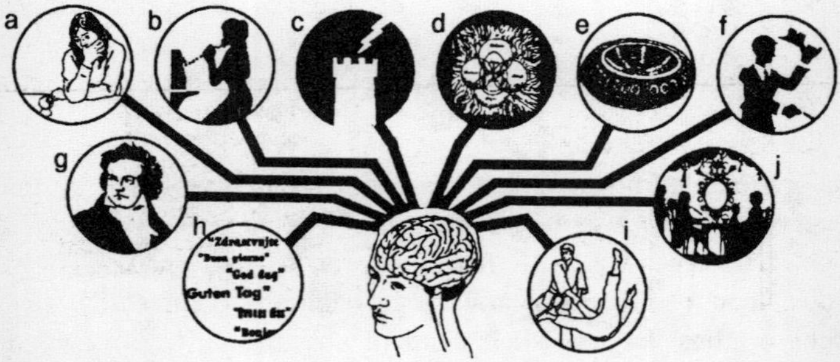

UN MODELE CREATIF DE MEMOIRE

Dans ce modèle, nous supposerons que la mémoire est l'une des fonctions permettant au cerveau de se souvenir en s'accordant sur les éléments morphiques intégrés à la structure de l'ensemble de la personne, au moment de la réception du stimulus original.

Nous suggérons, par exemple, que le cerveau se rappelle comment jouer du piano, non pas en récupérant des éléments de la mémoire, mais en amenant le corps tout entier à se mettre au diapason; les parties du corps qui interviennent lorsqu'on joue du piano sort des éléments morphiques qui font partie de la mémoire.

Ces éléments qui s'intègrent au cerveau lui-même, sont des modèles sonores, une sensibilité des oreilles, une certaine configuration des muscles des mains et des yeux ainsi que des particularités du fonctionnement électrochimique de certaines cellules. Les structures énergétiques du corps contiennent peut-être, elles aussi, des éléments morphiques, notamment l'aura.

Ce modèle créatif suppose que les apprentissages et les autres expériences apportent des changements à la personne tout entière. Dans l'exemple ci-dessous, le pianiste modifie son être tout entier à plusieurs reprises à mesure qu'il maîtrise son talent et c'est l'ensemble de la personne qui se souvient, stimulée en cela par la capacité du cerveau à se mettre en phase.

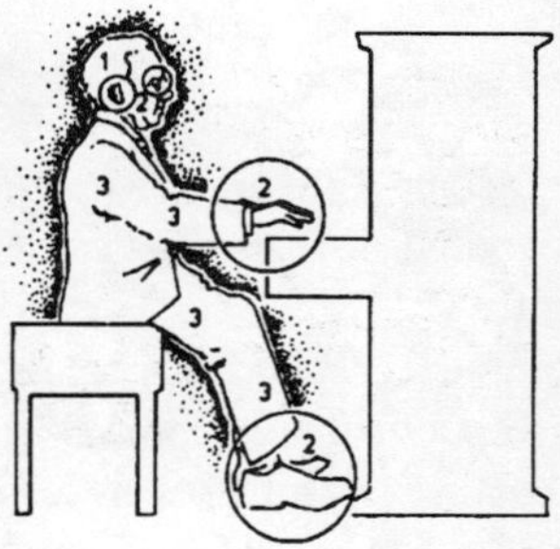

La mémoire créatrice
1 Le cerveau en tant que syntoniseur
2 Certains éléments morphiques, dont l'aura
3 L'ensemble du corps est impliqué dans le modèle créatif

Preuves en faveur d'un modèle créatif de mémoire

Les chercheurs qui supposaient que les souvenirs étaient stockés dans le cerveau ont été surpris de découvrir que l'ablation de différentes parties du cerveau n'affectait pas les souvenirs. Les souvenirs quels qu'ils soient ne diminuent que lorsqu'on enlève une partie importante du cerveau. Les partisans du modèle créatif y voient la preuve que le cerveau est un syntoniseur adaptable plutôt qu'un système de stockage. Certaines personnes sont également d'avis que les rêves sont dus à des activités de mise en phase durant le sommeil.

Songez-vous à l'extase physique?

Un psychologue a prétendu que les garçons pensaient au sexe toutes les 12 secondes en moyenne! Il n'indique pas si leur pensée est toujours consciente et ne fournit pas non plus de chiffres équivalents pour les filles. Il est vrai toutefois que l'esprit peut se livrer à de merveilleuses expériences d'extase physique. L'extase physique est-elle présente dans votre esprit?

Etant donné que vous pouvez posséder au moins trois esprits, lequel de ces trois esprits est à la base de vos pulsions sexuelles? Etes-vous du type pratique et attentif? Etes-vous plus enclin à mener votre vie amoureuse le cœur léger? Ou êtes-vous à la merci des flèches capricieuses de Cupidon?

LES FACONS D'AIMER

Bien qu'il y ait une multitude de façons d'aimer, nous sommes censés avoir un penchant naturel pour un style particulier en accord avec notre état d'esprit prédominant.

Pour trouver votre style prédominant, répondez à toutes les questions en entourant la lettre correspondant aux réponses qui se rapprochent le plus de votre cas. Totalisez ensuite les A, les B et les C entourés et inscrivez ces nombres dans les cases réservées à cet effet. Votre façon d'aimer préférée est celle qui obtient le score le plus élevé.

"Tomber amoureux", cela suscite quel sentiment chez vous?

A	J'aime beaucoup cela
B	D'accord, mais je ne suis pas prêt(e) à me fixer
C	Je préfère l'amitié à l'amour

Avec qui entamez-vous une relation?

A	Un(e) inconnu(e) qui suscite des sentiments immédiats chez moi
B	Un(e) inconnu(e) qui est attirant(e) et acceptable
C	Une personne que je connais déjà

Quel type de physique vous attire?

A	En général, ce sont toujours les mêmes types physiques qui m'enflamment
B	Je suis généralement attiré(e) par plusieurs types différents
C	L'apparence physique n'est pas de première importance

Qu'éveille en vous une nouvelle relation?

A	Je ne puis m'empêcher de penser à lui/elle
B	C'est magnifique, mais cela ne change pas ma vie
C	J'aimerais que nous fassions plus de choses ensemble

Quelle importance attachez-vous à l'amour?

A	Sans amour, la vie n'en vaut pas la peine
B	C'est agréable, mais il y a d'autres choses plus importantes
C	Cela fait partie de l'amitié et de la vie en général

Etes-vous monogame?

A — Oui, je peux être très jaloux/jalouse de rivaux/ rivales

B — Non, des relations multiples sont le piment de la vie

C — Je préfère la fidélité chez les deux partenaires

Comment préférez-vous exprimer vos sentiments?

A — Nous devrions toujours nous parler en toute franchise

B — Pas trop intensément

C — Les mots ne constituent pas toujours le meilleur moyen pour montrer des sentiments

Que pensez-vous de votre vie en général?

A — Avec mon partenaire à mes côtés, tout est possible

B — Je peux réaliser n'importe quoi quel que soit mon partenaire

C — Je peux compter sur mon partenaire pour aider à mon épanouissement

Comment voyez-vous les problèmes relationnels?

A — L'amour nous gardera unis quoi qu'il arrive

B — Nous ne sommes pas suffisamment proches l'un de l'autre pour avoir beaucoup de problèmes

C — Nous finirons par trouver une solution à l'amiable

La compatibilité sexuelle est-elle importante pour vous?

A	Les personnes qui sont profondément amoureuses s'entendent forcément sur le plan sexuel
B	Le sexe doit toujours être satisfaisant et amusant
C	Il y a plusieurs manières de montrer que l'on aime

Comment entreverriez-vous la fin de votre relation amoureuse?

A	Je ferai tout pour essayer que ça marche
B	Tout a une fin, mais nous devrions rester amis
C	Nous rechercherions une aide professionnelle pour résoudre le problème

Totaux

A	B	C

A

L'AMOUREUX SPONTANE

Vous ressentez une attirance puissante et immédiate pour une personne tout à fait étrangère. Vous tombez profondément amoureux/amoureuse et pensez à lui/elle tout le temps. Le sexe est une partie très active de votre relation. Vous devenez assez possessif/possessive et pouvez vous disputer pour des choses plutôt insignifiantes et des humiliations imaginaires. Votre profonde implication émotionnelle vous empêche souvent de voir les sentiments réels de votre partenaire. Vous avez tendance à supposer qu'il/elle doit être passionné(e) parce que vous l'êtes. Si cette relation prend fin, vous aurez besoin de beaucoup de temps pour vous remettre de cette perte.

Vous avez tendance à établir des rapports de façon intuitive et, même si parfois votre esprit intuitif ne se trompe pas, vous omettez de prendre en compte des problèmes pratiques et journaliers. D'une façon subjective, vous êtes toujours sûr d'être tombé sur le bon numéro lorsque vous êtes amoureux, et cela parce que vous êtes gonflé à bloc et que vous ne reconnaissez pas objectivement qu'il y a bien d'autres personnes qui peuvent vous exalter.

B

L'AMOUREUX DETACHE

Vous considérez que vos relations sont spéciales tant qu'elles durent. Vous aimez faire l'amour et parler de sexualité, mais vous êtes plutôt effrayé par un engagement émotionnel profond car vous n'aimez pas que les choses deviennent trop sérieuses. Vous éprouvez une affection sincère pour vos partenaires et vous essayez de ne pas leur faire de peine en mettant un terme à une liaison. L'engagement n'est pas votre fort. Vous avez tendance à être plutôt autosuffisant et il est rare que vous changiez réellement votre vie pour vous adapter à vos partenaires. Si des problèmes sexuels se présentent, vous préférez trouver un autre partenaire.

Vous avez tendance à aimer les flirts et même à entretenir plus d'une liaison à la fois. Votre esprit abstrait sait ce que vous aimez lorsque vous l'apercevez, mais vous engagez rarement votre cœur. Chaque liaison amoureuse ressemble à un beau voyage astral, mais lorsque vous revenez sur terre, la réalité des choses vous déçoit.

C

L'AMOUREUX DEVOUE

Vous considérez votre liaison comme une partie importante de votre vie. Vous n'êtes pas sentimental, même si vous n'êtes pas nécessairement dépourvu de romantisme, et vous ne recherchez ni l'amour ni une liaison de courte durée, mais une partenaire à long terme. Vous vous attendez à ce que vous-mêmes et votre partenaire ayez à faire un effort, plus particulièrement en matière de sexualité. Vous appréciez l'aspect sexuel de votre liaison, mais vous attachez tout autant d'importance à la chaleur, à l'affection, à la compréhension et à la compagnie. Vous vous attendez à ce qu'une liaison soit durable et occupe une place importante dans votre vie.

Vous avez tendance à construire une liaison sur base de l'amitié et aimez trouver des intérêts communs. Votre esprit corporel peut certainement vous faire garder les pieds sur terre et laisser parler votre cœur, mais vous risquez de vous enliser dans la réalité et d'oublier de vous abandonner à la rêverie, perdant ainsi la sensation de joie que deux personnes, qui sont également de très bon amis, peuvent avoir.

Chasser les ombres de votre esprit

Etes-vous heureux? Votre vie vous plaît-elle, quoi qu'il arrive? Lorsque tout se passe bien, êtes-vous rempli de joie ou êtes-vous pessimiste en pensant que cela ne va pas durer?

Lorsque les choses ne se présentent pas très bien ou lorsqu'une tragédie vous frappe, persistez-vous dans votre malheur, par exemple en vous affligeant, ou bien essayez-vous de mettre les expériences désagréables de côté en attendant qu'elles s'éloignent?

Le bonheur consiste à participer à toutes les expériences que la vie nous offre et à les apprécier. Oui, on peut même apprécier le chagrin, c'est comme cela qu'il s'efface avec le temps.

Le bonheur est un état d'esprit et son état d'esprit contraire est la tristesse. Les joies et les peines que vous n'avez pas appréciées jettent une ombre sur votre esprit et causent une tristesse, une dépression et un mécontentement chroniques. A quel point êtes-vous heureux ou malheureux? Où vous situeriez-vous sur l'échelle du bonheur?

COMMENT SE SITUER SUR L'ECHELLE DU BONHEUR

Dans la vie, ce ne sont pas les cartes que vous avez reçues qui comptent, c'est la façon de les jouer qui vous conduit au bonheur. Si vous jouez la bonne carte, vous afficherez certains des symptômes du bonheur. Si vous jouez la mauvaise carte ou si vous n'en jouez aucune, vous présenterez alors plusieurs des symptômes de la tristesse.

Comment remarquer les symptômes

Nous avons demandé à plusieurs centaines de personnes d'indiquer leur manière d'exprimer qu'elles étaient heureuses ou malheureuses. Les deux listes de symptômes ci-après sont la compilation de leurs réponses. Examinez chacune des listes et cochez les symptômes qui vous sont familiers.

	Douze symptômes du bonheur	
1	Je tire le maximum de ce que je possède	
2	Je me sens perpétuellement jeune de cœur	
3	J'ai au moins un nouveau projet à l'étude	
4	Aujourd'hui est un jour magnifique	
5	J'aime la plupart des gens que je connais	
6	Lorsque je suis seul, j'apprécie ma propre compagnie	
7	Je ne m'en fais pas si les choses ne se déroulent pas exactement comme elles le devraient	
8	Dans la vie, pratiquement chaque chose a un côté amusant	
9	J'aime faire des choses qui plaisent aux autres	
10	Mes journées sont bien remplies, mais je trouve toujours le temps de me détendre	
11	Je ne m'ennuie jamais	
12	J'ai une vie agréable	
	Total	

	Douze symptômes de la tristesse	
1	Les occasions ne semblent pas faites pour moi	
2	J'ai peur de vieillir	
3	Il n'y a pas grand-chose qui m'intéresse	
4	Les choses iront bien quand...	
5	Je n'aime que quelques-unes des personnes que je connais	
6	Ce dont j'ai le plus horreur, c'est de faire quelque chose tout seul	
7	Si quelque chose n'est pas parfait, ça ne vaut pas la peine de le faire	
8	Il n'y a pas grand-chose d'amusant dans cette vie	
9	Rien de ce que je fais ne semble plaire à qui que ce soit	
10	Je suis trop occupé pour trouver le temps de me détendre	
11	Je m'ennuie souvent ou je suis souvent trop fatigué pour entreprendre quoique ce soit	
12	A certains moments, la vie ne semble pas valoir la peine d'être vécue	
	Total	

Après avoir fait votre total dans chaque colonne, soustrayez votre score tristesse de votre score bonheur; vous obtiendrez ainsi un certain nombre de points. Si votre total bonheur est inférieur à votre total tristesse, votre score sera négatif. Si votre score final est positif, vous êtes plus souvent heureux que malheureux. Si vous obtenez un résultat négatif, vous êtes plus souvent malheureux qu'heureux.

Score tristesse . . . .

Score bonheur . . . .

SCORE FINAL . . . .

Comment améliorer votre score

Le bonheur est avant tout une question de volonté. Le bonheur n'est pas quelque chose qui vous tombe du ciel. Il ne dépend pas non plus des seules bonnes choses qui vous arrivent. Une fois que vous avez pris la décision d'être plus heureux, observez vos symptômes de tristesse et travaillez-les. Le symptôme de bonheur correspondant vous donnera un indice et voici quelques conseils pour chasser de votre esprit les ombres de tristesse.

1 Occasions

Apprenez à reconnaître les occasions; elles sont toujours dans les parages et attendent qu'on les saisisse. Suivez des cours de mise en confiance pour apprendre à vous créer des occasions. Cherchez à vous informer et tenez-vous au courant de ce qui se passe dans le monde. Vous ratez de nombreuses occasions simplement parce que vous ne savez pas qu'elles existent. Observez de quelle façon les autres personnes trouvent les occasions.

2 Age

Abandonnez vos idoles de jeunesse et commencez à rassembler des photos et des informations sur des personnes qui ont du succès, qui sont attirantes et qui sont beaucoup plus âgées que vous. Il en existe des milliers qui sont de bons exemples de la façon de transformer l'âge en avantage. Gardez le contact avec les idées actuelles et apprenez à reconnaître ce qui est superflu dans vos propres attitudes.

3 Intérêts

Cherchez de nouveaux sports, d'autres passe-temps, d'autres clubs de rencontres, d'autres magazines, d'autres organisations bénévoles, d'autres boulots, adoptez d'autres modes, essayez une autre cuisine, d'autres vins, visitez d'autres lieux, rencontrez d'autres gens, apprenez d'autres langues, etc. Sortez et tentez des expériences que vous n'avez jamais faites auparavant, même si vous croyez qu'elles ne vous plairont pas. Fixez-vous comme objectif de trouver au moins trois nouveaux centres d'intérêt et poursuivez-les jusqu'au bout. La stimulation est souvent la clé de la découverte de nouveaux intérêts.

4 Vivez à l'heure actuelle

Tenez un petit journal de vos activités de la journée en inscrivant uniquement les choses qui vous ont plu. Prenez pour habitude de trouver au moins une chose agréable par jour. Faites ensuite passer votre objectif à deux choses et augmentez encore le nombre par la suite. Cherchez le plaisir dans chaque journée et vous finirez par le trouver. Commencez par des choses simples comme la cuisine, les vêtements, le sourire de quelqu'un, une fleur ou un morceau de musique.

5 Les gens

Certains psychologues estiment que nous passons 96% de notre temps à penser à nous-mêmes. Choisissez une personne que vous connaissez et accordez-lui quelques minutes de réflexion; qu'est-ce qui, d'après vous, l'attriste ou la rend heureuse? Essayez de voir les choses de son point de vue. Cherchez ses qualités. Refaites ensuite l'exercice avec d'autres personnes, y compris avec celles que vous n'appréciez pas.

6 Vous-même

Lorsque vous vous regardez dans le miroir, saluez-vous et écoutez-vous attentivement. Convenez de ne plus vous critiquer et apprenez à apprécier la personne que vous êtes. Si vous vous considérez déjà comme un magnifique cadeau à l'humanité, admettez également que vous pouvez être faible et nécessiteux. Vous n'êtes ni un géant ni un nain, vous n'êtes qu'un être humain parmi des millions d'autres. Devenez donc votre propre ami.

7 Perfection

Un photographe a fait l'expérience de rassembler les traits parfaits des visages de plusieurs femmes et hommes célèbres et beaux. Les photos qui en ont résulté étaient tout à fait monotones et manquaient totalement de caractère. Si vous cherchez à tout prix la perfection, n'oubliez pas que c'est la singularité, l'imperfection ou la curiosité qui suscitent l'intérêt.

8 Humour

Si la vie vous semble rarement amusante, écoutez ces comédiens(nes) qui peuvent rire d'eux-mêmes. Collectionnez les blagues et ne vous morfondez pas dans un excès de sérieux. Il existe des moments et des lieux pour s'inquiéter sérieusement des malheurs de ce monde. Si vous avez l'occasion de remédier à une situation, faites-le, sinon oubliez-la et ne la laissez pas vous saper le moral.

9 Plaire aux autres

Faire quelque chose qui contribue à rendre quelqu'un heureux constitue l'un des meilleurs moyens de vivre le bonheur. Apprenez à faire la distinction entre la fausse flatterie et l'envie réelle de faire plaisir. Trouvez ce que les autres apprécient réellement et faites-le. Ce sont souvent les plus petites choses qui comptent le plus.

10 Temps

Certaines personnes remplissent chaque moment de leur vie parce qu'elles ont peur de s'arrêter et de ne rien faire. Si vous êtes dans ce cas, faites une pause de quelques minutes pour rêvasser; vous vous rendrez compte que le monde ne va pas s'écrouler. Passez ensuite une journée complète sans projet et observez ce qui se passe. Si l'ombre se glisse dans votre esprit lorsque vous êtes inactif, vous pouvez au moins l'attaquer de front et apprendre à la chasser.

11 Ennui

L'ennui chronique est généralement une forme de dépression. L'activité éveille toutes sortes de craintes. Un seul remède: démarrer lentement et affronter ces craintes une à une. Rien de terrible ne se produira et vous risquez de découvrir qu'il n'y a en fait que l'angoisse de réussir!

12 Vie

On ne vit qu'une fois, à vous de vivre votre vie et de l'apprécier. Personne ne vous doit quelque chose. Vous pouvez décider d'apprécier ce que vous possédez et de jouer vos cartes à votre avantage ou vous pouvez choisir de laisser les choses vous abattre à tel point que vous aurez le sentiment que rien n'en vaut la peine. De très nombreuses personnes ont découvert que lorsqu'une porte se ferme, une autre s'ouvre... à condition de la chercher.

Chapitre 2

LES ESPRITS FORTS

Personne n'a encore clairement défini ce qu'est l'esprit, mais nous reconnaissons tous un esprit fort lorsque nous en rencontrons un. D'une personne qui utilise son esprit pour parvenir à créer un nouveau concept, un élément de recherche ou une grande composition, on dira généralement que "c'est une tête". Il existe d'autres personnes qui disposent d'esprits puissants capables de produire des résultats tout à fait différents; des esprits qui traversent la folie pour rejoindre la santé mentale; des esprits qui peuvent contrôler les actions d'autrui et des esprits supérieurs à la normale.

Le domaine des phénomènes psychiques, comme la télépathie ou la voyance, reste un mystère très peu percé. Nous sommes tout aussi incapables de comprendre les esprits de ceux qui réussissent malgré de sérieux handicaps et de ceux qui peuvent accomplir des prouesses en matière de calcul mental et de mémoire photographique.

Vient s'ajouter la question des esprits autres que les nôtres, comme les esprits désincarnés provenant à la fois de notre planète et d'autres galaxies. Les conceptions de l'esprit sont également liées au développement des ordinateurs, car certaines personnes estiment que les ordinateurs peuvent penser et pourraient dépasser les capacités des êtres humains.

Ce chapitre illustre par l'exemple certaines fonctions de l'esprit afin de vous montrer la diversité et la puissance des esprits humains.

1 Les métaphysiciens et les philosophes ont longtemps mené des recherches sur les zones du cerveau afin de prouver l'existence d'un esprit indépendant, ou âme. 'Le cerveau spirituel', un diagramme de 1620 par le médecin anglais Robert Fludd.

2 L'esprit est peut-être capable d'émettre des lignes de force qui parcourent de grandes distances pour influencer d'autres personnes sous l'effet de pouvoirs psychomagnétiques. Illustration de Babbitte. *Principes de la couleur et de la lumière.*

3 De tout temps les artistes ont utilisé leurs états mentaux intérieurs pour créer des mondes inconnus, merveilleux et illusoires comme dans *Le Démon* de l'illustrateur allemand Heinrich Kley (1863-1945).

4 On prétend souvent que les praticiens de l'hypnose possèdent d'immenses pouvoirs de contrôle sur l'esprit. Une illustration du 19ème siècle représentant le Dr. Mesmer.

5 Les écrivains ont utilisé les images de leur esprit intérieur pour créer des personnages fictifs qui apparaissent aussi réels aux lecteurs que le monde physique. Une illustration du 19ème siècle montrant Charles Dickens à son bureau.

6 Nos esprits sont peut-être contrôlés par des esprits désincarnés provenant de notre planète ou d'autres galaxies. Les écrivains de science-fiction utilisent ces possibilités pour décrire des forces cosmiques.

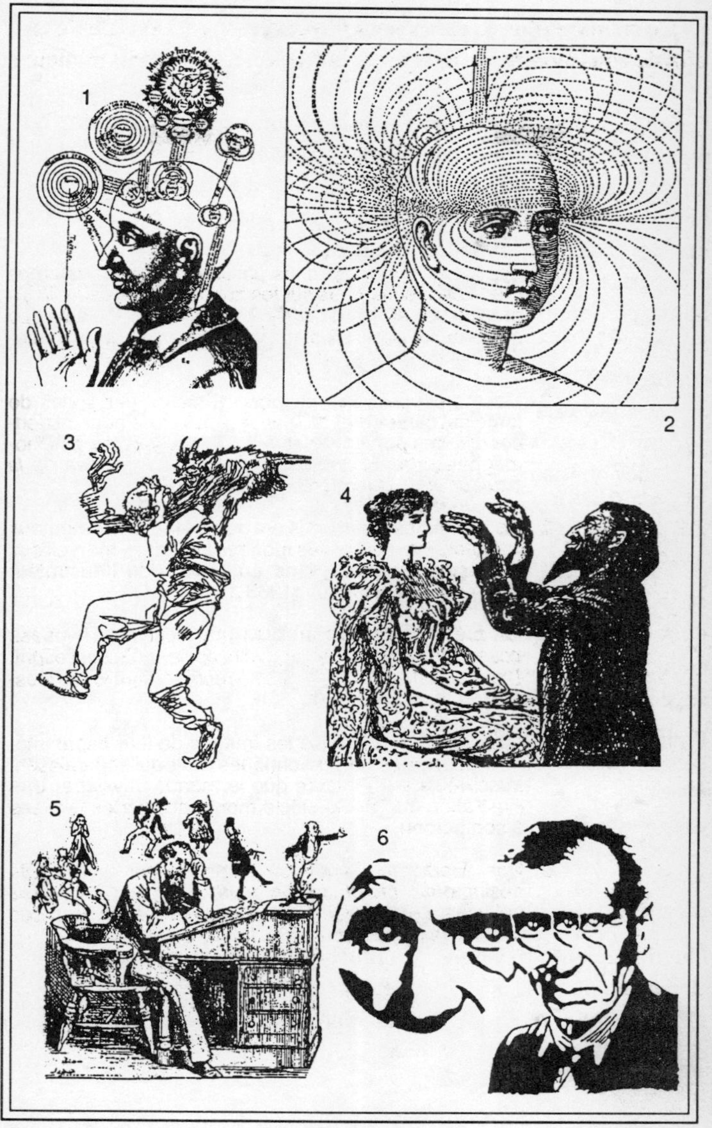
1
2
3
4
5
6

Développer un super-esprit

Comme Superman, le super-esprit est un esprit imaginaire qui représente le summum des espoirs et des ambitions de l'homme. Le super-esprit peut fonctionner au-delà des limites des esprits humains normaux; il peut retrouver des souvenirs précis sur demande, exécuter immédiatement plusieurs processus de pensée complexes, contrôler les événements, guérir les maladies, créer des idées, communiquer sur de longues distances sans moyens mécaniques et accomplir des miracles et des tours de magie sur commande.

Le super-esprit a des regards qui peuvent tuer et un troisième oeil qui peut guérir. Il peut interpréter tous les langages, y compris ceux des animaux et des plantes. Comment pourrions-nous donc développer, au moins en partie, les caractéristiques d'un super-esprit?

Supposons que l'esprit se situe généralement à l'intérieur du corps et qu'il soit une manifestation du cerveau au travail dans toute sa complexité. Cet esprit humain normal peut apprendre et acquérir des aptitudes, des connaissances et des idées. L'esprit supérieur est peut-être un esprit qui "sait" sans parti pris, sans préjugés, sans ignorance ou sans hésitation. Etudions les problèmes du savoir et voyons si nous pouvons améliorer notre propre esprit en nous débarrassant de tout préjugé qui gênerait notre progression.

LES MOYENS DE SAVOIR

Quelle date sommes-nous? Comment savez-vous que c'est la date? Il y a cinq moyens principaux de savoir. Lequel avez-vous utilisé? Quelle était la méthode la plus appropriée pour connaître la date d'aujourd'hui?

1 **Pensée raisonnée**
Vous rappeliez-vous la date d'hier et avez-vous calculé que la date d'aujourd'hui était la suivante?

2 **Par expérience directe**
Avez-vous fait plusieurs suppositions et avez-vous choisi celle qui semblait correcte?

3 **En réfléchissant sur des observations**
Avez-vous rassemblé des preuves sur lesquelles vous pouviez ensuite réfléchir et avez-vous découvert la date, par exemple en posant la question à d'autres personnes, en écoutant la radio, en observant les événements et en regardant le temps qu'il faisait dehors?

4 **Par expérience personnelle**
Avez-vous déjà étudié le temps qui passe et pris des mesures de sorte qu'aujourd'hui vous êtes à même d'utiliser cette expérience personnelle pour découvrir la date du jour?

5 **En acceptant l'autorité d'un expert**
Avez-vous regardé la date imprimée sur le journal d'aujourd'hui, avez-vous consulté votre agenda ou avez-vous demandé à une autre autorité?

La plupart du temps nous n'utilisons qu'une ou deux de ces méthodes de connaissance, puisque chaque méthode convient à des situations différentes. Par exemple, les méthodes 2, 3 et 4 ne seraient pas utiles pour trouver la date d'aujourd'hui. Elles conviendraient mieux si vous vouliez trouver un meilleur chemin pour aller de votre domicile à votre lieu de travail. La méthode 1 serait un moyen utile pour connaître la date d'aujourd'hui, mais elle implique certains efforts personnels. Le moyen le plus simple de trouver la date est de consulter une autorité.

Connaissance par autorité

Cette méthode est très courante pour l'acquisition des connaissances, car nous ne pouvons pas tout savoir, mais en acceptant le savoir de l'autorité, nous sommes peut-être tentés de laisser à d'autres esprits le soin de déterminer le cours de notre vie au lieu de penser par nous-mêmes.

Nous pouvons hisser un aspect de notre esprit au niveau du super-esprit en comprenant et en améliorant notre façon de sélectionner et d'utiliser la connaissance acquise par autorité.

Le processus de connaissance par autorité

Voici un exemple de la façon dont nous pouvons apprendre une nouvelle découverte via une autorité en la matière.

Etape 1 Le professeur X a étudié l'univers pendant plusieurs années en utilisant les cinq méthodes de savoir. Un jour, il annonce: "J'ai découvert une nouvelle planète dans notre système solaire."

Etape 2 D'autres personnes qui ont étudié l'univers mettent ses déclarations à l'épreuve et déclarent: "Nous sommes d'accord avec vous... il y a une nouvelle planète."

Etape 3 L'information est publiée, par exemple dans un rapport de recherche, un journal ou à la télévision.

Etape 4 La nouvelle planète reçoit un nom et entre dans les livres scolaires et les encyclopédies. Le professeur X est maintenant une autorité reconnue en la matière et est souvent invité à parler lors de conférences ou à la télévision et à la radio. Son livre sur la nouvelle planète est publié et sa réputation est établie.

S'il annonce de nouvelles découvertes ou fait des déclarations à propos d'un autre aspect de son sujet, il est probable que le public et nombre de ses collègues le croiront.

Ne croyez pas tout ce que vous lisez

Parce qu'une partie de ce qui est rapporté dans les journaux est vraie, les gens ont tendance à considérer tous les média comme des autorités en elles-mêmes. C'est une erreur dangereuse qui peut provoquer des malentendus et des préjudices.

Les journaux ne peuvent pas tout imprimer, ils doivent donc être sélectifs et présenter un seul éclairage sur les nouvelles. Ils sont là également pour gagner de l'argent, les titres sont donc choisis parce qu'ils font vendre le journal, et non parce qu'ils sont tout à fait précis.

Les opinions et les préjugés des rédacteurs en chef et des producteurs colorent inévitablement les reportages et le choix des présentateurs du journal télévisé; les programmes documentaires eux- mêmes ajoutent une autre dimension au message. N'oubliez pas non plus que les chaînes commerciales savent également comment présenter les informations avec autorité... leurs recettes en dépendent.

En fin de compte, le contenu de ce livre comme celui de tout autre ouvrage que vous lisez, doit faire l'objet d'une certaine réflexion. Un super-esprit n'accepte pas les informations simplement parce qu'elles arrivent emballées dans un livre imprimé; il ne rejette pas non plus les nouvelles idées sans avoir au préalable bien réfléchi à la question. Finalement, n'oubliez pas que vous aussi, vous avez vos convictions. Une conviction est une chose dans laquelle vous avez foi... quelque chose que vous acceptez comme la vérité et pour laquelle vous ne disposez ni des ressources ni de l'opportunité nécessaires pour en faire la preuve par vous-même.

L'autorité issue de son propre jugement n'est pas toujours fiable non plus. Sans mesurer les distances entre les lignes dans les trois illustrations ci-dessous, est-ce **A** ou **C** qui reproduit correctement le dessin **B** du centre?

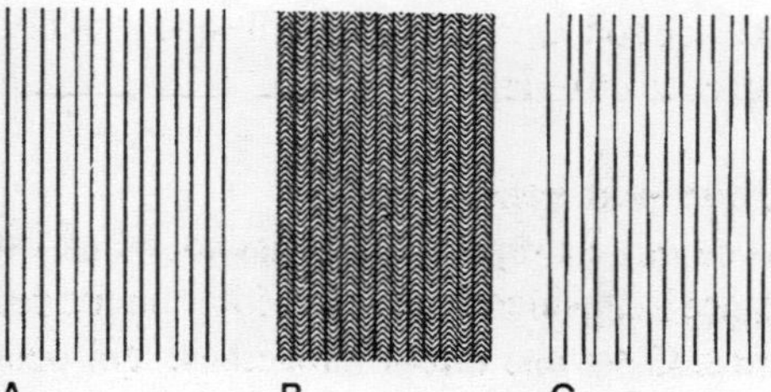

A B C

Réponse: **A** et **B** sont des lignes parallèles. Les déformations apparentes dans le dessin **B** sont dues à des illusions d'optique. Les lignes de **C** convergent et divergent en alternance.

Le magnétisme animal

Jusqu'à sa mort en 1815, le Dr. F.A. Mesmer, un médecin autrichien, utilisa un don de l'esprit, appelé magnétisme animal, à des fins de diagnostic et de thérapie. Ce n'est que plus tard que sa méthode prit le nom de mesmérisme. On l'apparente aujourd'hui à l'hypnose.

Il fallut attendre les années 1880, à l'époque où les Sociétés américaines et anglaises de Recherche Physique commencèrent à étudier de tels phénomènes, pour que ce processus et son effet fassent l'objet d'une analyse approfondie. Il ne reste donc que les notes personnelles du Dr. Mesmer et quelques rapports établis par ses patients et d'autres personnes concernées.

Le processus de magnétisation

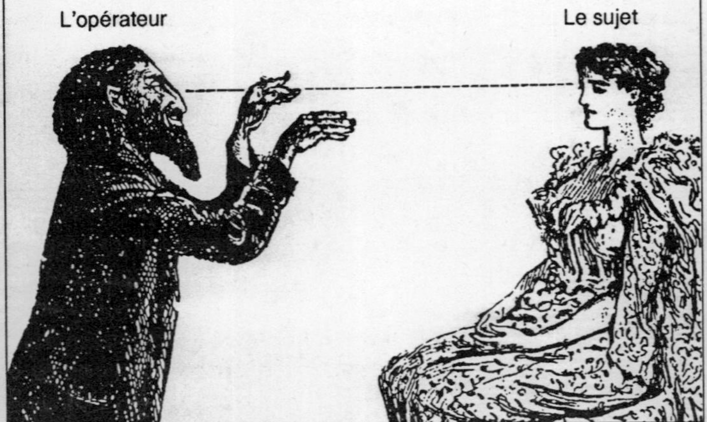

La transe qui, d'après ce que l'on croit, est un fluide magnétique quasi-électrique qui émane de l'esprit de l'opérateur et qui est dirigé vers des zones sélectionnées du système nerveux du sujet sous l'effet de la volonté de l'opérateur.

Pour provoquer une transe, l'opérateur utilisait diverses méthodes, comme, par exemple, une voix ferme, monotone et assez soporifique en donnant des instructions claires et simples pour "s'endormir" et, plus tard, pour "se réveiller". Le patient était parfois invité à observer une lumière ou un objet qui se balançait. En général, les instructions vocales étaient suffisantes lorsque les sujets regardaient dans les yeux "hypnotiques" de Mesmer.

Une grande partie de ses travaux ultérieurs fut réalisée avec des femmes ayant la réputation de médiums psychiques. Dans ces travaux, l'opérateur était considéré comme l'activateur ou médium masculin et le médium féminin était le porteur du message.

Fluide magnétique

La description donnée par Mesmer pour le transfert d'un fluide puissant de l'opérateur vers le patient peut être apparentée à la séduction sexuelle et à l'insémination, tandis que la puissance masculine et la virilité sont toujours liées au liquide séminal.

Le pouvoir de l'hypnose

Si le mesmérisme était simplement la pratique de l'hypnose, et vu l'analogie du processus, il faut se rappeler qu'une personne ne peut pas être hypnotisée contre sa volonté. En pratique, un certain degré d'hypnose peut être atteint, dans la majorité des cas, même si le sujet ne peut être amené à se comporter d'une façon contraire à son esprit inconscient. Si cette idée est venue à l'esprit de Mesmer, il n'a jamais semblé considérer sérieusement qu'une coopération volontaire était nécessaire pour que ses efforts réussissent.

Les expériences des médiums féminins

Stimulés par le magnétisme animal de Mesmer, les sujets n'étaient pas manipulés pour faire des tours, mais semblaient être possédés (par Mesmer?). Ces femmes avaient une vision extra-lucide; en d'autres termes elles pouvaient "voir" des maladies chez d'autres personnes et situer des objets perdus ou cachés dans des boîtes. Elles prétendaient goûter ce que mangeait Mesmer, ressentir les choses qu'il ressentait, comme, par exemple, une piqûre d'aiguille, et lire ses pensées. Elle avaient également la réputation d'être en contact avec les anges et les personnes décédées.

QU'EST-CE QU'UN MEDIUM?

En général, un médium, masculin ou féminin, est une personne qui peut devenir un canal pour les informations, les messages et d'autres expressions censées provenir d'autres personnes ou esprits par des moyens extra-sensoriels.
Les médiums involontaires sont des gens normaux qui découvrent leurs dons; les médiums volontaires sont ces personnes qui ne sont pas naturellement douées et qui choisissent de passer par de grands bouleversements mentaux pour acquérir leurs dons de médium. Si vous êtes un médium naturel, il vous suffit d'être aidé par un médium expérimenté pour développer vos dons. Si vous n'êtes pas

QUELQUES TYPES DE MEDIUM

Médiums involontaires

Guérisseurs
Ils utilisent les propriétés thérapeutiques naturelles de leurs mains, qu'ils transmettent au patient par l'intermédiaire du toucher.

Voyants extra-lucides
Ils possèdent un don naturel qui leur permet de voir ou d'entendre, de façon extra-sensorielle, des choses qui existent dans le présent et qui ne peuvent pas être perçues normalement.

Prophètes
Ils possèdent un don naturel qui leur permet de voir ou d'entendre, de façon extra-sensorielle, des choses situées dans le futur chronologique.

un médium naturel et si vous persistez, l'aide d'un médium involontaire expérimenté est indispensable. Le chaos mental peut conduire à une grande sagesse ou à des tendances permanentes à la névrose, quand ce n'est pas à la folie.

Comment le médium exprime-t-il le message?
Le médium sert de canal à un message qui peut être exprimé par les canaux normaux de la parole, du dessin, du mouvement ou de l'écriture. Dans certains cas, on dit que le message peut prendre la forme de coups violents, de petits coups secs ou d'objets qui se déplacent, l'énergie nécessaire à tous ces phénomènes provenant du médium.

Médiums volontaires

Sorciers
Ceux-ci apprennent par d'autres sorciers la façon d'administrer des formules magiques et des potions pour contrôler les mauvais esprits.

Chamans
A la suite d'un bouleversement mental, les chamans apprennent à guérir et à prévenir les maladies de l'esprit et du corps.

Voyants
Ils apprennent par d'autres personnes ou par l'expérience à prédire des situations immédiates et futures.

Quel esprit domine l'autre?

Mesmer utilisait-il son esprit pour contrôler ses patients ou ceux-ci utilisaient-ils leurs propres esprits pour révéler ou contrôler leur propres maladies? Lorsqu'il magnétisait les médiums, la question devenait encore plus pertinente, puisqu'un véritable médium n'a pas besoin de la stimulation d'un opérateur.

Le magnétisme animal est un terme utilisé aujourd'hui pour décrire une forme d'attraction instantanée et puissante de nature généralement sexuelle... et aucune des personnes qui se sont trouvées envoûtées par elle ne peut nier son existence. Que faisait donc Mesmer? Utilisait-il l'induction hypnotique, la séduction sexuelle ou son esprit contrôlait-il réellement les sujets?

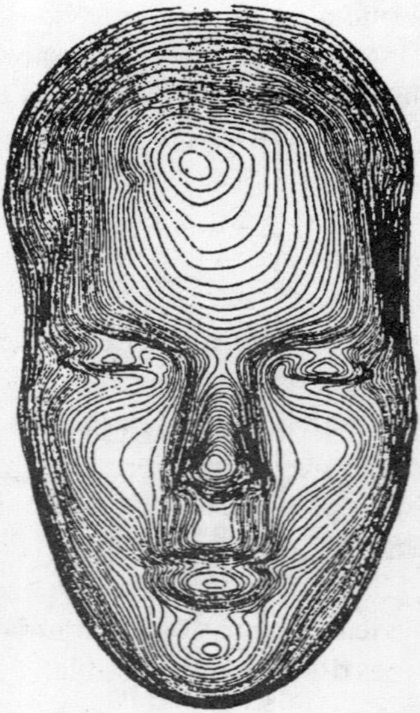

Finalement, le pouvoir du sujet ne doit pas être oublié. Les sujets féminins étaient-ils dociles aux pouvoirs de son esprit ou coopéraient-ils activement? Utilisaient-ils, eux aussi, leur magnétisme animal et Mesmer lui-même était-il sous le pouvoir de leurs esprits?

L'utilisation de la télépathie

Les quatre principaux types d'activité paranormale sont la télépathie, la voyance, la préscience et la psychokinésie. Elles peuvent être définies comme suit.

Télépathie: communication à distance entre deux esprits sans aucun moyen technologique.

Voyance: capacité de l'esprit à voir des choses qui ne sont pas visibles.

Préscience: connaissance anticipée.

Psychokinésie: capacité de l'esprit à provoquer le déplacement d'objets sans aucun contact physique.

La télépathie compte plus d'adhérents que les trois autres activités; peut-être parce que beaucoup de gens ont eu une expérience qui les a conduits à croire en cette possibilité. La télépathie est également plus crédible.

Lorsque vous allumez votre radio, les sons que vous entendez vous parviennent sous forme de signaux transmis par un émetteur vers un récepteur, l'antenne de votre radio. Il n'y a pas de moyen visible par lequel le message passe entre ces deux éléments. Est-il alors possible que des esprits humains puissent émettre et recevoir des messages par l'intermédiaire des ondes aériennes?

Si la télépathie existe, les trois autres activités paranormales deviennent plausibles et n'importe quelle combinaison des quatre types d'activité est possible.

La différence entre la télépathie et la voyance
a Message télépathique entre deux esprits
b Vision extra-lucide à travers un écran opaque

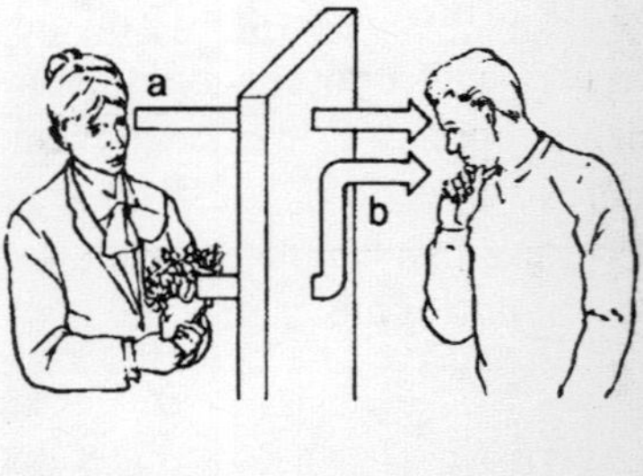

UNE ETRANGE HISTOIRE

Les quatre types d'activité paranormale se sont produits lorsque Jeanne et Kevin Davidson partirent à la recherche d'une maison à Brighton sur la côte sud de l'Angleterre en juin 1964.

Les rêves de Jeanne Davidson

La société de Kevin voulait qu'il aille s'installer à Brighton. Ils se rendirent donc sur place pour s'informer des maisons à vendre. Dès le départ, Jeanne avait une idée précise du type de maison qu'elle voulait. Elle l'avait vue en rêve à cinq ou six reprises.

Ni Jeanne ni Kevin n'avaient visité la ville de Brighton auparavant, mais ils savaient que c'était une ville au bord de la mer avec de nombreuses maisons alignées à trois étages. Rien d'étonnant donc à ce que la maison qui apparaissait dans les rêves de Jeanne ait une vue sur la mer depuis une fenêtre du troisième étage... une description qui pouvait s'appliquer à des centaines de maisons semblables.

Toutefois, la description de l'intérieur de la maison donnée par Jeanne était difficile à expliquer. Le papier peint du rez-de-chaussée donnant sur la rue avait des roses roses pour motif et il y avait des rideaux en velours vert décoloré aux fenêtres. Un piano noir était adossé au mur derrière une porte au-dessus de laquelle trônait une figurine blanche représentant un oiseau.

Dans la pièce arrière ouvrant sur un jardin, elle décrivit en détail une table de salle à manger et des chaises en noyer et fit même un croquis du motif à plume brodé sur le fond des chaises. Jeanne avait l'impression d'avoir déjà visité la maison à plusieurs reprises. Elle était convaincue que la maison portait le numéro 64 et qu'il y avait un réverbère juste à côté de la porte d'entrée. Ils cherchèrent donc les maisons répondant à cette description et mises en vente.

L'étrange expérience de Mme Martin
En mai 1964, Mme Martin, une veuve, décida de vendre sa maison de Brighton et de se retirer définitivement en Corse où elle avait été invitée à rejoindre des amis. Deux jours après la mise en place du panneau de mise en vente, Mme Martin vécut la première d'une série de trois expériences étranges. Elle avait entendu sonner et se dirigeait vers la porte d'entrée. Avant même d'atteindre la porte, elle vit une jeune femme grande et élancée aux cheveux noirs se déplacer silencieusement et sans effort, dans le hall d'entrée et pénétrer dans la pièce avant. Alarmée et intriguée, Mme Martin suivit l'apparition qui souriait et touchait avec légèreté la figurine blanche en verre d'un pélican que son mari avait réalisée aux cours du soir. C'est alors que l'apparition disparut et Mme Martin en fut réduite à se poser des questions.

La seconde apparition se produisit quelques jours plus tard lorsque la dame visita la pièce arrière et cette fois, elle contourna du doigt le motif en forme de feuille duveteuse brodé sur le fond d'une chaise de la salle à manger. La troisième apparition eut lieu début juin, lorsque la dame retourna dans la pièce avant. Mme Martin tint un journal très détaillé de ces apparitions et l'amena à la réunion du cercle spiritiste auquel elle appartenait et où elle les présenta. Malheureusement, Jeanne Davidson n'avait pas pris note des détails de son rêve avant qu'ils n'entament leurs recherches pour trouver une maison; son point de vue de l'expérience était donc difficilement vérifiable.

Qu'est-ce que la télépathie mutuelle?

On apprit par la suite que le numéro de la maison de Mme Martin était le 46 (l'inverse du rêve prémonitoire de Jeanne), mais pour tous les autres détails, la maison correspondait à celle que Jeanne avait visitée dans ses rêves.

Jeanne avait-elle réellement visité la maison au cours d'une expérience extra-corporelle, ou les informations lui avaient-elles été transmises par télépathie? Les expériences de Mme Martin étaient-elles de la préscience, de la voyance ou des messages télépathiques reçus par Jeanne Davidson?

Lorsque les Davidson arrivèrent finalement pour visiter la maison de Mme Martin (et l'acheter ensuite), un témoin indépendant était présent et reconnut que la première chose que Jeanne toucha fut le pélican au-dessus du piano. Elle demanda également à voir la salle à manger en noyer et le motif à plume avant même d'entrer dans la pièce arrière.

Jeanne et Kevin furent très surpris de constater qu'un rêve pouvait apparemment se réaliser. Mme Martin ne fut pas prise au dépourvu par cette expérience puisqu'elle connaissait bien les activités paranormales, mais elle fut tout de même étonnée de constater à quel point la véritable Jeanne Davidson ressemblait à la dame dont elle avait observé l'apparition.

TESTEZ VOS DONS TELEPATHIQUES

Ce test peut être fait à l'aide d'un paquet de cartes Zener qui contient cinq fois chaque type de carte (étoile, ligne en zig-zag, croix, carré et cercle), au total 25 cartes.

Les deux personnes se trouvent dans des pièces voisines; l'une d'elles bat les cartes et les passe en revue dans l'ordre, en essayant de communiquer le signe par télépathie à l'autre personne qui dessine ou note le signe qu'elle croit avoir reçu. Un vibreur ou une sonnerie doivent être actionnés par l'émetteur pour avertir le récepteur qu'il commence à transmettre la carte suivante. Il faut allouer le même temps pour chaque essai de transmission; 30 secondes suffisent.

Les cartes Zener peuvent être obtenues auprès de la Société pour la Recherche Physique à Londres; vous pouvez aussi réaliser vous-même votre propre jeu de cartes en utilisant cinq signes différents ou cinq couleurs différentes.

Si l'on essaie de faire deviner les 25 cartes, le récepteur a 50% de chances d'en avoir 5 bonnes; il n'y a que 1 chance sur 20 d'en deviner 9 sur n'importe quelle séquence de 25 cartes.

Ce test peut être assez ennuyeux. Ne faites donc pas trop de séquences pendant la même séance, sinon l'ennui faussera les résultats.

Quels sont les scores significatifs

Il y a une chance sur vingt qu'un score significatif soit l'effet du hasard.

Séquences de 25 essais	Score dû au hasard	Scores significatifs
1	5	9
2	10	16
3	15	22
4	20	28
5	25	34
10	50	63

L'obtention de scores significatifs, ne signifie pas pour autant que vous ayez des dons télépathiques. Vos résultats peuvent être obtenus par voyance, il faut donc faire d'autres tests. Reportez-vous à **Ecrire sur commande** (pages 83-88) pour trouver un autre exemple de transfert de pensée.

Un paquet de cartes fait maison pour tester la télépathie

Dégager l'air

Le cerveau conscient est toujours en activité. Il reçoit, trie et enregistre des milliers de signaux tout au long de la journée. A l'instar des transmissions radio pendant lesquelles il peut y avoir des interférences, certains chercheurs pensent que d'autres signaux qui stimulent le cerveau peuvent créer des interférences avec les signaux paranormaux. La technique qui permet de débarrasser l'air des interférences pendant des expériences de transmission de pensée (ou télépathie) est appelée technique de Ganzfield. Dans une expérience de Ganzfield, un émetteur essaie de transmettre des

Une expérience de Ganzfield

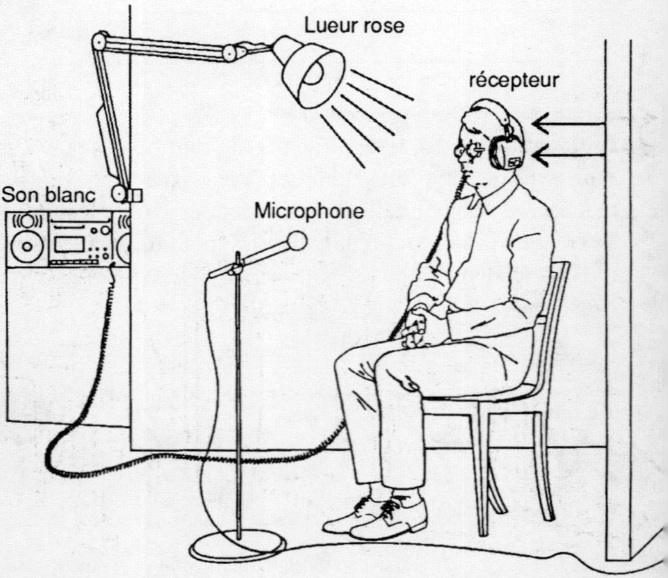

pensées et un récepteur essaie de les visualiser. Ganz est un mot allemand qui signifie "l'ensemble de" et le but de cette technique est de placer le récepteur au centre d'un champ uniforme de signaux affaiblis qui permette de détecter les signaux télépathiques plus clairement.

Comment créer le Ganzfield

La personne qui joue le rôle de récepteur sera seule dans une pièce en position assise ou couchée. Une balle de ping-pong est coupée en deux et les deux parties sont placées sur les yeux fermés en capitonnant le bord coupé avec un peu d'ouate. Les deux demi-balles sont maintenues en place par du sparadrap. Une lampe rouge de faible puissance est dirigée vers les balles de ping-pong.

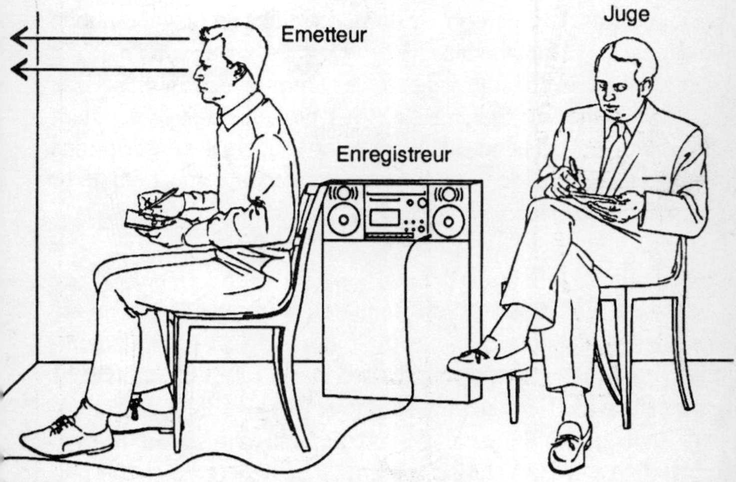

Un son blanc enregistré sur bande magnétique est envoyé dans de grands écouteurs et diffusé à une intensité que le récepteur trouve confortable. Un son blanc est un doux mélange de toutes les fréquences sonores et ressemble à une cascade assourdie. Si vous voulez faire l'expérience chez vous, enregistrez les bruits statiques qui sont émis par votre radio lorsqu'elle n'est pas réglée sur une station; écoutez ensuite l'enregistrement dans le casque d'écoute.

Lorsque tout est en place, aucune image auditive ou visuelle ne peut distraire le récepteur ou occuper son cerveau.

La salle d'essai est ensuite entièrement encerclée d'un grillage relié à la terre pour isoler la personne des signaux hertziens. Il n'est pas indispensable de procéder à cette dernière opération pour une expérience à domicile, mais il est sage d'éteindre et de débrancher tout équipement électrique inutile. Fermez également les fenêtres et veillez à ne pas être dérangé.

Enregistrement des résultats

Un microphone est placé près du récepteur pour lui permettre de décrire les images qui lui parviennent pendant l'essai de transmission de pensées. Le microphone doit être relié à un magnétophone placé dans une pièce voisine.

Un juge indépendant prend note des temps et des éléments que l'émetteur essaie de transmettre. Plus tard, le juge ré-écoutera l'enregistrement sur bande magnétique et décidera des descriptions qui peuvent être reconnues comme les éléments que l'émetteur essayait de transmettre.

L'émetteur

La personne qui fait office d'émetteur doit se trouver dans la même pièce que le juge indépendant et indiquer, sur papier uniquement, quelle pensée il ou elle essaie de transmettre. Les résultats sont meilleurs lorsque l'émetteur est alerte et bien éveillé. En général, quatre mots, de préférence des noms, sont choisis au hasard. L'émetteur est invité à choisir le premier élément et à élaborer une image mentale en se concentrant pour essayer de la transmettre en quelques secondes. Le récepteur essaie de visualiser cette image mentale.

Mesure du niveau de relaxation de l'émetteur

On a découvert que les résultats étaient meilleurs lorsque la personne qui faisait office de récepteur était détendue. Pour trouver le niveau de relaxation, une petite électrode est fixée sur le doigt du récepteur pour mesurer la réponse galvanique de la peau. Cette mesure s'effectue en détectant le niveau de sueur sur la peau, ce qui indique le niveau de relaxation. Cet appareil n'est pas indispensable pour tenter cette expérience à domicile.

Interprétation de vos résultats

Ne tirez pas de conclusions hâtives si les résultats d'une ou deux expériences semblent positifs. Certains résultats seront des "succès" parfaits dus au hasard. L'expérience doit être répétée plusieurs fois pour obtenir un nombre suffisant de résultats qui indiqueront à coup sûr si la transmission de pensée se fait réellement.

Les chances d'obtention de résultats positifs dus au hasard ont été calculées par des mathématiciens. Sur une série de 25 essais de transmission de pensée, cinq résultats positifs pouvaient être dus au hasard. Un nombre de résultats positifs supérieur à cinq sur 25 deviendrait significatif.

REFERENCE: pour plus de détails sur les calculs statistiques, voir le tableau de la page 73, **Utilisation de la télépathie.**

Comment faire un voyage astral

Le voyage astral est l'un des quatre phénomènes extra-corporels. Les trois autres phénomènes se produisent spontanément. Le voyage astral est déterminé consciemment et peut être réalisé avec de la pratique. Les voyages astraux peuvent être considérés comme des sorties volontaires hors du corps.

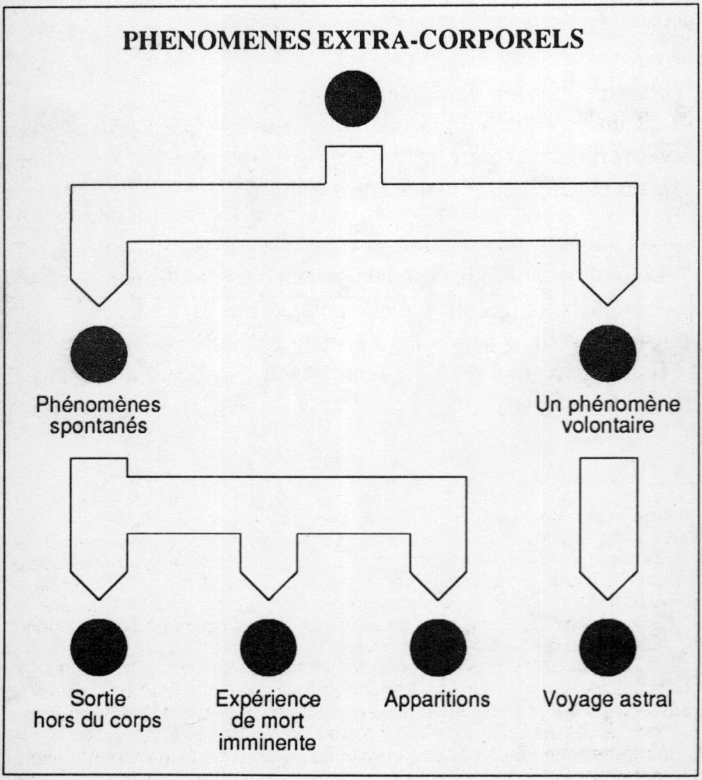

COMMENT DEVENIR UN VOYAGEUR ASTRAL

Préparations

Des yogis sérieux ont entrepris des années de pratique méditative avant de faire des voyages astraux. Il faut certainement tenir compte de leur mise en garde sur le voyage astral qui, selon eux, n'est pas fait pour l'impatient ou l'impur.

Certains praticiens occidentaux prétendent qu'il ne faut pas toute une vie de pratique et que de courts voyages astraux peuvent être faits après un peu de pratique. Eux aussi mettent l'accent sur le fait qu'il faut travailler pour obtenir un esprit calme et un corps pur.

Qu'est-ce qu'un esprit calme?

C'est un esprit débarrassé de tout désir, tendance à la névrose, bouleversement, colère, préjugé, soucis, anxiété, tristesse, craintes, extases et autres états humains communs.

Exemples de phénomènes extra-corporels spontanés

Une sortie hors du corps due à une restriction physique.
Lorsque le corps subit une tension continue due soit à une position physique, comme lorsqu'on conduit, ou à une anxiété psychologique, comme lorsqu'on se trouve dans une situation tout à fait inhabituelle ou apparemment menaçante, la personne peut se retrouver "à côté d'elle-même" et contempler consciemment son corps en action à une distance de 60 à 90 centimètres.

Elle peut décrire cette expérience comme la sensation "d'être au ciel". L'expérience durera aussi longtemps qu'aucun élément perturbateur ne surgira forçant le sujet à changer de position. Malheureusement, à des vitesses élevées, il n'aura peut-être pas le temps de réintégrer son corps ni de réagir suffisamment rapidement pour éviter un accident.

Un esprit calme est libre parce qu'il a vécu et subi ces états. Un esprit libre n'est pas un esprit qui a appris à éviter les sentiments humains ou à les contrôler. Certains des Saints de différentes religions sont de bons exemples de personnes à l'esprit calme. Par exemple, St. François d'Assise (1182-1226) qui, avant de devenir une personne calme et affectueuse, passait son temps à mener une vie de complète débauche!

Comme les Saints, les personnes dont l'esprit est réellement calme parlent sérieusement lorsqu'elles disent qu'elles prennent la vie à la légère et ne font pas de mal aux autres. Ce sont des personnes fortes qui sont réalistes et ont bon coeur.

Qu'est-ce qu'un corps pur?

C'est un corps de n'importe quel âge qui fonctionne bien, même s'il est handicapé. Cette qualité s'obtient généralement par des exercices pour améliorer la force, la souplesse et la résistance. Un corps pur est lavé à l'extérieur et bien équilibré à l'intérieur. Cela

---

Une expérience de mort imminente due à une mort clinique. Lorsque les fonctions vitales du corps s'arrêtent, comme cela peut se produire au cours d'une maladie, pendant une opération ou à la suite d'un accident, la conscience de la personne peut flotter en l'air et observer le processus de réanimation.

Pendant cette expérience, elle peut flotter dans les alentours, se déplaçant à une distance de 60 à 90 centimètres d'elle-même, mais en ayant conscience qu'elle doit faire demi-tour et réintégrer son corps.

Dans certains cas, une personne en situation de mort imminente, peut avoir une vision liée à des croyances religieuses. Certaines personnes qui ont signalé qu'elles avaient vu les êtres qui leur sont chers déclarent également qu'elles n'avaient pas peur de mourir et attendaient avec impatience le plaisir d'en faire l'expérience.

implique de manger raisonnablement et de ne pas absorber de substances qui bouleversent l'équilibre comme l'alcool, le tabac, etc. Certaines personnes excluront la viande, le poisson et les produits laitiers, tandis que d'autres n'excluront que les produits qui proviennent d'animaux morts.

Comment faire un voyage astral

Avant d'essayer cet exercice, débarrassez votre esprit de tout travail inachevé qui accapare votre attention.

1 Choisissez une heure qui se situe au moins 12 heures après le dernier repas et 48 heures depuis la dernière fois où vous avez mangé de la viande si vous êtes un mangeur de viande.
2 Faites quelques exercices légers pour aider à relâcher les tensions. Prenez une douche ou un bain et enfilez des vêtements chauds et amples.
3 Choisissez un moment où vous ne serez pas dérangé pendant environ deux heures. Allongez-vous sur un lit ou un canapé

L'apparition du père d'Hamlet

Lorsqu'une personne absente ou décédée est vue par d'autres personnes, il peut s'agir d'une apparition. Une apparition peut être vue et/ou entendue, mais est transparente. S'il s'agit d'une personne décédée, on parle souvent de fantôme.

Certains chercheurs prétendent qu'une personne qui fait un voyage astral peut se manifester sous la forme d'une apparition à une personne qui lui est réceptive, mais on croit que ce phénomène se produit très rarement.

On dit que la plupart des apparitions fantomatiques ne savent pas qu'elles sont décédées, soit parce que la mort fut prématurée, ou parce que des personnes n'avaient pas terminé leurs travaux sur terre. Certaines apparitions se limitent à un but bien précis comme, par exemple, des apparitions religieuses.

confortable dans une pièce qui baigne dans une chaleur agréable, faiblement éclairée et à l'écart de toute activité bruyante à l'extérieur.

4 Détendez-vous complètement, en vous endormant même, tout en répétant mentalement que vous allez flotter à l'autre bout de la pièce. Si, après plusieurs essais, rien ne se passe, essayez à nouveau un autre jour.

Il peut s'écouler plusieurs semaines avant que vous atteignez un état où le voyage astral est possible. Pour certaines personnes ça ne se produit jamais. Une fois que vous avez vécu votre premier voyage astral jusqu'à l'autre bout de la pièce, vous pouvez vous aventurer davantage et essayer de sortir légèrement de la pièce. Lorsque vous serez en confiance, vous pourrez alors entreprendre des voyages plus longs. Le voyage astral peut se produire lorsqu'on est éveillé ou endormi.

REFERENCE: pour plus de détails à propos de votre esprit astral, voir le **Chapitre 1: Découvrir votre esprit astral** (pages 18-21).

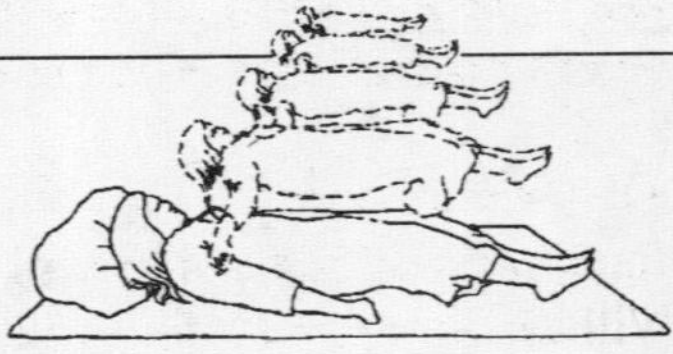

Un voyage astral sur des kilomètres
Le voyageur laisse son corps physique sur un canapé, traverse les murs et parcourt des distances vers une destination choisie. Tout est censé se passer en un temps très court. Le voyageur est invisible et peut voir et entendre ce qui se passe là où il s'arrête, mais ne peut prendre part aux événements.

Même si certains yogis expérimentés peuvent faire des voyages astraux sur de longues distances pendant près de deux heures, la plupart des gens ont beaucoup de difficultés à voyager plus loin que quelques mètres et plus longtemps que quelques minutes. Tout dérangement ou dérangement potentiel du corps abandonné brise la concentration nécessaire et ramène le voyageur dans son corps physique.

Ecrire sur commande

William T. Stead (1849-1912) était un journaliste et rédacteur en chef accompli qui vivait en Angleterre à la fin du 19ème siècle. A cette époque, toutes les communications à distance se faisaient par lettre, mais William Stead permit à ses amis de gagner du temps et leur épargna des problèmes en utilisant son don d'écriture automatique pour écrire lui-même les lettres qu'ils lui auraient envoyées.

Il développa pour la première fois ce don troublant d'écrire les lettres des autres personnes lorsqu'il se trouva, par hasard, en train d'écrire automatiquement dans le style d'un ami journaliste qui était décédé. Les opinions exposées étaient aussi celles de son ami décédé et non les siennes propres.

L'écriture automatique de messages transmis par des morts est très difficile à prouver et plus facile à expliquer comme un don caché ou une mémoire extraordinaire de la part du rédacteur, mais la capacité de William Stead de se mettre au diapason des messages provenant d'autres personnes s'étendait aux vivants.

Une lettre d'un ami

Un lundi après-midi, après un week-end en déplacement, une amie de William devait parcourir les 50 kilomètres qui séparent Hazlemere de Londres. William voulait savoir si elle était bien arrivée. Il s'assit à son bureau avec une plume et du papier et demanda mentalement à son amie comment s'était passé le voyage. Voici un bref aperçu de ce que sa main d'après ses dires écrivit automatiquement:

"Je regrette de devoir dire que j'ai eu une désagréable expérience... J'ai quitté Hazlemere à 14h27 dans un compartiment de seconde classe en compagnie de deux dames et d'un monsieur... A l'un des arrêts, les dames sont descendues et je suis restée avec le monsieur. Il est venu s'asseoir à côté de moi et j'avais peur... il a essayé de m'embrasser... nous nous sommes disputés, j'ai pris son parapluie et l'ai frappé avec celui-ci jusqu'à ce qu'il se brise... heureusement le train s'est arrêté un peu avant Guildford et l'homme s'est enfui en sautant en bas du train... J'ai gardé le parapluie."

Dès que l'écriture automatique cessa, Stead envoya immédiatement un messager avec une note au domicile de la dame lui signifiant sa compassion et lui demandant d'apporter le parapluie lors de leur prochaine rencontre. La dame lui répondit qu'elle était désolée qu'il ait appris ce qui s'était passé, car elle avait décidé de garder cette incident secret... il avait raison à propos de l'incident, mais s'était trompé au sujet du parapluie... c'était le sien et non celui de l'agresseur.

Dons psychiques

Les dons psychiques, dont on croit que tout être humain dispose, sont des formes de communication mentale qui peuvent transcender le temps, le lieu et le monde matériel.

Le don psychique de l'écriture automatique consiste en l'écriture de mots ou de symboles sans intention consciente de la part de l'auteur. Une personne qui écrit automatiquement de façon régulière peut être considérée comme un médium pour la transmission de messages. Pour recevoir des messages, un médium utilise la perception extra-sensorielle (PES). Il existe de nombreuses manifestations des dons psychiques et pour développer un de ces dons en particulier, il faudra peut-être d'abord travailler les autres.

CERTAINS DONS PSYCHIQUES

De tous les dons psychiques, la psychométrie est le plus utile au débutant qui n'a aucune connaissance de son potentiel dans ce domaine.

Si vous voulez vous essayer à l'écriture automatique, étudiez d'abord votre potentiel en PES à l'aide de la psychométrie.

Télépathie
Communication mentale à distance.

Voyance extra-lucide
Connaissance des vivants par la vue.

Préscience
Connaissance de l'avenir.

Spiritisme
Connaissance des morts.

Ecriture automatique
Ecriture involontaire de messages provenant de personnes décédées ou vivantes.

Radiesthésie
Repérage de choses cachées dans le sol.

Psychométrie
Utilisation d'un objet pour se mettre en phase avec les informations.

Apprendre à utiliser la perception extra-sensorielle

La psychométrie est l'art de choisir un objet qui devient le véhicule pour stimuler la perception extra-sensorielle. Une bague ou un autre bijou, un foulard, une photographie ou quelque chose de plus solide ,comme une boîte ou un pot, sont des objets typiques qui peuvent être utilisés à cet effet.

On a longtemps cru que les images qui venaient à l'esprit lorsqu'on tenait l'objet en main provenaient des vibrations de l'énergie contenue dans l'objet. En fait, nombreux sont ceux qui croient encore que le propriétaire de l'objet laisse dans cet objet une sorte de message qui peut être capté par l'investigateur.

La recherche a montré que, dans de très nombreux cas, on peut obtenir les informations en se concentrant sur des objets que la personne n'a jamais touchés, notamment des photographies. En général, l'objet choisi est un point de mire et non un support du message.

Généralement, on consulte un psychométricien à propos du passé, du présent et de l'avenir d'une personne. L'enquêteur donne au psychométricien un petit objet personnel à tenir en main.

Au début, essayez avec une bague et ensuite avec d'autres petits objets. Tenez-les en main et notez bien les images, les pensées, les sons, les odeurs ou les idées qui vous viennent à l'esprit. Certaines personnes reçoivent un flot d'images, tandis que chez d'autres personnes, rien ne se passe.

Une fois que vous avez trouvé le type d'objet qui vous convient le mieux, vous pouvez vous exercer et tester vos dons psychiques sur vos amis. Prenez bien soin de demander à vos amis de vérifier vos interprétations de leurs affaires. En général, il est peu probable que votre interprétation soit correcte dans plus de 65% des cas... sauf si, bien sûr, vous disposez d'un don psychique exceptionnel. Dans ce cas, prenez contact avec une société étudiant les phénomènes psychiques et apprenez à utiliser votre don.

UN PSYCHOMETRICIEN MODERNE

Né aux Pays-Bas, Peter Hurkos est réputé dans le monde entier pour sa collaboration avec la police dans la recherche de personnes disparues et l'explication de certains crimes. Il utilise la psychométrie, c'est-à-dire qu'il se met en phase avec l'emplacement d'une personne ou d'un objet en tenant en main quelque chose qui possède un lien étroit avec cette personne ou cet objet, par exemple un vêtement. Son taux de réussite dans la recherche de personnes disparues, de victimes de crimes et même dans la localisation de criminels est très élevé. Dans bien des cas, il peut décrire en détail les lieux du crime et il a parfois une vision du crime en train d'être perpétré.

Il a également aidé avec succès la police dans des affaires célèbres, comme les assassins de Manson en 1969 en Californie et la récupération de la pierre du couronnement qui avait été volée à l'Abbaye de Westminster en 1950 à Londres.

Test du détective psychique

Les dons psychiques de Peter Hurkos ont fait l'objet de tests dans un laboratoire de parapsychologie du Maine en 1958. Le professeur Ducasse de l'université de Brown envoya un colis scellé à Peter Hurkos. Seul Ducasse en connaissait le contenu. Voici quelques extraits de la description qu'en donna Peter Hurkos:

"Cet objet explosa... il y eut une explosion... il y a longtemps. Je peux entendre une langue étrange. Elle est très ancienne. Elle a un rapport avec l'eau. Je ne sais pas ce que c'est... un objet de couleur foncée, cylindrique, hérissé de petites pointes, il a été réparé. Il a appartenu à trois propriétaires qui sont tous morts. Le Dr. Ducasse l'a reçu en cadeau, il ne l'a pas acheté!"

Le colis contenait une petite jarre en terre cuite qu'un ami, décédé à l'époque, avait achetée et offerte au Dr. Ducasse. La jarre était l'un des vestiges de l'éruption volcanique qui eut lieu à Pompéi en 79 avant J.-C. Elle avait été reconstituée et réparée. L'ami du Dr. Ducasse l'avait acquise en 1922.

La description qu'en donna Peter Hurkos était extrêmement précise, mais ne concernait que ce que le Dr. Ducasse connaissait à propos de la jarre et de son histoire. On croit que les psychométriciens utilisent en fait la télépathie et la voyance pour acquérir leurs informations; l'objet, c'est-à-dire le colis dans le cas qui nous occupe, ne servant que de dispositif de mise en phase.

Possédez-vous un quelconque don d'écriture automatique?

Après avoir développé votre sensibilité et votre conscience psychique par quelques exercices de psychométrie, vous voudrez peut-être vous essayer à l'écriture automatique.

Asseyez-vous tranquillement avec en main un crayon ou un stylo et du papier vierge et laissez votre main se mouvoir à son gré. Peut-être demanderez-vous à votre main si elle a des messages à rédiger.

Il n'existe aucune méthode connue pour apprendre l'écriture automatique; la plupart des praticiens ont soudainement découvert que cela leur arrivait spontanément. Rosemary Brown, par exemple, un médium anglais, qui écrivait de la musique depuis l'âge de sept ans, prétend que sa musique était dictée par les grands maîtres du passé, parmi lesquels Beethoven, Mozart et Bach. Il est certain que sa musique est écrite dans le style de nombreux compositeurs différents.

Certaines personnes croient que Rosemary Brown est un médium en contact avec les esprits des compositeurs défunts, tandis que d'autres sont d'avis que c'est un être hautement créatif qui ne reconnaît tout simplement pas ses propres talents.

Utiliser les deux hémisphères de votre cerveau

Le cerveau humain possède deux hémisphères. Chaque hémisphère est associé à différentes approches de la pensée. Ces approches sont connues sous le nom d'activités du cerveau gauche et du cerveau droit; il existe naturellement d'autres parties du cerveau qui sont indépendantes des deux hémisphères.

Le cerveau gauche concerne davantage la pensée logique et le cerveau droit, les pensées intuitives. Les deux hémisphères peuvent travailler ensemble, chacun d'entre eux donnant un point de vue; ils peuvent travailler séparément lorsque des problèmes font appel à leur mode particulier de pensée ou ils peuvent travailler en opposition ... c'est souvent le cas lorsque vous vous trouvez en contradiction avec vous-même pour certaines choses.

Tout le monde utilise les deux hémisphères de son cerveau, mais la plupart des gens utilisent un hémisphère plus que l'autre. Une fois que nous sommes habitués à un mode de pensée, nous avons tendance à nous y tenir et à ignorer l'autre, ce qui nous laisse fortement démuni lorsqu'il faut résoudre des problèmes qui nécessitent l'intervention des talents de notre hémisphère négligé.

Par conséquent, un excellent moyen d'améliorer la puissance de votre esprit consiste à utiliser les deux hémisphères autant que faire se peut. Pour cela, vous devez trouver l'hémisphère qui est sous-utilisé et vous concentrer ensuite sur une utilisation plus fréquente de cet hémisphère.

Les grandes entreprises nécessitent l'utilisation des deux hémisphères

Les inventions, les créations et les découvertes impliquent toutes des moments de lucidité et des moments pendant lesquels l'organisation méticuleuse et logique passe en priorité. Cela s'applique également aux projets de recherche. Tout le monde a entendu parler des hommes de science qui ont eu un éclair de lucidité, mais peu d'entre nous se rendent compte des années d'expérimentation assidue qui sont nécessaires pour garantir la viabilité et la sécurité d'un nouveau concept ou d'un nouveau médicament.

L'inventeur américain d'origine écossaise Alexander Graham Bell (1847-1922) alliait l'inspiration du cerveau droit à la logique stricte du cerveau gauche. Au-dessus de son portrait se trouve le croquis qu'il a dessiné en mai 1875 pour illustrer la transmission des signaux sans batteries et sur lequel le fait de toucher le point B produit une note musicale provenant du point A; en bas de page, le schéma du premier téléphone de Bell réalisé en 1876.

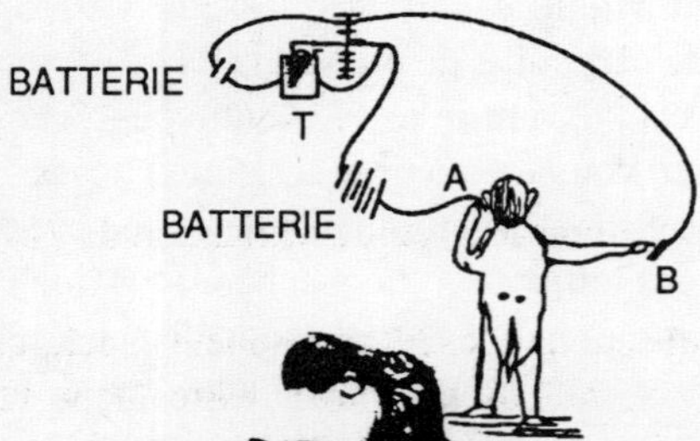

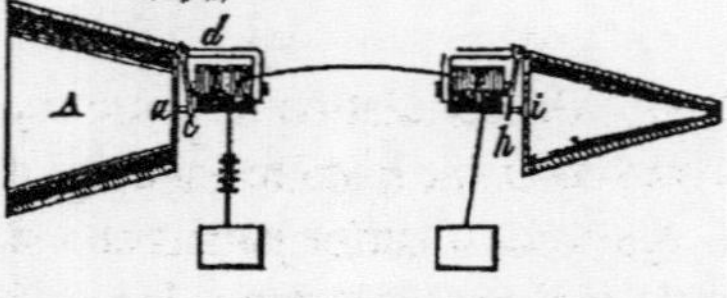

QUEL EST LE COTE PREDOMINANT DE VOTRE CERVEAU?

Cherchez la situation qui s'applique le mieux à vous dans les deux colonnes pages 92 et 93. Faites ensuite le total des colonnes. Un score plus élevé d'un côté indique le côté qui prédomine. Dans ce cas, vous devriez faire un plus grand usage de l'autre hémisphère. Si vos scores sont plus ou moins égaux, cela signifie que vous utilisez les deux hémisphères et que vous pourriez vous concentrer sur l'augmentation de la coopération entre les deux hémisphères.

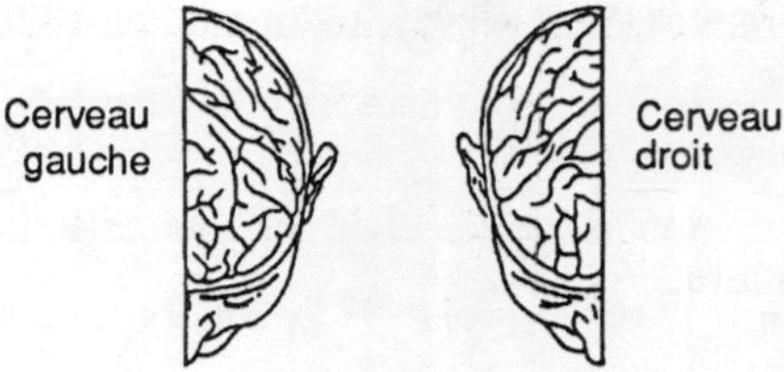

Mesures à prendre pour accroître l'utilisation de l'hémisphère gauche

Sélectionnez les questions liées à l'hémisphère gauche qui, d'après vous, ne correspondent pas du tout à votre façon normale de travailler. Exercez-vous ensuite à appliquer ces principes un à un. La ponctualité et l'ordre logique, par exemple, sont deux domaines que vous pourriez essayer dans la vie de tous les jours. Vous serez peut-être plus enclin à suivre un cours qui exige des talents de la part de l'hémisphère gauche, comme la science, la technologie, la programmation sur ordinateur, la menuiserie ou la couture.

Mesures à prendre pour accroître l'utilisation de l'hémisphère droit

La meilleure méthode de stimulation de votre cerveau droit consiste à suivre un cours dans une matière qui exige de la spontanéité et de l'intuition et que vous n'auriez jamais choisie normalement, comme, par exemple, le théâtre et la danse, le jazz, l'art et le design, la création de mode, la composition florale ou l'orfèvrerie.

Dominance du cerveau gauche

En général, j'analyse, en recherchant la séquence des causes et des effets qui ont conduit à une situation	☐
Lorsqu'on me demande de décrire une personne que je connais, je donne des détails sur son nom, son âge, son travail, ses vêtements, etc.	☐
Lors d'une conversation, je passe d'une idée à une autre	☐
Lorsque je parle, mes mains restent tranquilles ou je les mets en poches	☐
Je suis ponctuel et je peux estimer le temps	☐
Je sais très bien expliquer comment fonctionnent les choses, comment faire les choses ou donner des instructions	☐
Je suis fort en mots croisés et dans les jeux de lettres	☐
J'aime faire des projets et les mettre en oeuvre	☐
Je préfère les mathématiques et les sciences aux arts et au théâtre	☐
J'ai tendance à dissimuler mes sentiments, mais je peux trouver les mots pour les exprimer	☐
Je rêve rarement et je ne parviens pas à me souvenir de mes rêves	☐
En général, je cherche les raisons qui se cachent derrière le comportement des autres personnes	☐
Je classe les dossiers, les documents et les outils dans un ordre logique	☐
Je préfère l'art figuratif à toute autre forme d'art	☐
Lorsque je danse, je préfère une danse où les pas sont connus	☐
J'éprouverais beaucoup de difficultés à déambuler chez moi les yeux fermés	☐
Total	☐

Dominance du cerveau droit

- ☐ En général, je synthétise. Chaque élément d'information que je trouve fait partie d'une image générale
- ☐ Lorsqu'on me demande de décrire une personne que je connais, je donne un résumé de ses humeurs, de ses croyances, de ses penchants, etc.
- ☐ Lors d'une conversation, j'associe les idées
- ☐ Je m'exprime beaucoup avec les mains
- ☐ Je ne suis pas une personne ponctuelle et je ne peux pas facilement estimer le temps
- ☐ Je ne sais pas expliquer les choses même lorsque je peux les faire convenablement moi-même
- ☐ Je trouve les mots croisés et les jeux de lettres difficiles
- ☐ J'ai horreur de faire des projets et j'aime faire les choses spontanément
- ☐ Je préfère les arts et le théâtre aux mathématiques et aux sciences
- ☐ Mes sentiments sont facilement visibles, mais j'éprouve des difficultés à trouver les mots pour les exprimer
- ☐ Je rêve souvent et peux me rappeler mes rêves
- ☐ En général, je ne cherche pas les motivations qui sont à la base du comportement des autres personnes
- ☐ Bien que je trouve généralement ce que je cherche, je ne conserve pas les choses dans un ordre bien précis
- ☐ Je peux réagir à toutes sortes d'images visuelles
- ☐ Lorsque je danse, je préfère les mouvements libres pour lesquels je peux recourir à mon intuition
- ☐ Je n'éprouverais pas grande difficulté à déambuler chez moi les yeux fermés

☐ **Total**

Comment laisser votre esprit en éveil

La communication est la meilleure façon de laisser votre esprit en éveil. Sans communication, nous avons tendance à devenir dépressifs et désintéressés et nos esprits ne continuent à fonctionner qu'à un faible niveau. Comme pour le reste de notre corps, le meilleur moyen de garder nos esprits actifs, en pleine forme et en éveil consiste à les faire travailler.

Les bons communicateurs sont exaltants et stimulent nos esprits. Au théâtre et dans les divertissements, ils provoquent les rires ou les larmes et, dans les écoles, les collèges et les cours de formation, les bons communicateurs inspirent notre soif d'apprendre. De même, les conseillers et les experts médicaux, juridiques et spirituels nous incitent à nous sentir importants et désireux de poursuivre.

Toutes ces personnes qui sont de bons communicateurs ont constamment l'esprit en éveil et suscitent notre enthousiasme et notre intérêt.

Qu'est-ce que la communication?

La communication consiste en l'envoi et la réception de messages verbaux et non verbaux. Tous les êtres vivants communiquent et des chercheurs ont estimé que la plupart des êtres humains passaient environ les trois quarts de leur vie éveillée à communiquer verbalement.

Quelques modes de communication

Ecouter	Ecrire	Signaler
Lire	Dessiner	Danser
Parler	Griffonner	Toucher
Crier	Peindre	Embrasser
Chanter	Exhiber	Etreindre
Siffler	Mimer	Se battre

Les éléments de la communication verbale
Des chercheurs ont estimé que la plupart des gens utilisaient l'écoute et la parole plus que tout autre type de communication verbale. Le pourcentage de temps consacré à la communication verbale pendant une journée de veille est indiqué dans le cercle.

L'observation est liée à la lecture, puisque ces deux activités sont similaires: dans les deux cas, il faut s'appliquer à regarder quelque chose et à interpréter ce que l'on voit, par exemple lire un livre ou un jeu de symboles et regarder la télévision ou les gens dans la rue.

Une écoute lucide est l'élément le plus important de la communication et c'est dans ce domaine que les améliorations les plus remarquables peuvent être apportées. C'est de cette façon que vous avez appris la plupart des choses, notamment votre langue, lorsque vous étiez enfant. Pour garder votre esprit en éveil et actif, vous devez apprendre à améliorer votre écoute.

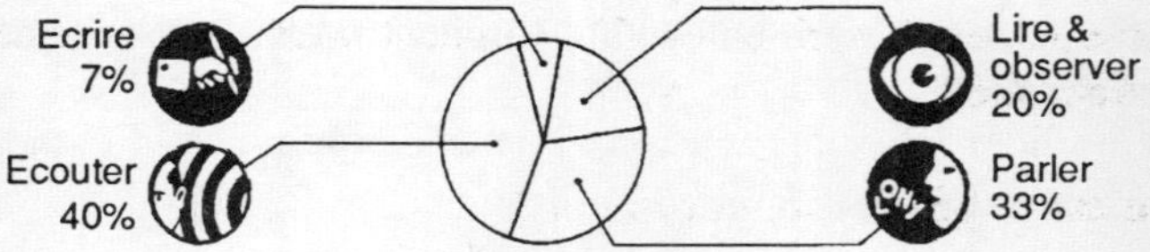

LES NIVEAUX D'ECOUTE

Le Dr. Anthony Alessandra, chercheur américain, distingue trois niveaux d'écoute chez l'être humain.

1 Ecoute active
L'auditeur est attentif et intéressé par l'orateur et en arrière-plan, par les motivations et le sens de ses paroles. Il s'agit ici d'une écoute très positive dont il existe plusieurs types qui peuvent être pratiqués pour améliorer la puissance de notre esprit.
Ecoute diagnostique: des questions sont posées pour encourager l'orateur à donner plus de renseignements ou d'explications.

Ne faites jamais de critiques, n'émettez jamais de jugements ni de suggestions, et ne vous laissez pas impressionner par les silences. Participez avec vos yeux et votre langage corporel ainsi qu'avec vos oreilles, mais n'exercez pas de pression sur la personne. Ce type d'écoute est utilisé par les meilleurs conseillers et les amis les plus bienveillants lorsqu'une personne a une déclaration importante ou difficile à faire ou un problème à résoudre.

Ecoute énergique: l'auditeur partage les sentiments de l'orateur. Il faut distinguer ce mode d'écoute de l'écoute compatissante où l'auditeur imagine que l'orateur doit ressentir la même chose que lui.

Ce type d'écoute exige peu de réaction, juste un mot ou deux pour montrer que vous êtes toujours à l'écoute.

Ecoute attentive: l'auditeur accorde toute son attention à l'orateur et se souvient des remarques importantes qui ont été faites. Ce n'est bien souvent que plus tard que vous pouvez montrer combien vous étiez attentif. L'écoute attentive est essentielle dans les relations... en passant vous remarquez, par exemple, que votre ami n'aime pas les oignons.

Par la suite vous veillerez à ce qu'on ne lui propose pas d'oignons au cours d'un repas.

2 Ecoute neutre

L'écoute se fait d'une manière attentive, mais sans essayer de trouver les motivations ou de réagir au propos de l'orateur. Ce type d'écoute s'utilise d'une façon optimale pour les faits, les informations et l'échange d'idées et de techniques. L'écoute neutre n'est pas aussi facile qu'il n'y paraît. Nombreux sont ceux qui oublient le nom d'une personne quelques minutes après lui avoir été présentés.

Pour améliorer: marquez une pause et répétez ce que l'orateur a dit pour vérifier que vous avez enregistré correctement les détails. Pour apprendre les noms, liez la personne et son nom d'une façon facile à retenir... en général un lien illogique fonctionne à merveille.

3 Ecoute négative

L'écoute n'est pas objective, mais se fait au travers d'une série de filtres mentaux, intellectuels, émotionnels ou sociaux qui modifient ce que nous entendons. Il y a huit types de filtre différents. L'écoute négative se produit souvent lorsque la langue, les coutumes ou les expressions sont mal comprises.

Etudiez chacun des huit types d'écoute négative et contrôlez ceux que vous pratiquez assez fréquemment à votre connaissance. Placez-vous ensuite en situation d'écoute et appliquez-vous à essayer d'éliminer les types d'écoute négatifs que vous avez identifiés, en utilisant les suggestions faites pour les modifier.

Huit types d'écoute négative

☐ **Ecoute émotionnelle**: l'émotion puissante de l'orateur suscite une émotion contraire chez vous et vous empêche d'entendre ce qui se dit en réalité.
Pour changer: si vous êtes trop contrarié, arrêtez la conversation ou éloignez-vous de l'orateur pour vous calmer. Essayez l'écoute diagnostique ou énergique.

☐ **Ecoute avec rejet**: l'auditeur décide rapidement que ce que l'orateur va dire ne vaudra pas la peine d'être écouté. L'écoute avec rejet est courante lorsqu'une personne qui reçoit de mauvaises nouvelles s'exclame "Oh non, ce n'est pas vrai!"
Pour changer: étudiez vos véritables sentiments; qu'est-ce qui vous dérange chez l'orateur ou dans son propos? Manquez-vous de confiance en vous ou doutez-vous de votre capacité à présenter un contre-argument efficace?

☐ **Ecoute destructive**: semblable à l'écoute avec rejet, mais l'intention de l'auditeur consiste uniquement à faire taire l'orateur de la façon la

plus écrasante dans une lutte destructrice pour le pouvoir. Les hommes politiques utilisent fréquemment ce type d'écoute les uns à l'égard des autres; il en va de même pour les gens qui ont des préjugés vis-à-vis des cultures différentes. L'auditeur essaie en général de prouver que l'orateur est inférieur.
Pour changer: reconnaissez qu'il y a un conflit de styles, de croyances ou de coutumes. Etudiez davantage vos différences.

☐ **Ecoute avec jugement catégorique**: tirer des conclusions incorrectes sans réflexion.
Pour changer: essayez d'élargir votre éventail de styles de pensées.

☐ **Ecoute distraite**: lorsque l'on essaie de faire deux ou plusieurs choses à la fois et que l'on n'accorde toute son attention ni à l'une ni aux autres.
Pour changer: accordez votre attention à une chose à la fois, en particulier lorsque quelqu'un veut vous dire quelque chose.

☐ **Ecoute docile**: l'auditeur imagine que l'orateur est puissant, formidable, divin ou distant. Les stars de la chanson et les champions sportifs font souvent l'objet de ce type d'adoration. Le danger est plus grand si vous placez votre chef, vos parents, votre épouse ou un collègue dans cette position (ou s'ils essayent de l'occuper).
Pour changer: essayez de considérer les gens, notamment vous-même, comme des égaux; ne vous sous-estimez pas et ne vous surestimez pas non plus. Reconnaissez que certaines personnes sont plus intelligentes pour certaines choses et que d'autres points de vues peuvent être intéressants sans être exclusifs.

☐ **Ecoute anxieuse**: cela se produit lorsque vous êtes tellement terrorisé que vous vous soumettez totalement et que vous entendez peu de choses de ce qui se dit. Des informations importantes données par des médecins ou des avocats peuvent être manquées en raison d'une certaine anxiété. Dans certains cas vous pouvez ressentir de l'ennui, vous sentir apathique ou même méprisant. En général, l'apathie cache une crainte profonde.
Pour changer: apprenez à être moins soumis sans devenir agressif. Des séances d'affirmation peuvent vous aider à faire face à vos craintes avec sang-froid et un ami peut vous être d'un grand secours lorsque vous participez à des entretiens difficiles avec des avocats, etc.

☐ **Ecoute impulsive**: elle se produit lorsque vous êtes trop impatient d'entrer dans le vif du sujet et que vous n'écoutez pas convenablement les instructions ou lorsque vous avez des idées personnelles brillantes stimulées par l'orateur.
Pour changer: utilisez les techniques d'écoute neutre.

Mémoire

En améliorant vos capacités d'écoute, vous allez également améliorer votre aptitude à vous rappeler les choses importantes. La mémoire constitue le sujet développé au cours des pages suivantes.

L'acquisition d'une mémoire experte

Certaines personnes peuvent se souvenir de faits et chiffres détaillés et se les rappeler à volonté, en se trompant rarement. Les champions des jeux télévisés, les antiquaires, les fanatiques de sport, les médecins, les acteurs, les amoureux du jardinage et des dizaines d'autres personnes qui possèdent une connaissance experte dans un domaine particulier peuvent se souvenir d'une multitude d'informations sur leur sujet de prédilection. Capables d'ajouter indéfiniment des données à leur stock d'informations, elles peuvent également supprimer et adapter les faits enregistrés à la lumière des nouvelles recherches.

De nombreux musiciens peuvent se souvenir d'un air de musique après l'avoir entendu une seule fois et certains, comme Mozart ou Beethoven, conservent de nouvelles compositions très longues en tête avant de les transcrire sur papier.

Un professeur de collège de Berlekey en Californie prétend qu'en une semaine, il peut identifier 1000 nouveaux étudiants par leur nom; on sait aussi qu'une écolière de 11 ans à Bradford en Angleterre a pu mémoriser les noms, adresses et numéros de téléphone de 100 personnes choisies au hasard dans un annuaire téléphonique et les réciter correctement un mois plus tard.

La temps qui s'écoule entre l'étude d'une série de faits et le moment où l'on s'en souvient ne semble pas important pour les personnes qui possèdent une mémoire experte. Ceux d'entre nous qui ne possèdent pas une bonne mémoire savent combien il est facile d'oublier, même si nous parvenons à nous rappeler un fait un peu plus de quelques secondes.

Comment améliorer votre mémoire

La mémoire est une fonction du cerveau, tout comme le mouvement est une fonction des muscles. La capacité à se souvenir varie, mais l'amélioration de votre mémoire dépend de l'intérêt et de l'intention. Si vous ne faites preuve d'aucun intérêt ni d'aucune intention, il est peu probable que vous parveniez à améliorer votre mémoire.

Au début, faites des exercices de mémoire avec des sujets qui vous intéressent. Se rappeler des noms est un bon exercice pour débuter et vous trouverez des détails à ce sujet au Chapitre 5: Trouver la clé et Qui avez-vous en tête?

Tous les autres moyens d'améliorer votre mémoire exigent une concentration volontaire sur ce dont vous voulez vous souvenir et se basent sur l'élimination des détails superflus.

1ère méthode: écrivez-le

Les heures, les dates, les listes d'achats et les listes de travaux à faire peuvent tous être inscrits sur papier. Exemples: planning, agenda électronique, calendrier mois par mois, planificateur annuel, liste d'achats à feuillets détachables, bloc-notes aimanté dans la voiture, carnet de notes près de votre lit, un bloc-notes avec un stylo placé près du téléphone sont très utiles pour toute la famille.

2ème méthode: mettez au point votre propre mnémotechnique

Une mnémotechnique est une aide à la mémoire. Elle fut utilisée pour la première fois par les Grecs et consiste à associer ce dont il faut se souvenir à une clé ou à un code. C'est un moyen très efficace d'améliorer la mémoire immédiate et à long terme. Certaines universités et collèges apprennent maintenant à leurs étudiants à utiliser les procédés mnémoniques.

Une mnémotechnique consiste à associer deux facteurs qui se ressemblent superficiellement. Le facteur bien connu est utilisé pour se rappeler celui qui ne l'est pas. "La cime est tombée dans l'abîme", par exemple, une association à la fois visuelle et phonétique qui permet à l'élève de se souvenir de la place de l'accent circonflexe. Cette méthode peut également être utilisée lorsque les sujets semblent similaires. C'est ainsi que nous nous souvenons d'une forme simple comme une botte pour dessiner une carte simplifiée de l'Italie. Pour se rappeler des successions d'éléments à l'aide de procédés mnémotechniques, il faut remplacer les éléments qui n'ont pas de lien direct par une série qui en possède un. On sait, par exemple, que le rapport π de la circonférence au diamètre est incommensurable: les décimales sont en nombre infini. Généralement on se souvient des cinq premières: 3,14159. On obtiendra une série plus longue, et facile à retenir, par le vers suivant: "Que j'aime à faire apprendre un nombre utile au sage" en sachant que le nombre de lettres de chaque mot indique un chiffre: 3,1415926524.

Pour créer votre propre code mnémonique, vous devez utiliser quelque chose qui vous semble facile à retenir. Vous pouvez l'utiliser à maintes reprises pour vous rappeler toutes sortes de choses.

Comment créer des liens au moyen d'images.

Le lien doit être aussi visuel que possible. Nous proposons ici des images très faciles à retenir, mais gardez chaque image intacte en n'utilisant qu'une méthode à la fois. Une seule image claire sans trop d'éléments supplémentaires sera la plus efficace.

Exagérez – rendez l'image immense, bruyante, monstrueuse.

Riez – rendez l'image absurde ou ridicule.

Soyez grivois – rendez l'image sexuelle ou même vulgaire.

Animez – faites bouger l'image, donnez-lui une odeur ou faites-la émettre un bruit.

Ajoutez de la couleur – utilisez des couleurs vives et même criardes.

Utilisez votre expérience – utilisez des images très personnelles.

Les astronomes ont appris à mémoriser la position des étoiles (en face) en reliant les constellations pour aboutir à des formes faciles à identifier et à retenir.

QUE POUVEZ-VOUS VOUS RAPPELER?

Essayez les questions **A** et **B** pour tester votre mémoire personnelle et générale. Prenez le temps nécessaire.

A De mémoire et sans consulter votre agenda ou vos documents personnels, inscrivez 10 dates importantes pour vous ou votre famille et dites pourquoi dans le tableau ci-dessous.

B Ecrivez de mémoire la date à laquelle chacun des événements historiques mentionnés a eu lieu dans le tableau à la page suivante.

A

Date	Raison de l'importance

Comment calculer votre score

Consultez votre agenda ou vos documents personnels pour les réponses à la question **A** et vérifiez ensuite la liste (*page suivante*) pour les réponses à la question **B**. Sur un score de départ de 20, déduisez un point pour chaque erreur ou omission.

Si vous obtenez 16-20 vous possédez déjà une excellente mémoire; entre 8 et 16 points, vous possédez une mémoire moyenne et pourriez probablement améliorer votre performance. Un score inférieur à 8 n'est pas très bon... mais vous saurez déjà que vous avez des difficultés à vous rappeler des faits. Votre mémoire fonctionne probablement mieux avec différents types de matériaux, liés à des choses qui vous intéressent.

B

	Evénement	**Mois et année**
1	Le largage de la première bombe atomique sur Hiroshima	
2	La conquête du mont Everest par Sir Edmund Hillary	
3	Le premier vol spatial habité par Youri Gagarine	
4	L'assassinat de John F. Kennedy à Dallas	
5	La première transplantation cardiaque par Christian Barnard	
6	Le premier pas sur la lune par Neil Armstrong	
7	Le mariage de S.A.R. le Prince Charles et de la Princesse Diana	
8	L'éruption volcanique à Armero en Colombie	
9	L'incendie à la centrale nucléaire de Tchernobyl	
10	Les jeux olympiques de Séoul	

Réponses B

1 Août 1945
2 Juin 1953
3 Avril 1961
4 Novembre 1963
5 Décembre 1967
6 Juillet 1969
7 Juillet 1981
8 Novembre 1985
9 Avril 1986
10 Juillet 1988

Maîtriser vos phobies

Les pouvoirs de l'esprit sont nombreux et variés, même s'ils ne sont pas toujours désirables. Toute personne qui souffre d'une phobie marquée sait combien ce peut être démoralisant et difficile à maîtriser.

Une phobie est une aversion ou une peur morbide à l'égard d'une personne ou d'une chose. Normalement ce problème psychologique a une cause ou une raison évidente. La crainte est grande et la personne qui souffre de la phobie est susceptible de croire que sa survie même est menacée.

Il faut faire la distinction entre les phobies et les peurs réalistes d'une part, et les anxiétés légères d'autre part, qui peuvent être maîtrisées plus facilement par la prise de conscience et par des démarches logiques.

Une phobie est souvent irrationnelle et certaines phobies importantes peuvent provoquer des réactions comme la panique, l'évanouissement ou le vomissement. D'autres sont des aversions très spécifiques qui peuvent être facilement évitées.

Quelques exemples de phobies

Agoraphobie – phobie des espaces libres et des lieux publics
L'ailurophobie – forte aversion envers les chats
L'arachnophobie – peur des araignées
Claustrophobie – l'angoisse d'être enfermé
Hémophobie – l'horreur du sang
Hydrophobie – une peur morbide de l'eau
Xénophobie – une haine morbide des étrangers

Un -phobe est une personne qui souffre de la crainte dont il est question, par exemple, un anglophobe est une personne qui a une peur irrationnelle des Anglais. Une phobie est souvent le contraire d'une passion pour une chose. Celle-ci est indiquée en ajoutant le suffixe -phile à la fin du mot. Un russophile, par exemple, a une passion pour tout ce qui est russe et un gynotikolobomassophile est une personne qui aime frotter le lobe de l'oreille d'une femme.

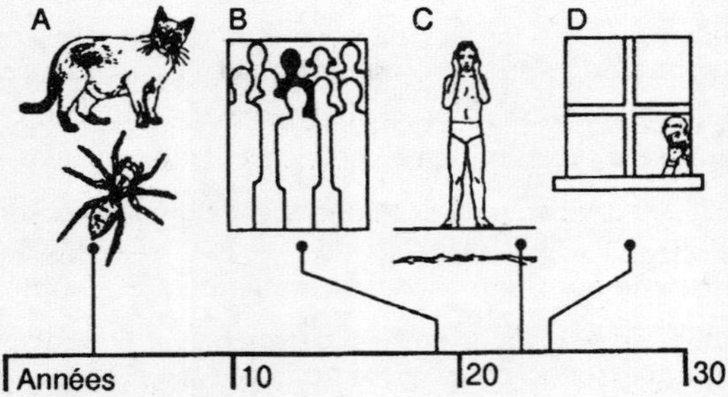

Phobies
Elles peuvent être classées en quatre types principaux: phobies animales (**A**) qui ont tendance à apparaître vers l'âge de 4 ans; les phobies sociales (**B**) comme la peur des foules commencent à un âge moyen de 19 ans; d'autres phobies spécifiques (**C**) comme la peur de l'eau ou de l'altitude commencent en moyenne à l'âge de 23 ans; et l'agoraphobie (**D**), la peur du monde extérieur, aux environs de 24 ans.

FEEDBACK

Donner ou recevoir un feedback sont des méthodes utiles pour éclaircir l'esprit et réduire le niveau d'anxiété provoqué par une phobie. Le feedback peut être interne (venant de vous-même) ou externe (venant d'autres personnes). Ces deux types doivent être utilisés pour obtenir un point de vue équilibré.

Méthodes de feedback

1 Demander aux autres de donner leur point de vue et d'observer vos réactions pendant que vous êtes en action et en examen rétrospectif.

2 Demander aux autres comment ils imaginent votre réaction probable. D'autres personnes peuvent souvent vous en dire plus sur votre propre mode habituel de comportement que vous ne pouvez l'imaginer.

3 Réagir en profondeur aux expériences que vous venez de ressentir et apprendre par tâtonnements.
4 Réfléchir à loisir sur ce que vous entendez et voyez et utiliser certaines capacités de pensée pour étudier soigneusement les idées. Ceci peut être fait seul ou sous forme de discussion avec d'autres personnes qui présenteront différents points de vue.
5 Donner du feedback aux autres personnes.
Le feedback réciproque peut donner plus de perspective à nos expériences.

Utilisation d'un groupe d'auto-assistance

Partager des expériences au sein d'un petit groupe avec d'autres personnes qui souffrent de phobies est toujours utile.

Chaque personne est invitée à parler ouvertement de sa phobie. Celle-ci doit faire l'objet d'une description détaillée: quand elle se produit, ce que l'on ressent et dans quelle mesure elle affecte la vie de tous les jours.

Le fait d'écouter les autres parler de leur phobie peut libérer une grande partie des sentiments que les gens ont en commun et qui sont associés aux phobies.

Au fur et à mesure que les gens parlent de leurs phobies, la familiarité dissipe les craintes et réduit l'effet de la phobie. Se lier d'amitié avec une phobie est la meilleure façon de la maîtriser. Le fait de rire avec elle (pas d'en rire) réduit son impact.

Après cela, un risque peut être pris, avec une aide au départ, pour faire face à la phobie. Ces démarches doivent se faire lentement; nul besoin de forcer l'issue. L'objectif est de pouvoir maîtriser des situations dans lesquelles une phobie se mêle à la vie de tous les jours.

La crainte de la folie: une histoire classique

Lorsque l'écrivain britannique Patrick Hamilton fit mettre en scène sa pièce Gaslight sur une scène londonienne en 1938, il était bien loin de se douter qu'il serait à l'origine d'une histoire classique qui allait être répétée maintes fois et portée à l'écran sous plusieurs titres différents: *Gaslight*, *Angel Street* et *The Murder in Thornton Square*.

La pièce est un thriller psychologique dont l'action se déroule dans le Londres des années 1880 dans la maison ancestrale d'une riche héritière, Bella, qui vient d'épouser le charmant mais calculateur Paul Mallen.

Mallen vise la fortune de la famille, en particulier les bijoux qui n'ont pas été retrouvés depuis la mort de la tante de Bella qui était une actrice célèbre. Il entreprend de contrôler complètement la vie de Bella en la persuadant qu'elle est folle. Il procède en accusant sa femme d'oublier les noms, de manquer des rendez-vous et d'égarer divers objets... toutes choses qu'il a organisées lui-même. Il utilise également Nancy, la domestique, en l'encourageant à traiter sa maîtresse avec mépris.

Bella, qui se veut une épouse parfaite, se culpabilise dans un premier temps, puis se considère comme une femme malade menacée de sombrer dans la folie. Presque tout devient prétexte à phobie: elle a peur de sortir, de rencontrer d'autres gens, de parler à l'une des domestiques et de déplaire davantage à son époux.

Sa folie semble totale lorsqu'elle a apparemment des hallucinations, voyant les lampes à gaz changer toutes seules d'intensité dans la maison.

Le feedback positif de Bella se présente sous la forme de l'inspecteur Rough qui enquête sur les activités nocturnes de Mullen. Rough s'intéresse à Bella et finit par la convaincre que Mallen lui a joué des tours. La luminosité des lampes à gaz changeait chaque nuit lorsque Mallen explorait le grenier de la maison, allumant les lampes là où il faisait ses recherches et modifiant ainsi la pression de gaz dans le reste de la maison.

Finalement, l'inspecteur Rough montre à Bella comment son époux fouillait le grenier pour trouver les bijoux perdus de sa tante. Il devient évident que Mallen n'a épousé Bella que dans le but de se livrer à ses recherches... mais comment savait-il qu'ils étaient cachés? Mallen était venu dans cette maison auparavant. Il se trouvait là la nuit où il tua la tante de Bella alors qu'il essayait de la forcer à lui indiquer la cachette des bijoux.

Dans la première version du film, Anton Wallbrook et Diana Wynyard jouaient Paul et Bella Mallen et de nombreuses personnes se souviendront de la performance de Charles Boyer et d'Ingrid Bergman dans une version ultérieure.

La source d'une phobie

Dans l'histoire de *Gaslight*, les rapports entre Bella et son mari sont la source de toutes ses craintes.

Dans les années 1880, les femmes étaient fortement sous l'influence de leur mari. Paul Mallen avait donc plus de facilité à convaincre son épouse. La crainte de ne pas être une bonne épouse se transforma en peur de lui déplaire et en crainte de sa propre folie. C'est une situation classique de prédominance et de soumission; une histoire trop commune même plus de 100 ans plus tard... l'histoire d'une femme battue.

La violence peut être physique ou psychologique et la situation peut être inversée ou peut se produire entre deux personnes du même sexe, comme par exemple lors de l'intimidation d'une personne plus petite par une personne plus grande.

Dans d'assez nombreux cas, le feedback et la discussion avec d'autres personnes permettent de résoudre le problème. La mesure finale pour sortir de cette situation n'est pas facile à prendre, car il y a souvent deux raisons qui maintiennent une personne en position de soumission. Tout d'abord, la puissance physique du caractère dominant et ensuite le manque d'amour-propre de la personne soumise. Bien souvent, les phobies affectent temporairement la confiance en soi.

Vous en apprendrez davantage sur les phobies en lisant le **Chapitre 2: Pouvez-vous déceler les voleurs d'esprit?** (pages 116-121).

Comment dénouer vos pensées

Des pensées confuses ou conflictuelles sont comme les morceaux d'une ficelle nouée; il est difficile de distinguer un morceau de ficelle d'un autre et de tester la longueur et la résistance de chaque ficelle. Les pensées nouées, tout comme la ficelle entortillée, doivent être dénouées et séparées avant de pouvoir servir à quelque chose.

Pour dénouer la ficelle, il faut bien suivre chaque bout et le détacher de ses voisins en comprenant comment ils se sont noués au départ. Cette approche s'applique également aux pensées nouées.

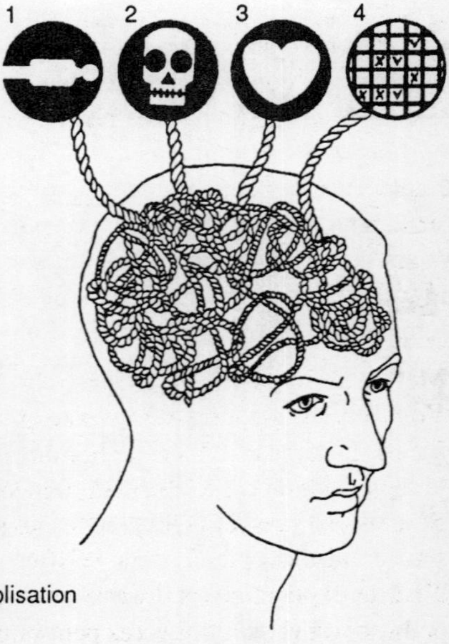

Certaines causes de pensées nouées
1 Mauvaises informations
2 Conclure sans réflexion
3 Emotions aveugles
4 Manque de capacités de pensée

Ficelles nouées: une symbolisation de la confusion de pensée

COMMENT DEFAIRE LES NOEUDS DE SA PENSEE

Il existe quatre méthodes pour dénouer votre pensée.

1

Augmenter la quantité d'informations

1 Consulter des sources d'information comme un agenda, un annuaire, une encyclopédie
2 Poser des questions directes comme "Où étiez-vous la nuit dernière à 21 heures?"
3 Poser des questions précises comme "Qu'avez-vous fait la nuit dernière?"
4 Vérifier l'exactitude des informations existantes, par exemple "Votre nom est-il George Amadeus Consiglio?" ou "Quels sont vos nom et prénoms?"

2

Mettre les hypothèses en question

Vous marchez le long d'une route et vous voyez devant vous une femme gisant sur le sol et un homme penché au dessus d'elle. Sur la seule base de cette information incomplète, essayez de tirer des conclusions sans réfléchir et notez les suppositions que vous faites sur ce qui s'est passé. Pour vérifier vos suppositions, imaginez d'autres explications et dressez-en une liste. Voici une série d'hypothèses où vous retrouverez peut-être votre hypothèse de départ.

Liste d'hypothèses

- il l'aide
- il l'attaque
- ils sont amoureux
- ils discutent
- elle joue la comédie pour attirer l'attention
- ils vous attendent
- ils protestent vivement contre quelque chose
- ils tournent une publicité ou un film pour la télévision
- ce sont des acteurs qui répètent une pièce
- ce sont les victimes d'une scène de la "caméra cachée"
- ils ne sont pas réels: ce sont des sculptures
- avez-vous d'autres idées...?

Après avoir remis en question votre hypothèse de départ, l'étape suivante consiste à rassembler de plus amples informations, par l'observation dans ce cas-ci, et à décider quelles sont les hypothèses possibles. Ce n'est qu'à partir de ce moment-là que vous pourrez prendre des mesures raisonnables.

Les hypothèses et les croyances se basent sur les expériences passées. Aussi, éprouverez-vous peut-être des difficultés à les remettre en cause puisqu'elles sont souvent profondément ancrées.

3

Comprendre les émotions

Les émotions sont un élément essentiel des processus de pensée chez l'homme. Dans toute réaction à une situation, l'émotion peut être utilisée à différents niveaux.

1 L'émotion aveugle est une réaction immédiate, automatique qui arrête immédiatement la pensée.

Toute émotion peut être passionnée ou froide. Sous l'emprise d'une colère ou d'une passion aveugles, par exemple, certaines personnes s'extériorisent violemment, alors que d'autres personnes semblent se bloquer. Il est plus difficile de lire leurs émotions. Ainsi par exemple, les seuls indices d'une colère aveugle peuvent être des poings serrés et une transpiration plus importante que la normale.

2 L'émotion conditionnée pénètre nos pensées chaque fois que nous reconnaissons un schéma familier. A partir de ce moment-là, nos pensées se rétrécissent. Deux personnes, par exemple, peuvent échanger des informations à propos de leurs nouveaux voisins qui sont sur le point d'emménager. Au fur et à mesure que la quantité d'informations dont ils disposent augmente, leurs sentiments vis-à-vis des nouveaux voisins vont se modifier. Quels sont les déclics qui conditionnent votre pensée? Faites-y attention.

3 L'émotion retardée se produit après analyse en profondeur de la situation.

Lorsque nous marquons une pause pour réfléchir, la réaction émotionnelle est ajustée, sans être nécessairement modifiée. Par exemple, au lieu d'une fureur aveugle, il peut encore y avoir de la colère tempérée par un certain degré de compréhension qui va modifier la décision finale et les mesures prises. Les systèmes de valeurs sont le lien entre les événements et les émotions. Lorsqu'une réaction émotionnelle "aveugle" ou conditionnée se produit, elle est généralement due à la prédominance d'une de ces valeurs sans intervention des autres valeurs.

Le fait de marquer une pause suffisamment longue pour réfléchir d'abord ne change pas nos valeurs, mais modifiera notre choix de la valeur à laquelle nous permettrons d'influencer notre décision. Il existe quatre groupes généraux de valeurs.

Valeurs personnelles: image de l'ego; sécurité; plaisir; suffisance; sexualité; respect de soi; intimité; etc.

Valeurs de groupe: partage; loyauté; appartenance; contrats; adhésion; parenté; etc.

Valeurs morales: coutumes sociales; culture ethnique; loi; coutumes religieuses; le bien et le mal; etc.
Valeurs humaines (relativement récentes): droits de l'homme; écologie; pollution; énergie nucléaire; armement; santé; etc.

Examinez votre maison. Vous y trouverez quelques indices simples de vos propres valeurs. Vous voudrez peut-être les vérifier. Il est également intéressant de découvrir quelles sont les valeurs que vous prétendez préférer et qui ne sont pas représentées dans l'espace vital que vous considérez comme le plus important à vos yeux.

4

Améliorer vos capacités de pensée

Voici quelques approches de base pour une pensée claire:

1 Réfléchir

Par exemple, annoncer de mauvaises nouvelles à un ami. Réfléchissez bien à la façon dont vous allez lui présenter ces informations et anticipez sa réaction.

La réflexion place votre ami en point de mire et vous aide à clarifier vos propres sentiments.

2 Rassembler les faits

Par exemple, avant d'interroger quelqu'un pour un emploi. En rassemblant les faits et en les plaçant dans l'ordre, vous vous concentrez sur l'emploi en question et sur ce que vous voulez obtenir.

3 Utiliser les outils de la pensée

Plusieurs outils sont disponibles et vous pouvez inventer le vôtre. En voici quelques exemples.

a Trier selon vos propres catégories

Par exemple, lorsque vous décidez de ce dont vous avez besoin;

comme le montant du revenu, vous pouvez utiliser trois catégories: indispensable, souhaitable ou agréable quand c'est possible.

b Avoir une vision équilibrée

Lorsque vous essayez, par exemple, d'évaluer les valeurs relatives de plusieurs idées nouvelles, vous pourriez vérifier chaque caractéristique d'une idée pour définir si elle est positive, négative ou intéressante.

c Faire un tableau

Il est utile de dresser un tableau qui donne une liste des caractéristiques et contient des colonnes pour chaque modèle lorsque vous sélectionnez un appareil. De cette manière, différents modèles peuvent être comparés efficacement.

d Vérifier

Une liste de contrôle est utile pour les tâches que vous devez exécuter fréquemment. Les listes de contrôle sont plus faciles à retenir si elles forment une rime ou si les initiales des mots de la liste ont un sens. Un conférencier peut utiliser des listes de contrôle pour se rappeler les points à inclure dans son discours. De même, les recettes, les concepts, les processus peuvent faire l'objet d'une liste de contrôle.

Les **Chapitres 4 et 5** présentent d'autres techniques de pensée.

Pouvez-vous déceler les voleurs d'esprit?

Les voleurs d'esprit se présentent sous toutes les formes et leur importance varie; ils agissent souvent lorsque nous relâchons notre vigilance. Certains sont en nous, d'autres viennent de l'extérieur et dominent notre pensée.

Le vol d'esprit est parfois temporaire; dans ce cas, nous retrouvons rapidement le sens des réalités. En d'autres occasions, seule une petite partie de notre esprit est dérobée.

Le vol d'esprit n'est pas toujours désagréable ou dangereux; la défonce peut voler votre esprit pendant un moment et vous permettre d'oublier provisoirement les graves problèmes de ce monde, tout comme tomber amoureux est une expérience formidable.

Avez-vous un esprit à vous?

Si le vol d'esprit a lieu, c'est que nous le laissons se produire, en général parce que nous cherchons à nous intégrer dans un groupe. Notre esprit est alors transpercé par les normes du groupe particulier auquel nous appartenons et la ferveur de notre foi en ce groupe nous pousse également à croire que nous avons toujours raison, que nous sommes toujours "du bon côté" comme dans les guerres, par exemple.

Nous pouvons alternativement modifier notre esprit pour qu'il s'adapte aux personnes que nous fréquentons. De cette manière aussi, nous pouvons nous identifier à un groupe social et nous sentir du "bon" côté en cas de crise. Lorsqu'un nouvel engouement, une nouvelle mode ou une nouvelle philosophie apparaît, nous pouvons à nouveau changer notre esprit et suivre le nouveau gourou. Ce faisant, nous avons, une nouvelle fois, laissé capturer nos esprits et nous ne sommes plus responsables de nos propres pensées.

Comment déjouer les voleurs d'esprit

1 Vivre seul dans la nature

Il existe encore quelques endroits sur cette Terre où une personne peut se retirer pour vivre en solitaire. En vivant complètement seul, nous pourrions éviter les voleurs d'esprit... hormis, peut-être, les pensées intérieures irrationnelles.

2 Vivre en marge de la société et lancer un autre groupe

La vie en marge était populaire dans les années 60 lorsque de nouveaux gourous et de nouvelles idées foisonnaient. Ceux qui ont recherché la liberté en vivant en marge de la société se sont aperçus qu'ils ne pouvaient pas vivre détachés et ils ont dû établir de nouvelles règles.

3 Ne pas bouger et pénétrer en soi

Pénétrer en soi signifie aller à l'intérieur de soi-même pour découvrir la liberté. Les personnes qui pénètrent en elles ont de la compassion pour leur propre personne et pour d'autres êtres humains. Elles ont de l'humour, un esprit ouvert et acceptent la responsabilité totale de leur façon de réagir au monde qui les entoure.

Responsabilité

La responsabilité est une attitude de l'esprit et non une obligation. Elle est illustrée ici par l'histoire des trois soeurs.

Trois soeurs attendaient avec impatience d'aller à une fête pendant le week-end. Malheureusement elles tombèrent malades toutes les trois et ne purent s'y rendre.

La soeur qui avait un sentiment de supériorité se plaignit amèrement et fut profondément grincheuse et de mauvaise humeur pendant tout le week-end. Elle n'allait pas laisser une petite maladie s'emparer d'elle. Le lundi, sa fièvre s'était aggravée et elle fut fâchée contre tout le monde.

La deuxième soeur qui se sentait habituellement inférieure, maugréa, poussa un soupir et se cacha dans sa chambre pour analyser ses problèmes. Elle croyait que sa maladie était due à sa propre attitude. Le lundi, elle était pâle, faible et devait recevoir d'urgence des soins médicaux.

La troisième soeur prit la responsabilité de sa réaction face à la maladie et passa le week-end à se reposer calmement pour donner à son corps les meilleures chances de combattre l'infection. Pour rester sereine, elle écouta de la musique, rit en lisant une bande dessinée et rêvassa pendant toute la journée. Elle profita de l'expérience et le lundi suivant, elle était à nouveau en pleine forme. Voir **Chapitre 2: Maîtriser vos phobies** (pages 105-109) pour d'autres idées à propos de l'utilisation du feedback.

QUELQUES VOLEURS D'ESPRIT POTENTIELS

Cette liste n'est pas exhaustive. Tous les voleurs d'esprits potentiels ne sont pas "mauvais"; nombre d'entre eux sont neutres, mais tout dépend de la façon dont le message est transmis et de votre capacité de discernement.

Alcool
Publicité
Personnages représentant l'autorité
"Mouvements" actuels
Livres
Bandes dessinées
Profonds ressentiments
Besoins désespérés
Personnes dominantes
Drogues et médicaments
Maîtres-chanteurs émotionnels
Modes
Additifs alimentaires
Endoctrinements
Craintes intérieures
Pensée nouée
Logique

Magazines
Hystérie collective
Films
Phobies
Croyances populaires
Préjugés
Phénomène psychique
Radio
Télévision
Tabac
Sentiment d'infériorité
Sentiment de supériorité
Superstitions
Sympathie
Films vidéos

QUELQUES VOLEURS D'ESPRIT A L'OEUVRE

La superstition du président

Une croyance populaire voulait que les présidents américains entrés en fonction depuis 1841 à des intervalles de 20 ans meurent durant leur mandat.

Voici une liste de ces présidents

1841 William H. Harrison - mort durant son mandat
1861 Abraham Lincoln - assassiné en 1865
1881 Williams McKinley - assassiné en 1881
1901 James A. Garfield - assassiné en 1901
suivi par Theodore Roosevelt
1921 Warren G. Harding - mort en 1923
1941 Franklin D. Roosevelt - mort en 1945
1961 John. F. Kennedy - assassiné en 1963
1981 Ronald Reagan - obligé de se retirer en janvier 1989

Ce schéma est-il prédéterminé, est-ce une coïncidence, fait-il partie d'un cycle naturel d'événements, est-il un symptôme de la vie politique? A vous de choisir. Ronald Reagan n'aurait pas permis aux voleurs d'esprit issus d'une croyance populaire de l'inquiéter, bien qu'il fût à deux doigts d'être assassiné en 1981.

Le tour de la corde

Au 13ème siècle, Marco Polo rapporte qu'il a vu un tour réalisé à la cour de Kublaï Khan. Le fakir, ou magicien, lance une corde en l'air sur laquelle grimpe son assistant. Celui-ci disparaît dans un nuage et on l'entend pousser des cris; peu après sa tête tranchée tombe sur le sol. Le fakir place la tête dans un panier et au bout d'un court instant, au cours duquel une flûte enchantée joue de la musique, l'assistant sort du panier.

D'après certains dires, le fakir peut se soulever par lévitation et amener les autres à se soulever sur commande en se servant uniquement de son esprit. Un véritable fakir prétend également être un esprit maître, capable de produire des hallucinations visuelles chez certaines personnes. Un fakir pourrait peut-être être qualifié de maître en vol d'esprit.

Les madones en mouvement

Les visions, les apparitions et les miracles religieux sont des expériences très profondes qui sont difficiles à prouver comme à réfuter. L'expérience personnelle de tels phénomènes est très convaincante, même pour un non-croyant.

L'histoire des madones en mouvement commença en février 1985 lorsqu'un groupe d'écoliers vit les statues de Jésus et Marie se déplacer dans l'église d'Asdee à Co Kerry en Irlande.

En septembre de la même année, on signala 40 visions de statues en mouvement dans des lieux de pèlerinage partout en Irlande, la plus connue étant celle de la Vierge Marie à Ballinspittle, Co Cork, qui d'après les dires se mit à sourire, à cligner des yeux et à osciller.

Ces histoires sont appelées des miracles par les croyants et les incrédules les appellent hystérie collective (suggestion émotionnelle). Les sceptiques peuvent considérer ces deux points de vue comme un vol d'esprit et garder l'esprit ouvert à une compréhension future.

Le tigre Esso

Les publicités nous affectent profondément. Forme d'art moderne, elles sont la preuve que ce que nous voyons à la télévision nous influence. On a entendu de petits enfants d'à peine deux ans lire des mots affichés à l'écran en grandes lettres claires et nous avons tous en tête un slogan associé à une pub ou l'autre. Certaines personnes utilisent même des pubs pour les jeux de groupe.

Le tigre utilisé pour les publicités d'Esso est connu dans le monde entier et son efficacité à perduré pendant un plus grand nombre d'années que n'importe quel autre symbole utilisé pour un même produit. C'est l'utilisation cohérente de la même image de base qui a l'effet le plus profond. Le tigre Esso a été vu dans toutes sortes de situations et, même si sa couleur et sa forme se sont quelque peu modifiées depuis les années 60, il reste jusqu'à ce jour le tigre Esso et un exemple suprême de la façon la plus efficace de voler les esprits... répétition dans toute une variété de situations stimulantes.

Dépasser les barrières de votre esprit

Votre esprit possède des fonctions abstraites, concrètes et intuitives. Ces dernières fonctions reprennent les instincts naturels avec lesquels vous êtes né. Au cours de l'enfance, vous testez vos intuitions et vous apprenez de nombreux faits grâce auxquels vous pouvez opérer dans le monde réel; c'est de là que provient votre esprit concret.

La partie concrète de votre esprit c'est Thomas l'incrédule et c'est votre véritable esprit corporel. Cet esprit sait ce qu'il voit, entend ou sent. C'est votre esprit sensible, celui qui ne joue pas à des jeux intelligents.

Cette partie de votre esprit n'érige pas de barrières, c'est l'esprit innocent que vous aviez en grandissant lorsque vous étiez enfant et vous le conservez pendant toute votre vie. Il n'est ni bon ni mauvais; c'est la ceinture de sécurité qui vous maintient en contact avec la réalité.

Au cours de l'adolescence, la plupart des gens commencent à penser dans l'abstrait, c'est-à-dire à penser à une chose pendant qu'une autre chose se produit. L'esprit concret ne peut penser qu'à des choses qui sont en train de se produire, mais l'esprit abstrait, lui, peut penser à des choses passées, présentes ou à venir.

L'esprit abstrait peut faire des choses merveilleuses, comme élaborer des solutions à des problèmes, penser à d'autres personnes, faire des projets et discuter de souvenirs. Etant donné que nous sommes capables de penser dans l'abstrait, nous pouvons également dire une chose et faire exactement le contraire.

La pensée abstraite nous permet d'ériger des barrières de croyances inadéquates qui nous rendent malheureux, amers ou partiaux, ou nous empêchent de réaliser nos rêves. Ce sont les barrières que nous avons la liberté de démanteler sur la route de notre vie.

Nos esprits abstraits peuvent également concevoir des ambitions impossibles et mettre de côté nos pensées raisonnables et concrètes. Ces dernières sont, elles aussi, des barrières que nous pouvons enfoncer si nous le voulons.

Quelles sont les barrières qui se trouvent dans votre esprit?

Vérifiez celles que vous avez placées sur votre chemin:

1 Je suis un raté parce que j'ai échoué dans une entreprise.

2 Je ne peux pas vivre sans avoir beaucoup d'amour; de statut; de pouvoir; d'argent; de sexe; d'admiration; sans une voiture rapide; un manteau de fourrure; une femme jeune et belle; un vieux protecteur riche; ma dose journalière de... etc. Complétez avec vos propres mots.

3 Un jour je leur montrerai, alors ils...

4 Je ne sais pas comment..., il m'est donc impossible de le faire.

5 Je devrais cacher mes problèmes.

6 Je ne devrais pas avoir à travailler durement.

7 Quoi que je fasse, je n'y arriverai jamais.

8 Tout va bien pour lui/elle/eux... mais moi, j'ai réellement souffert.

9 Si seulement il/elle changeait, alors tout irait bien.

10 Il faut que je sois bon.

Pensez à chacun des éléments que vous avez identifiés comme autant de barrières que vous avez érigées vous-même dans votre esprit et que celui-ci peut démolir tout aussi facilement.

Ecrivez le contraire des énoncés que vous avez pointés. De cette façon, vous commencerez à démolir vos propres barrières. Par exemple, le contraire du point 9 est: Il/elle ne doit pas changer. Je peux les accepter comme ils sont et partir sur cette base. Utilisez votre propre formulation; elle n'en sera que plus efficace.

Repérage des barrières qui peuvent être enlevées

Le Dr. Jeanne Dubois venait d'être diplômée à 26 ans et avait l'ambition de devenir un chirurgien consultant. Elle voulait également se marier et fonder une famille.

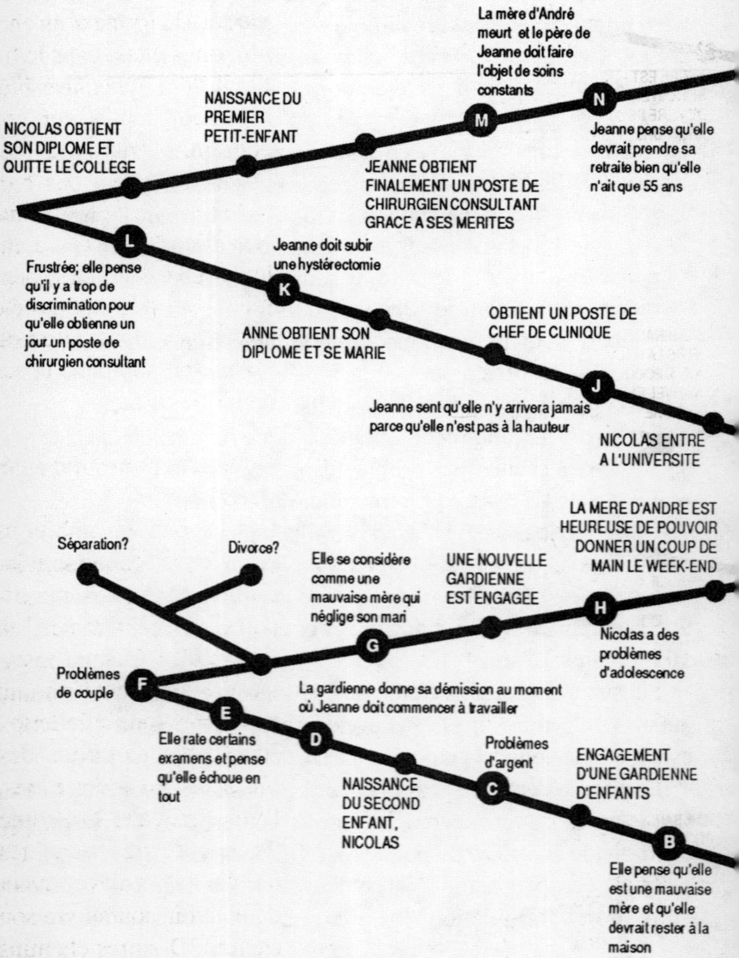

L'itinéraire de la vie de Jeanne

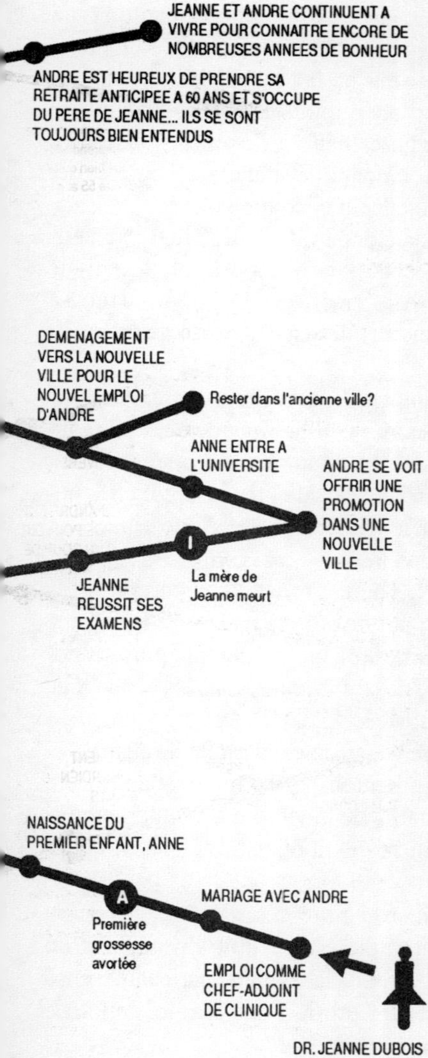

Nous montrons ici sa vie sous la forme d'un chemin qui s'étend dans le futur. Elle a rencontré plusieurs obstacles sur son chemin. Certains de ces obstacles étaient des barrières érigées par Jeanne elle-même et qu'elle a enlevées en modifiant sa pensée. D'autres n'ont pas été érigées par elle et elle a dû revoir son approche et ses ambitions.

Comment poursuivre son chemin

Les espoirs et ambitions réalisés par Jeanne sont indiqués en lettres majuscules et les obstacles, en minuscules. Chaque obstacle est représenté par un code sous forme de lettre. Identifiez les codes des obstacles qui, à votre avis, formaient dans la pensée de Jeanne des barrières qu'elle a dû enlever avant de pouvoir poursuivre son chemin. D'autres chemins possibles se sont présentés à différents stades de sa vie; quelques-uns sont donnés à titre d'exemples.

Quels choix avez-vous faits?

Voici les obstacles dus à une pensée abstraite inadéquate et qui auraient pu former des barrières pour la progression de Jeanne:

B Le fait de travailler à l'extérieur ne fait pas d'une femme une mauvaise mère. Le manque d'attention est un signe de mauvaise maternité. Jeanne a confondu les deux. Elle a pris conscience qu'elle risquait d'utiliser sa "culpabilité" maternelle pour éviter de réussir à la fois comme médecin et comme mère.

E Ce n'est pas parce qu'une personne rate une série d'examens qu'elle échoue en tout. Un échec dans n'importe quelle activité est une occasion d'apprendre à s'améliorer. Personne ne réussit sans avoir tiré les enseignements des erreurs qu'il a commises en chemin.

G Ce n'est pas parce qu'un couple a des problèmes qu'une femme devient un mauvaise épouse, ni que l'homme devient un mauvais mari. Des problèmes surgissent en raison d'attentes différentes. La discussion montrera si les attentes peuvent être modifiées pour convenir aux deux partenaires ou si une séparation est préférable.

J La crainte de ne pas être à la hauteur ronge la plupart des gens de temps à autre. Faire son possible de la meilleure façon que l'on connaisse et avec plaisir est un comportement plus qu'honorable et la reconnaissance des différences dans les niveaux de talent est une démarche réaliste.

L Si vous n'obtenez pas ce que vous voulez, il est facile de trouver une excuse comme la discrimination, par exemple. D'autre part, la discrimination est une réalité de la vie. En faisant comme si elle n'existait pas, vous aiderez peut-être les gens à l'oublier également.

N Jeanne luttait peut-être encore contre ces idées reçues selon lesquelles c'est toujours une femme qui doit s'occuper d'un parent vieillissant... heureusement elle avait un partenaire sensé qui remarqua qu'il pouvait tirer profit d'une retraite anticipée pour s'occuper lui-même du père de Jeanne.

Vous pouvez faire l'impossible

Des actes de courage impromptus forcent toujours l'admiration: la personne qui plonge dans l'eau glacée pour sauver un enfant qui se noie, celle qui pénètre dans une maison en feu pour sauver une famille prisonnière des flammes et celles qui restent calmes et gardent leur sang-froid lorsqu'elles sont menacées... Ce sont des personnes dont tous, nous reconnaissons le courage face à des situations effrayantes et impossibles.

Bien souvent, ces personnes ne considèrent pas que leurs actes sont courageux. Elles ne se prennent pas pour des héros et des héroïnes; pas plus que les personnes étonnantes dont la vie quotidienne est une série d'actes courageux moins spectaculaires. Vous en connaissez peut-être, de ces personnes dont la vie est productive

L'as de l'aviation de chasse pendant la 2ème Guerre Mondiale, Sir Douglas Bader (1910-1982) surmonta son amputation des deux jambes avant de descendre 22 avions allemands.

et profondément satisfaisante malgré des situations qui paralyseraient les personnes timorées.

Si une personne possédant des handicaps multiples peut surmonter des obstacles, ce doit être encore plus aisé pour celles qui ont moins de problèmes. Malheureusement cela n'est pas toujours vrai. Le degré élevé de concentration requis pour faire preuve d'un talent, même moyen, est difficile à soutenir pour n'importe qui, parce que la vie offre plein de distractions. Un petit nombre de

1

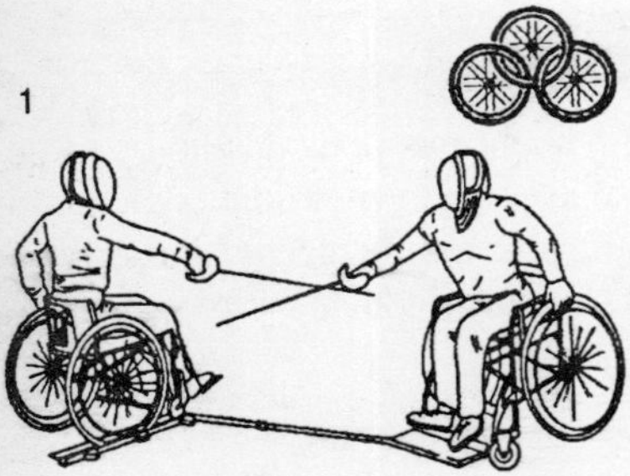

2

Les exploits remarquables des athlètes handicapés sont une source d'inspiration pour chacun d'entre nous:

1 Les jeux olympiques pour handicapés furent créés en 1948 et ont lieu tous les ans à Stoke Mandeville en Angleterre. A l'heure actuelle, plus de 1000 concurrents paralysés venant de 45 pays participent à ces jeux.

2 Les jeux olympiques spéciaux, qui eurent lieu pour la première fois aux USA en 1968, s'adressent aux participants handicapés mentaux âgés de huit ans et plus et possédant un QI inférieur ou égal à 80.

personnes sont parvenues à de grandes choses en dépit d'un handicap affligeant et de ces distractions normales; Christy Nolan et sa mère appartiennent à cette catégorie.

Réussir l'impossible: comment faire?

Une fois qu'un exploit a été réussi, il ne peut plus être considéré comme impossible. Les personnes qui réalisent un exploit ne le considèrent jamais comme impossible et poursuivent ce qu'ils ont à faire sans penser qu'ils pourraient échouer. Ils acceptent les conséquences de leurs actes, tirent les leçons de leurs erreurs et ne perdent jamais de temps ou de ressources ni ne ratent une occasion. Mus de l'intérieur par le besoin de réaliser quelque chose, ils agissent, souvent en donnant de l'inspiration aux autres personnes qui travaillent avec eux.

MUET, HANDICAPE MOTEUR ET UN TEMPERAMENT DE GAGNEUR

En 1987, le prestigieux Prix Whitbread de biographie fut décerné à Christy (Christopher) Nolan pour son livre autobiographique "*Sous l'oeil de l'Horloge*". Un extrait de l'oeuvre suffit à illustrer son talent, son esprit littéraire et les conditions difficiles dans lesquelles il écrivit son livre.

Le livre est écrit à la troisième personne et parle d'un personnage du nom de Glee qui "...se battit pour trouver les solutions nécessaires. Glee laissait gambader son esprit, mais il devait être sûr... Ca ne m'arrivera peut-être pas aujourd'hui, se tourmentait-il, mais il avait tort, désespérément et délicieusement tort. Mais oui, il saurait taper à la machine."

Christy Nolan est handicapé moteur profond et incapable de parler. Il vit dans une chaise roulante, sa tête appuyée contre un support et ses bras maladroitement rigides. Il dépend des autres pour toutes les occupations quotidiennes et habituelles que la plupart des gens considèrent comme évidentes.

Il est né en 1967, fils de Bernadette et de Joseph Nolan qui étaient fermiers au centre de l'Irlande. Bernadette a failli perdre la vie pendant cette césarienne qui a probablement endommagé son enfant à la naissance. Il passa ses trois premières semaines à recevoir des soins médicaux intensifs et lorsqu'il intégra son foyer, aucune preuve formelle de la gravité de ses handicaps physiques n'était apparente, même si les médecins estimaient qu'il allait être retardé.

Bernadette n'acceptait pas ce jugement, elle savait d'instinct que son fils handicapé était un garçon brillant et le traita en conséquence. Elle raconte comment elle décida, lorsque Christy avait 18 mois, d'essayer de lui apprendre à être propre. Elle lui dit: "Regarde, tu vas être un grand garçon maintenant. Je ne vais pas te mettre ta couche, et si tu dois aller aux toilettes, fais-moi un signe de la tête dans cette direction et je t'y emmènerai. Cela n'a pas d'importance si tu te mouilles." Christy comprit très rapidement cette notion.

En grandissant, Christy imagina un code de regards et d'inclinaisons saccadées de la tête lui permettant de communiquer avec sa famille. Ses parents et sa soeur, Yvonne, le traitaient comme quelqu'un de normal. Ils ne répondaient jamais à sa place et lui parlaient comme ils le faisaient entre eux. Ils demandaient aux étrangers qui l'ignoraient et posaient des questions à son sujet comme, par exemple: "Est-ce qu'il prend du sucre?", de poser la question à Christy lui-même. Un autre membre de la famille n'intervenait que pour traduire ce que Christy voulait dire dans la conversation quand cela était nécessaire.

Les psychologues scolaires évaluèrent l'intelligence de Christy comme étant supérieure à la moyenne pour son âge et la famille alla s'installer dans un faubourg de Dublin pour que Christy puisse fréquenter une école spéciale. Ce n'était pas sa vie dans une chaise roulante qui frustrait le plus Christy, mais son incapacité à communiquer normalement. Il essaya de s'étouffer avec un oreiller et, à l'âge de neuf ans, il ne s'endormait qu'à force de pleurer la nuit. Il raconta plus tard à sa famille qu'il agissait ainsi parce qu'il ne pouvait partager ses pensées avec personne.

Une remarquable percée se produisit pour Christy lorsqu'il eut onze ans. Un nouveau médicament avait été mis au point qui lui permit de relâcher ses muscles suffisamment pour pencher la tête à volonté. Ce petit mouvement lui ouvrit un monde de communication entièrement neuf. A l'école, Christy eut accès à une machine à écrire pouvant être utilisée avec une licorne. Christy commença tout doucement à apprendre à taper à la machine à l'aide d'une tige placée sur sa tête. Au début, son professeur lui tenait le cou pendant qu'il tapait chaque lettre d'une manière saccadée.

Ses premières phrases courtes parlaient d'une visite en famille pour voir des grottes avec des stalactites et des stalagmites. Christy les décrivait en détail, orthographiant même correctement les mots. Bien qu'il fut incapable de parler, il avait utilisé ses yeux et ses oreilles et pouvait écrire et parler dans sa tête. D'autres écrits suivirent, notamment quelques poèmes très spirituels.

Christy choisit d'aller dans une école secondaire normale et fréquenta l'établissement scolaire polyvalent de Mount Temple à Dublin, où il se fit de nombreux amis qui rendaient souvent visite aux Nolan. Il termina son premier livre à l'âge de 15 ans: *Dam-Burst of Dreams*. Il reçut pour ce livre le prix littéraire de la Spastics Society et fut reconnu à l'époque comme un écrivain de grand talent.

A la maison, sa mère travaille maintenant avec lui, l'aidant à soutenir sa tête, pendant qu'il travaille à son troisième livre, un roman. Il met parfois plusieurs heures pour n'écrire qu'une phrase. Un tel travail exige une patience énorme, à la fois de la part de Christy et de Bernadette.

Chasser le mal de votre esprit

Il y a au moins trois sortes de mal. Ce que vous croyez être le mal, ce que d'autres personnes croient être le mal et enfin, ce qui est considéré comme mal par la plupart des gens, c'est le cas, par exemple, de l'intention de faire du mal. L'inconnu peut être effrayant, si bien que nous percevons assez souvent comme un mal des choses qui nous dépassent et qui sont différentes de nous.

Qu'est-ce que le mal pour vous? Les choses sont-elles intrinsèquement le mal ou ne le sont-elles que dans certaines conditions? Certaines des choses que vous considérez comme étant le mal sont perçues universellement comme telles et d'autres le sont par conviction personnelle.

QU'EST-CE QUE LE MAL?

Voici une liste alphabétique de faits et d'activités qui ont été qualifiées d'indésirables ou de mauvaises à un certain moment de l'histoire. Clarifiez vos idées à propos de ce qui est mal en contrôlant quelles sont, dans les situations suivantes, celles que vous considérez comme intrinsèquement mauvaises. Barrez celles qui, à votre avis, ne devraient même pas figurer dans cette liste.
Il n'y pas de réponse bonne ou mauvaise, mais peut-être voudrez-vous discuter de vos choix en famille ou avec des amis pour clarifier vos idées.

- ☐ L'avortement
- ☐ L'adultère
- ☐ L'alcool
- ☐ L'ambition
- ☐ L'apartheid
- ☐ La bigamie
- ☐ Le chantage
- ☐ Le blasphème

- ☐ La sodomie
- ☐ Le capitalisme
- ☐ Le communisme
- ☐ La contraception
- ☐ La vénération du diable
- ☐ L'euthanasie
- ☐ Le génie génétique
- ☐ L'amour en groupe
- ☐ La haine
- ☐ Les détournements d'avions
- ☐ L'inceste
- ☐ L'endoctrinement
- ☐ Le rapt
- ☐ La masturbation
- ☐ Les agressions
- ☐ Le meurtre
- ☐ La négligence
- ☐ Les gaz neurotoxiques
- ☐ Les armes nucléaires
- ☐ La tyrannie
- ☐ L'occultisme
- ☐ Les relations sexuelles bucco-génitales
- ☐ La transplantation d'organe
- ☐ La pornographie
- ☐ La recherche du profit
- ☐ La propagande
- ☐ La prostitution
- ☐ Le viol
- ☐ Le désir sexuel
- ☐ Fumer
- ☐ Voler
- ☐ Jurer
- ☐ L'évasion fiscale
- ☐ La torture
- ☐ La vandalisme
- ☐ La vivisection
- ☐ La sorcellerie
- ☐ D'autres choses?

Les caricatures (*ci-dessus*) poussées à l'extrême peuvent être cruelles voire malveillantes ou du moins considérées comme telles. Cette transformation en poire du Roi Louis-Philippe de France réalisée par Honoré Daumier en 1832 pour le magazine *La Caricature* valut à l'artiste six mois de prison.

Lycanthropie

Dans les mythologies de nombreux pays, la transformation d'un homme ou d'une femme en animal est monnaie courante. Dans la plupart des cas, il s'agit de lycanthropie, c'est-à-dire de la transformation d'un homme en loup sous l'effet de l'imagination.

Certaines croyances affirment qu'il suffit qu'un homme imagine qu'il est un loup pour commencer aussitôt à se comporter comme tel; ses yeux deviennent rouges, il se met à grogner, ses poils et ses crocs se mettent à pousser et il développe un penchant pour le sang frais. Une personne capable de se transformer de cette manière était appelée un loup-garou.

De telles transformations étaient considérées comme l'oeuvre des forces du mal, et notamment du diable. Les vampires sont des transformations: un corps mort réanimé sous l'effet de l'imagination avec l'aide du diable.

METHODES POUR CHASSER LE MAL DE VOTRE ESPRIT

Imagination

L'une des méthodes les plus efficaces pour chasser les funestes pensées consiste à utiliser les mêmes dons d'imagination qui peuvent engendrer le mal.

Après une dure journée de travail ou une bonne promenade, allongez-vous calmement dans un endroit où vous ne serez pas dérangé. Veillez à ne pas vous refroidir. Pensez ensuite à vos pensées funestes et transformez-les en un monstre avec lequel vous allez vous battre; vous pouvez vous battre à mains nues ou avec des armes, mais, quelle que soit la méthode employée, vous finissez par triompher et le monstre meurt.

Une autre méthode consiste à vous imaginer en train d'exécuter un acte contraire à l'acte malfaisant. Par exemple, si le meurtre est le mal, imaginez-vous en train de ramener la future victime à la vie. En faisant cela, vous remarquerez que quelque chose en vous revient à la vie également.

Brûler les pensées

C'est une vieille méthode qui a fait ses preuves. Elle consiste à concentrer son esprit, à révéler la pensée malfaisante et à s'en débarrasser comme les cendres s'élèvent et se dispersent dans l'air. Ecrivez vos pensées funestes sur un morceau de papier; prenez le temps de les inscrire dans les moindres détails. Lorsque vous avez terminé, prenez un plateau qui résiste au feu, chiffonnez le papier et placez-le sur le plateau avec quelques herbes séchées et des aiguilles de pin sèches. Vous pouvez utiliser de l'encens pour remplacer les herbes.

Emmenez le plateau dehors et mettez le feu au papier. En brûlant, il va chauffer les herbes et les aiguilles de pin; celles-ci vont répandre leur parfum et contribuer à libérer les pensées du papier et à nettoyer votre esprit.

Rire

Les pensées malveillantes, déprimantes ou tristes peuvent être transformées par l'humour. Essayez de vous placer devant un miroir et de rire... vous allez découvrir que le reflet rit également! Si vous avez des difficultés à rire, respirez plusieurs fois profondément, en ouvrant votre bouche toute grande et en expirant tout en prononçant les sons: AH AH AH AH! Faites-le plusieurs fois; vous n'allez pas tarder à rire spontanément.

Même si vous êtes trop crispé pour vous laisser aller, l'exercice de respiration vous aidera à vous détendre.

Lorsque vous avez terminé, allongez-vous calmement pendant quelques instants et laissez votre esprit s'attarder sur des pensées plaisantes. Le fait d'avoir un nouvel intérêt peut contribuer à dissiper les pensées négatives et vous prendrez plaisir à penser aux idées nouvelles tout en vous détendant.

REMARQUE: ne confondez pas les états cliniques de l'esprit avec le mal. Si quelqu'un souffre d'une dépression ou d'une maladie mentale, il a besoin de soins médicaux ou psychiatriques.

Comment utiliser vos dons de guérisseur

La guérison par l'imposition intuitive des mains s'est toujours pratiquée dans de nombreuses cultures au fil de l'histoire. La chaleur et la stimulation par le toucher et le massage réduisent la douleur et accélèrent les processus de guérison naturels.

La guérison naturelle

Lorsque vous guérissez d'une maladie, ce sont les réactions de votre propre corps qui ont combattu la maladie, qui vous ont placé en état de choc temporaire, qui vous ont fait vous reposer, qui ont coagulé votre sang et qui vous ont fourni les matières premières permettant de réparer les os cassés, de générer de nouveaux tissus et de compenser les pertes.

Utilisez votre intuition

Laissez-vous guider par votre esprit intuitif. Faites-vous n'importe quel massage qui vous fait du bien. Si vous faites un massage à quelqu'un, faites ce qu'il demande et n'appliquez que la pression qu'il trouve acceptable et agréable.

N'oubliez pas que votre intuition donne les meilleurs résultats quand il s'agit de vos propres besoins, mais pas lorsqu'il s'agit de ceux des autres.

Blessures subies lors de la pratique d'un sport

Les physiothérapeutes qui se sont spécialisés dans les premiers soins aux sportifs utilisent le massage pour remettre la personne sur pied. Ils savent également quelles sont les zones qui peuvent avoir besoin d'un soutien supplémentaire jusqu'à ce qu'un autre traitement soit possible.

LE POUVOIR DES MAINS

Imposition des mains pour la guérison par la foi

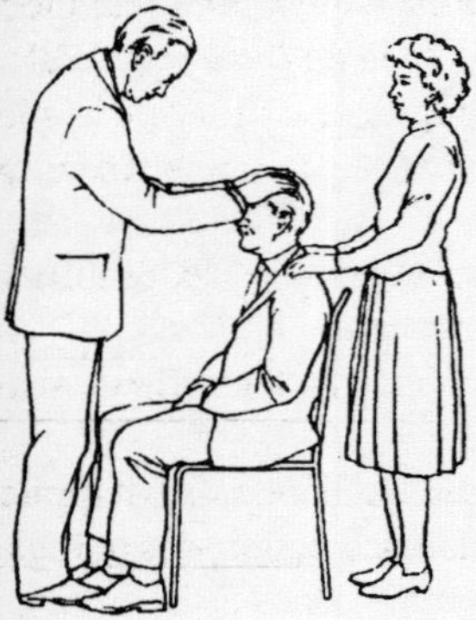

Masseur diminuant les tensions musculaires

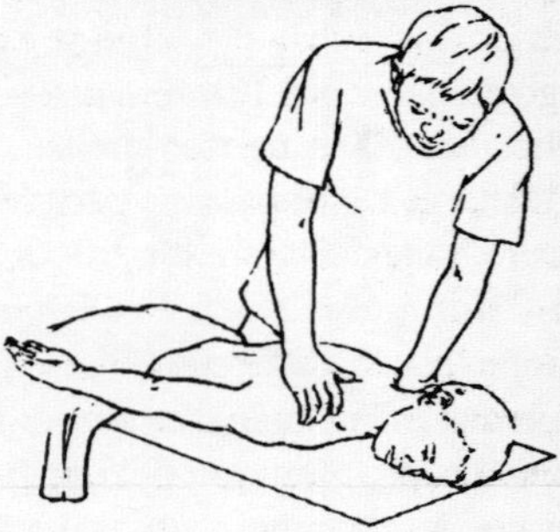

Les pouvoirs de guérison paranormaux

De nombreuses confessions religieuses croient que certains de leurs membres possèdent des pouvoirs "divins" qu'ils peuvent transmettre à un patient et qui produisent des effets apaisants.

Les masseurs métamorphiques utilisent le massage manuel pour réveiller les énergies prénatales.

Les guérisseurs mystiques: les guérisseurs protestants et spiritualistes utilisent l'imposition des mains pour transmettre les forces apaisantes.

Les guérisseurs thérapeutiques utilisent le toucher et l'imposition des mains pour transmettre les forces énergétiques.

Les pouvoirs de guérison par manipulation

Il existe plusieurs thérapies par manipulation qui sont maintenant reconnues comme des solutions médicales de remplacement pour nos problèmes mentaux et physiques.

Les aromathérapeutes font pénétrer des huiles et des essences aromatiques dans votre peau par friction.

Les ostéopathes manipulent vos articulations.

Les masseurs frictionnent et compriment vos muscles.
Les intégrateurs structurels utilisent des techniques de massage profond sur votre corps.
Les praticiens du principe d'Alexandre concentrent leurs techniques de massage sur le redressement de la colonne vertébrale.
Les praticiens de la technique de Feldenkrais utilisent le massage du corps par manipulation sur des zones du corps autres que celles qui sont affectées.
Les relexologistes manipulent la plante de vos pieds pour influencer les zones de force vitale dans votre corps.
Les kinésithérapeutes utilisent le toucher et les effleurements pour relâcher les tensions musculaires.
Les masseurs Shiatsu utilisent une technique japonaise d'application de la pression sur votre corps à l'aide des doigts, des poings et des coudes.
Les physiothérapeutes utilisent le massage par manipulation pour augmenter la mobilité de votre corps.

LE POUVOIR DU MASSAGE

Les effleurements stimulent les terminaisons nerveuses de la peau. Celles-ci stimulent à leur tour le cerveau et ont un effet sur d'autres zones du corps en relaxant et en stimulant les processus naturels. La personne massée et la personne qui masse subiront un effet positif, de sorte qu'un massage doux peut être utilisé dans la vie de tous les jours pour une bonne santé générale. Il existe plusieurs façons de masser et d'être massé en plus des méthodes de massage classiques. Voici quelques-unes des méthodes pour lesquelles vous pouvez utiliser vos pouvoirs de guérison pour vous-même et les autres.

Le fait de se coucher sur un tapis en peau de mouton active la circulation et provoque un sommeil paisible.
Une douche chaude et froide ou un sauna sont stimulants et favorisent la circulation générale.

Un jacuzzi ou un autre massage aquatique, comme la nage synchronisée, sont des activités merveilleusement bonnes pour la santé.

Un bain chaud est très relaxant et provoque le sommeil... n'y restez donc pas trop longtemps.

La pratique régulière et constante de la marche masse les muscles des jambes et élimine les problèmes circulatoires.

Un étirement matinal vous procure un massage interne pour vous aider à rester souple.

Le fait de caresser un animal à fourrure réduit le stress et les risques de problèmes cardiaques. Un ours en peluche est la meilleure solution de remplacement!

Les préludes amoureux qui comprennent beaucoup de caresses douces et affectueuses détendent les deux partenaires, rendant l'amour physique plus agréable.

Les vêtements qui sont agréables sur la peau vous procurent un massage continu.

Un massage du dos vous aide à vous détendre après une journée de tension. Si vous n'avez pas de partenaire, essayez de vous rouler sur une serviette rugueuse ou sur un peau de mouton épaisse.

Vivre dans trois mondes

Au fil des temps, de nombreuses cultures ont reconnu l'existence de mondes différents. Un monde différent des réalités de la vie de tous les jours est souvent appelé "paradis" dans un contexte religieux et peut porter le nom de "monde des esprits" dans un contexte laïque.

Certaines personnes croient que deux mondes coexistent et qu'à notre mort, nous quittons le monde terrestre pour nous installer dans l'autre monde.

Le troisième monde est une dimension que nous pouvons connaître lorsque nous sommes sur terre, mais il est perçu comme un type d'expérience hors de ce monde. On pourrait l'appeler monde jumeau, c'est-à-dire que tout en vous sentant une personne physique, vous pouvez également vous sentir une conscience séparée: un être jumeau.

Pour certaines personnes, la dimension où les deux mondes se superposent est un lieu où nous semblons hésiter entre le terrestre et le spirituel. Pour les physiciens modernes, c'est le monde merveilleux de la nouvelle physique, où les particules de matière et les particules d'énergie ne font qu'un.

Dans ce monde étrange et invisible, de nouvelles expériences s'ouvrent à nous. Ce monde et l'expérience jumelle de se trouver dans ce monde ont de nombreuses appellations. Chaque nom est propre à la façon dont une culture interprète ces expériences.

Quelques noms donnés au troisième monde jumeau

Le monde psychique de la perception extra-sensorielle. Le domaine ka de l'âme dans l'Egypte ancienne. L'univers chi de l'énergie subtile dans la Chine ancienne. Le monde éthéré de la matière céleste.

Les particularités du monde jumeau

Cette troisième dimension n'est pas physique, elle n'est pas subjective non plus. Elle est faite d'espace et de temps, même si la vitesse du temps change. Elle est indépendante du monde ordinaire et agit en interaction avec ce dernier.

Quelques exemples d'expériences du monde jumeau

Ces expériences peuvent se produire spontanément, mais la plupart d'entre elles nécessitent une préparation: un cours de méditation, un régime, une catharsis psychologique ou des rituels de son et de mouvement.

1 La légèreté de l'être et le corps physique qui s'élève au-dessus du sol sans support physique.
2 Un mouvement à l'écart du corps physique qui peut être observé à une distance de quelques mètres.
3 Voir à travers les choses solides et à travers le temps et l'espace.
4 Entendre des sons et de la musique sans source physique.
5 Un saut dans un autre espace où les choses apparaissent plus claires et plus nettes et où le temps de réaction est plus rapide.
6 Soudain, le visage de quelqu'un qui sommeille apparaît changeant, mobile et transparent.
7 Conscience de l'existence d'autres mondes lorsqu'on se réveille, avant de se rappeler à nouveau le monde ordinaire de tous les jours.
8 Un glissement dans un tourbillon ascendant et la vision du monde à travers les montagnes et les mers. Une expérience similaire peut consister à être aspiré dans un tunnel pour atteindre un endroit de grande lumière et de paix.
9 Voir ou sentir des présences qui sont protectrices sans être possessives ni menaçantes.
10 Etre complètement en accord avec le monde vivant et reconnaître la force de la vie en action.

Découvrir la vérité sur la question

De nombreuses expériences dans d'autres mondes sont ambiguës; on peut les expliquer comme des activités du monde jumeau mais aussi comme des illusions, des états psychologiques, des déceptions et une mauvaise compréhension des expériences ordinaires, etc. Les personnes qui vivent fréquemment des expériences du monde jumeau prennent souvent clairement conscience de la distinction entre ce qui appartient à ce monde et ce qui appartient à une autre dimension.

La plupart des gens ont tendance soit à accepter toutes les expériences étranges comme des expériences d'un autre monde, soit à rejeter ces idées en les considérant comme absurdes. La meilleure façon d'étudier ce qui semble être une expérience du monde jumeau consiste à l'étudier lorsqu'elle se produit.

Les expériences d'autres mondes ne peuvent pas encore être prouvées, ce qui ne veut pas dire pour autant qu'elles n'existent pas.

1 Lorsque vous vivez une expérience d'un autre monde, acceptez-la, appréciez-la et essayez de la laisser se développer.
2 Lorsqu'elle se produit, supposez qu'il pourrait s'agir d'un autre monde ou de ce monde.
3 Agissez en témoin de ce qui se passe.
4 Après coup, notez ce qui s'est passé, mais ne tentez aucune interprétation. Soyez aussi explicite que possible; si vous avez vu une lumière brillante, par exemple, appelez-la une lumière brillante, mais ne partez pas du principe que vous connaissez la source. Spéculez sur les sources possibles si vous voulez. Ce faisant, n'hésitez pas à inclure des sources de lumière du monde ordinaire.
5 N'oubliez pas que personne n'est certain qu'il existe d'autres dimensions; c'est une question de croyance, pas un fait que l'on peut prouver.
6 Ne revendiquez pas de pouvoirs supérieurs. Si vous pensez posséder peut-être des dons de voyance, par exemple, prenez contact avec une société renommée afin de recevoir des conseils.

7 Ne supposez pas que vous êtes fou, malade ou malveillant. Si vous êtes inquiet, consultez un psychiatre, un médecin ou un conseiller spirituel renommé et faites établir un bilan de votre santé.

LES METAPHORES DES TROIS MONDES

De nombreuses personnes se sont essayées à l'art, à la musique et à la création d'objets qui contiennent l'essence des trois mondes. Les trois mondes sont souvent combinés, par exemple, dans le motif des tapis, des carpettes, des couvertures et des tapisseries murales.

Des tapis pour voler

Les magnifiques tapis persans qui ont été tissés au seizième et au dix-septième siècle pour les murs des palais ou les sols des grandes maisons portaient le nom de khali et étaient des images métaphoriques miniatures de l'univers tel qu'on le concevait à cette époque. Le motif central était souvent une fleur à huit pétales ou un médaillon (**a**) marquant le centre de l'univers, les huit pétales étant les huit directions principales du compas. Au centre du centre se trouve un motif appelé la Porte du ciel (**b**); c'est un trou dans le ciel qui est la porte entre la terre et le paradis.

Le fond du tapis illustre en parallèle la vie sur terre et la vie au paradis (**c**). Le soleil (**d**) et la lune (**e**) sont parfois représentés sous forme de lanternes. Les bordures foncées et claires (**f**) représentent, à la fois, la succession de la nuit et du jour et l'existence dans le même espace de temps, de deux dimensions que l'on appelait le paradis et la terre. Les motifs des coins (**g**) sont les ouvertures dans le ciel par lesquelles le soleil se couche et se lève en différentes saisons. Le motif en treillage (**h**) sur les tapis est la claire-voie par laquelle les âmes peuvent passer d'une dimension à l'autre.

Les tapis ont toujours été des métaphores puissantes et sont vénérés en tant que tapis de prières, en particulier dans la religion islamique. Les procédés de tissage et de nouage utilisés pour fabriquer les tapis sont eux-mêmes des métaphores pour les dimensions entrelacées de la vie.

La confection des tapis nécessitait le travail de nombreuses personnes; c'était une activité méditative parce que le travail nécessitait une longue concentration et des mouvements répétés. Dans cet état méditatif, les esprits des gens qui exécutaient ce travail se sont peut-être égarés dans l'autre dimension. Il n'est donc pas surprenant que les tapis soient devenus une route vers l'autre monde et soient entrés dans la mythologie des conteurs sous la forme de tapis volants. Voler a toujours été l'un des grands rêves de l'humanité, comment mieux voler que sur un tapis qui était lui-même une métaphore de l'univers tout entier, à la fois terrestre et divin?

Un dessin d'un tapis persan

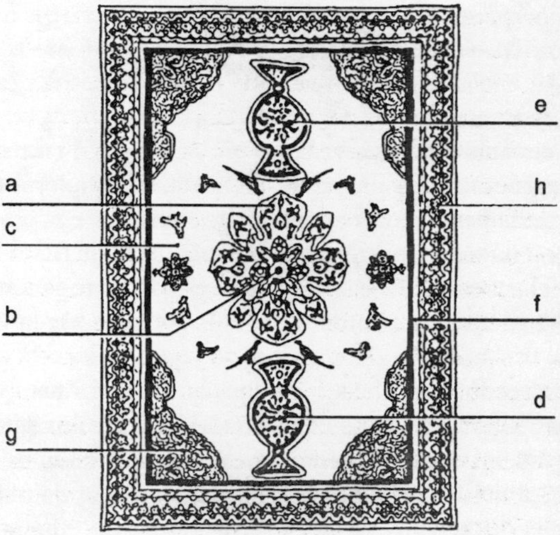

Utiliser les dons cachés

Les informations sensorielles concernant le monde extérieur nous parviennent par l'intermédiaire d'une série de zones réceptrices spécialisées situées en différentes parties de notre corps comme les yeux, les oreilles et le nez. Chaque zone est organisée pour recevoir un type particulier de stimulus et transmettre au cerveau ce qui est vu, entendu ou senti. La peau reçoit des contacts, l'oreille interne reçoit des informations à propos de notre position dans l'espace et nous aide à maintenir un équilibre.

La perception sensorielle

Chez une personne, certains sens peuvent être plus développés que d'autres et certaines zones réceptrices peuvent nécessiter un apport d'aide. Une personne peut avoir une excellente ouïe, par exemple, mais avoir besoin de lunettes pour lire, tandis qu'une autre personne peut avoir un mauvais sens de l'équilibre dans l'espace et avoir un sens du goût très développé et très précis.

Dans certains cas, le cerveau lie certains types d'entrée sensorielle: il existe des personnes qui peuvent, par exemple, goûter une forme, entendre un toucher ou sentir une couleur. Cette production d'impressions sensorielles mentales sous l'effet de la stimulation d'un autre sens est appelée synesthésie et se présente généralement sous la forme d'un lien entre la vue et le son ou entre la vue et le toucher.

On pense que ces liens synesthésiques se forment dans le cerveau au cours de l'enfance et qu'ils peuvent être déterminés génétiquement. Certaines personnes prétendent qu'elles se sont entraînées à lier les couleurs et les sons; il se peut qu'elles aient simplement développé une capacité latente ou qu'elles se conditionnent à voir une couleur donnée lorsqu'elles entendent un son déterminé.

Si vous pouvez voir instantanément certaines couleurs lorsque vous entendez des sons particuliers, ou si vous pouvez, les yeux correctement bandés, identifier des couleurs uniquement par le toucher vous êtes probablement en train de ressentir un lien synesthésique. La perception des couleurs et des formes par la peau est appelée perception dermo-optique et peut être une capacité latente chez de nombreuses personnes.

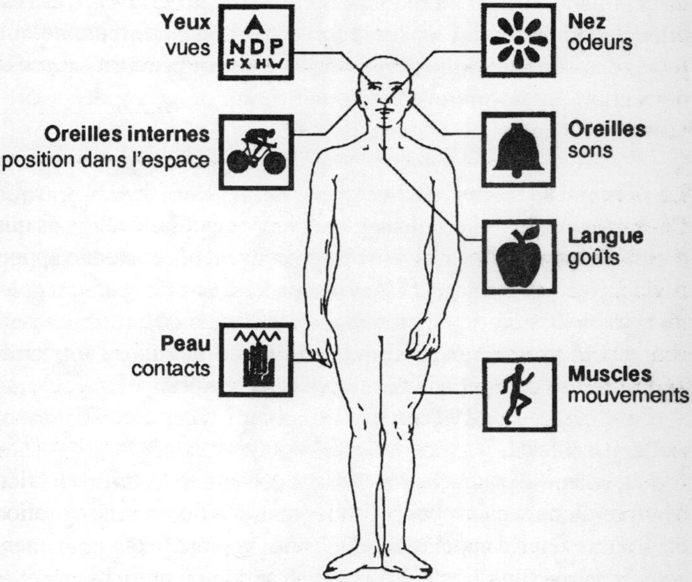

La perception dermo-optique

La lecture des mots ou des couleurs et des formes par la peau est assez courante et il semblerait qu'il soit possible d'apprendre ce mode de lecture.

Au début du siècle, le psychiatre Cesare Lombrosco prétendit que l'une de ses patientes pouvait voir avec le bout de son nez et le lobe de son oreille gauche.

Dans les années 60, une institutrice russe, Rosa Kuleshova, était soignée par un certain Dr. I. M. Goldberg pour une épilepsie. Elle lui raconta qu'elle pouvait lire à travers la peau et il la soumit à un test qui lui permit de découvrir qu'elle était capable de lire des mots et des titres de journaux à travers des plaques de métal.

Bien qu'on commençât à mettre ses déclarations en doute du fait d'une pression importante de la part des chercheurs et des médias, c'est son cas qui fut à l'origine de la création par les Russes de centres de recherche qui leur permirent de découvrir d'autres cas de personnes pouvant lire à travers la peau. Etant donné que Rosa pouvait y parvenir même sans contact, on peut penser que la perception dermo-optique serait une forme de perception extra-sensorielle comme la voyance.

Comment apprendre vous-même la perception dermo-optique

Commencez par les couleurs, en vous organisant des séances régulières pendant lesquelles vous essayez de lire les couleurs par leur toucher. Vous aurez besoin d'un ami pour vous aider et d'un jeu de cartes colorées qui présentent toutes les mêmes dimensions. Couvrez-vous les yeux avec un bandeau et demandez à votre ami de choisir une couleur que vous devez toucher. Rappelez-vous que si vous avez, disons, 10 couleurs, vous avez 1 chance sur 10 d'avoir raison par hasard.

Une autre méthode d'apprentissage consiste à rassembler un jeu de blocs de bois peints dans différentes couleurs et suffisamment petits pour tenir dans la main. De cette manière, vous pouvez en avoir plusieurs de chaque couleur et réduire les chances de tomber dessus par hasard.

Les personnes qui peuvent lire à travers la peau disent que des couleurs différentes ont un toucher différent: rouge serait "chaud, rugueux et collant" tandis que bleu est " froid, doux et glissant".

Un autre type de perception visuelle

En 1945, deux psychologues américains, Viktor Lowenfeld et W. Lambert Brittain, publièrent les résultats de certains travaux de recherche qui indiquaient qu'il y avait deux types de perception visuelle: optique et haptique. Leurs recherches laissaient également supposer qu'environ deux tiers de la population utilisaient principalement la perception optique et que seulement un tiers utilisait la perception haptique.

La perception optique

Une personne qui utilise principalement la perception visuelle verra un objet selon ses proportions réelles et dans ses couleurs naturelles. L'artiste visuel voit les choses logiquement, selon une certaine perspective et s'attache aux détails. La précision anatomique est d'une suprême importance et les dessins montrent à la fois la perspective et les détails.

Parmi les activités qui exigent une bonne perception visuelle on peut citer la comptabilité, l'électronique, l'écriture, la construction, les travaux de réparation, la programmation sur ordinateurs et la lecture de cartes. La perception visuelle est peut-être une fonction du cerveau gauche.

La perception haptique

Le mot haptique signifie toucher; une personne qui utilise principalement la perception haptique touchera les objets par la vue. La qualité de dureté, d'humidité, de chaleur, d'épaisseur, de flexibilité et de lourdeur sera importante.

Un artiste haptique dessinera des impressions ou même une caricature, en mettant l'accent sur les caractéristiques qui le "touchent". Par exemple, il voit l'ours comme un être grand, doux et même humanisé, et c'est la tête de la personne qui est l'élément le plus important.

Parmi les activités qui exigent une bonne perception haptique, il faut citer la dactylographie, l'aviation, la danse, les rallyes et le dessin de caricatures. La perception haptique est peut-être une fonction du cerveau droit.

Deux façons de voir
L'ours dessiné par un artiste (entouré d'un cercle en haut à droite) restitue l'apparence de la créature et utilise des traits détaillés pour indiquer les caractéristiques visibles. Les ours comiques des illustrateurs de livres pour enfants et de bandes dessinées dépeignent l'ours comme un humain, doté de caractéristiques humaines, selon une méthode haptique d'observation. Les ours sont habillés ou même dessinés dans des attitudes de petit enfant.

Chapitre 3

LES DONS DE PROPHETIE

Votre esprit peut être utilisé pour "voir" l'avenir et interpréter les signes qui indiquent ce que l'avenir nous réserve. Depuis la nuit des temps des "voyants" utilisent les pouvoirs de leur esprit intuitif pour démêler les secrets du temps.

Ce chapitre vous initie aux méthodes utilisées. Elles se basent sur une des trois formes de facultés mentales: l'interprétation de la nature, l'interprétation des événements dus au hasard et l'interprétation d'attributs physiques personnels.

La première méthode utilise les facultés mentales pour lire les messages du temps dans les étoiles en communiquant avec les morts et en observant les événements naturels comme les flammes, le vol des oiseaux ou les formes des feuilles de thé dans une tasse.

La deuxième méthode consiste à interpréter des événements dus au hasard comme la chute de cartes, le jet de dés, de bâtons ou de pierres ou l'observation d'une séquence d'événements qui, lorsqu'ils sont pris dans l'ordre, sont indicateurs d'événements futurs.

La troisième méthode se base sur l'interprétation des caractéristiques de notre corps et sur l'utilisation des pouvoirs de notre cerveau pour voir les événements futurs à partir de ces caractéristiques. Les physiognomonistes étudient nos mains (chiromancie), nos têtes (phrénologie), les grains de beauté sur notre corps et nos rêves.

Quelle que soit la méthode qui a votre préférence, la compréhension du pouvoir de votre esprit vous aidera à maîtriser les dons d'une vue intérieure.

1 Interprétation de l'avenir par la nature
a Pyromancie
b Superstition
c Géomancie
d Astrologie

2 Interprétation par le hasard
a Cartomancie
b Tarot
c Sortilège
d Yi-king

3 Interprétation par les caractéristiques physiques
a Rêves
b Chiromancie
c Biorythmes
d Métoposcopie

1

a

2

a

3

a

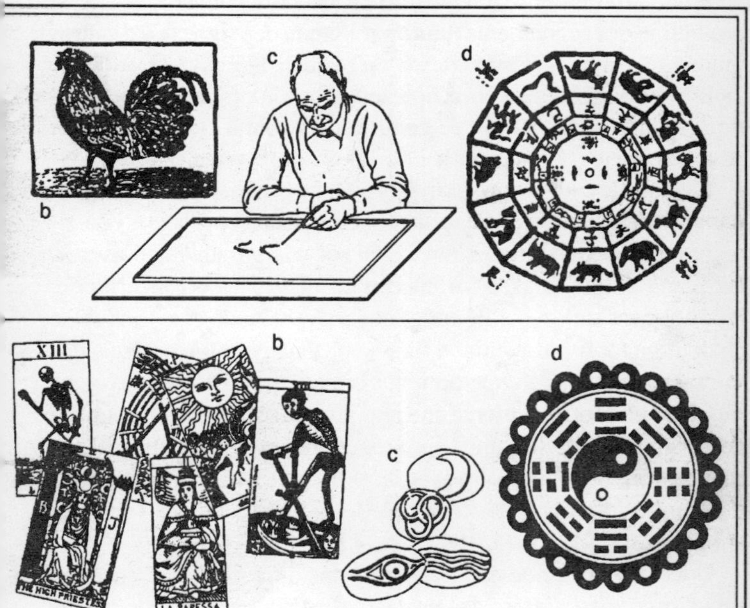
b
c
d
b
c
d
XIII
THE HIGH PRIESTESS
LA PAPESSA
b
c
5e
2e
29e
Février 1983
1 2 3 4 5 6 7
d

Pouvez-vous prédire l'avenir?

La divination est l'art ou la science de la découverte ou de la prédiction des événements futurs par l'étude des signes ou d'autres indications et par l'interprétation correcte de leur signification.

L'homme a toujours cherché à acquérir la connaissance prophétique qui nous permettrait de contrôler l'inconnu et l'inattendu et peut-être même de changer le cours des événements.

La planification de nos activités du lendemain, la tenue d'agendas avec des dates réservées pour des circonstances précises constituent un moyen habituel d'être aussi sûr que possible de l'avenir. La planification nous offre un certain contrôle de l'incertitude. Nous savons qu'en réalité tout peut arriver. Nous essayons donc de déterminer notre avenir en fixant une date pour un mariage, des vacances, une conférence ou une visite au zoo. Des rendez-vous réguliers nous offrent même une plus grande sécurité et un contrôle accru sur notre destin: une heure régulière pour être au travail, un rendez-vous hebdomadaire avec un ami, une visite mensuelle chez des parents, un bilan de santé tous les six mois ou des vacances annuelles.

Une autre méthode que nous utilisons pour essayer de prédire l'avenir consiste à faire des prévisions sur la base des tendances observées par le passé au niveau du temps, de la demande sur les marchés, de la mode, des performances des concurrents et de la fréquence des accidents. La découverte du caractère cyclique de certains événements est une aide utile pour la divination et le bon sens nous indique que nous pouvons nous attendre à rencontrer des problèmes sérieux si nous roulons avec des pneus lisses, par exemple.

Les présages et les superstitions à propos des événements futurs ont été transmis à travers les âges et de nombreuses personnes croient à la chance, au hasard ou au destin, tandis que d'autres sont d'avis qu'il y a une explication logique pour tout.

L'AVENIR EST-IL PREDETERMINE?

Qu'est-ce que l'avenir et comment est-il déterminé? Voici quelques idées qui se sont imposées jusqu'à nos jours.

Le hasard

L'avenir a été (ou continue d'être) déterminé par un concours absolument impersonnel de circonstances dont certaines peuvent être logiques, et d'autres se produire par pur hasard. Le hasard semble souvent indécis.

Evolution

Nous faisons partie d'un système d'êtres vivants qui agissent et réagissent, poussés en avant et mus par le désir commun de survivre. Notre avenir à tous est donc déterminé par un besoin biologique de survivre.

Le principe de Gaia

L'Univers est habité par une intelligence envahissante dont le but est de se développer. L'avenir se crée donc à chaque instant. Les êtres humains ne sont pas au centre de ce monde intelligent, ils n'en sont qu'une manifestation.

La volonté de Dieu

Différentes religions orthodoxes stipulent que l'avenir est déterminé par un dieu tout-puissant. Les croyants peuvent se demander pourquoi Dieu laisse certaines choses se produire, mais ils les acceptent comme étant la volonté de Dieu.

Le karma

Chaque personne est le récipient d'un esprit qui vit une destinée personnelle suivant le karma attribué à cet esprit. En conséquence, le karma est considéré dans l'hindouisme et le bouddhisme comme une dette à transmettre d'une incarnation à la suivante.

La volonté humaine

Certaines personnes croient que l'avenir se trouve collectivement entre nos mains. Nous déterminons notre propre avenir par la façon dont nous nous comportons délibérément. Nous pouvons utiliser notre volonté pour le bien ou le mal; la responsabilité nous en incombe totalement.

LES METHODES DE DIVINATION

En général, les prophéties peuvent être le résultat d'indications naturelles, obtenues par tirage au sort ou en cherchant une connaissance prophétique à l'intérieur de nous-mêmes. Plusieurs de ces méthodes font l'objet d'une description plus détaillée dans ce chapitre.

Divination à partir de la nature

1 Nécromancie
Ou spiritisme: révélations obtenues des personnes qui sont mortes.

2 Astrologie
Lecture de l'avenir à partir de la position des étoiles.

3 Présages courants
Observation de faits naturels comme indications de l'avenir.

4 Augure
Examen de certains faits comme le vol des oiseaux pour découvrir le souhait des dieux.

5 Radiesthésie
Localisation d'objets cachés.

Divination à partir d'événements aléatoires

1 Sortilège
Prédiction de l'avenir par tirage au sort.

2 Runes
Utilisation de symboles tirés au hasard pour prédire l'avenir.

3 Yi-King
Tirage au sort pour décider quelle partie du Yi-King (le livre chinois de la sagesse) est applicable.

4 Pyromancie
Vision de l'avenir dans un feu ou dans la fumée qui s'élève.

5 Géomancie
Vision de l'avenir à partir du sable qui coule entre les doigts.

Divination à partir de soi-même

1 Chiromancie
Lecture de votre avenir personnel à partir de vos mains.

2 Biorythmes
Connaissance des tendances physiques, émotionnelles et intellectuelles.

3 Oniromancie
Compréhension des rêves prémonitoires.

4 Voyance
Visions prophétiques spontanées.

5 Lecture des boules de cristal
Visions reflétées que l'on aperçoit en regardant avec une vive attention dans des boules de cristal, des miroirs, des bulles de savon ou dans les yeux d'une autre personne.

Utiliser vos biorythmes

La création et la libération d'énergie par les êtres vivants est un principe de base de la théorie biologique. Au début du siècle, trois cycles d'énergie humaine ont été observés; ils durent respectivement 23, 28 et 33 jours. Ils furent appelés cycles physique, émotionnel et intellectuel et sont connus collectivement sous le nom de biorythmes.

Un cycle de biorythme peut être représenté graphiquement sous la forme d'une ligne sinueuse appelée sinusoïde. En partant de la ligne médiane le jour de la naissance, la courbe représente l'énergie disponible pour les activités physiques, émotionnelles ou intellectuelles. Dans la première partie du cycle, l'énergie disponible grimpe pour atteindre un sommet; elle retombe ensuite en dessous de la ligne médiane dans un creux. Une fois que l'énergie est régénérée, la courbe recommence à grimper vers la ligne médiane pour terminer le cycle.

Les périodes positives et négatives

Une période positive se produit lorsque le cycle se trouve au-dessus de la ligne médiane; cette période est favorable à l'inspiration et aux activités qui demandent beaucoup d'énergie. La période d'énergie négative se produit lorsque le cycle se trouve en dessous de la ligne médiane; cette période est favorable à des activités plus lentes et moins intenses. Les biorythmes ne déterminent pas ce qui va se produire, ils indiquent seulement votre disposition probable et ils peuvent se révéler utiles dans la planification de projets.

Les jours critiques

Ils se produisent lorsqu'une courbe coupe la ligne médiane dans l'un ou l'autre sens. Les jours critiques sont ceux où nous sommes censés être les plus vulnérables.

1 Cycle physique

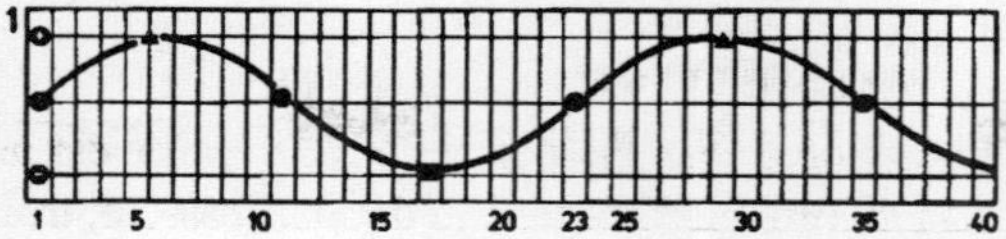

Jours du
cycle physique

Durée	23 jours
Jour culminant	6ème
Jour le plus bas	17ème
Jours critiques	11ème, 23ème

Affecte un grand nombre de facteurs physiques comme la forme, la coordination, la vitesse, l'adaptabilité, la résistance à la maladie, la guérison et toutes les fonctions de base de notre corps.

2 Cycle émotionnel

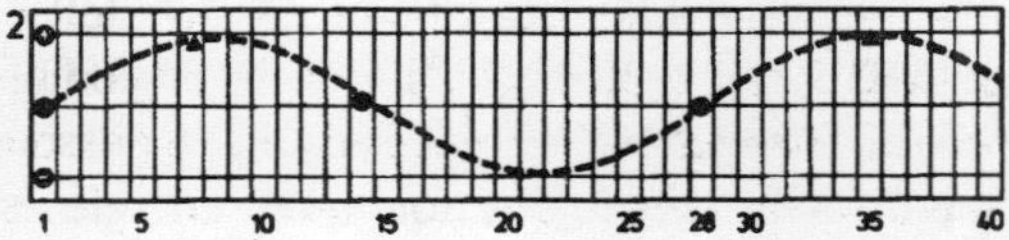

Jours du
cycle émotionnel

Durée	28 jours
Jour culminant	7ème
Jour le plus bas	21ème
Jours critiques	14ème, 28ème

Affecte des facteurs émotionnels comme les perceptions, les attitudes, les préjugés, la sensibilité, les humeurs et la santé mentale générale.

3 Cycle intellectuel

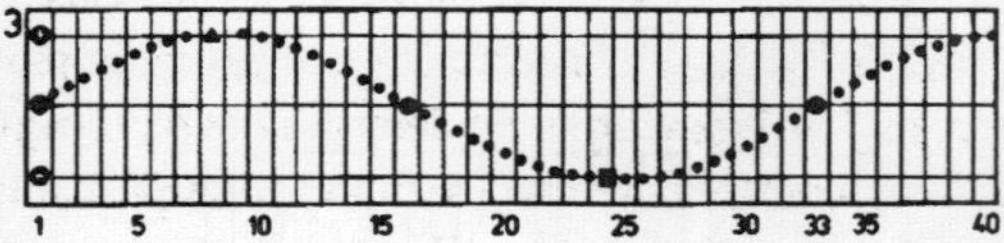

Jours du
cycle intellectuel

Durée	33 jours
Jour culminant	8ème
Jour le plus bas	24ème
Jours critiques	16ème, 33ème

Affecte les facultés intellectuelles comme la mémoire, la vivacité, l'étude, la création d'idées et les fonctions analytiques de l'esprit.

Les trois cycles sont supposés commencer au même point de la ligne médiane le jour de la naissance. Etant donné qu'ils n'ont pas la même durée, ce n'est que 58,6 ans plus tard que les trois cycles repartent ensemble du même point de la ligne médiane. Ils couperont toutefois la ligne médiane au même endroit une fois par an. C'est ce que l'on appelle une phase critique triple. On dit que ce jour-là, il faut faire preuve d'une extrême prudence. A d'autres moments, deux des trois cycles peuvent couper la ligne médiane ensemble. Il s'agit dans ce cas d'un jour critique double.

COMMENT CALCULER VOS BIORYTHMES POUR AUJOURD'HUI

1 Calculez le nombre de jours depuis votre naissance. Votre jour de naissance est compté comme un jour. Ajoutez un jour pour chaque année bissextile. (Divisez votre âge par 4 pour trouver le nombre d'années bissextiles.)

2 Divisez le nombre de jours par 23. Le reste de cette division est le nombre de jours écoulés depuis que vous êtes entré dans votre cycle physique.

3 Divisez le nombre de jours par 28. Le reste équivaut au nombre de jours écoulés depuis que vous êtes entré dans votre cycle émotionnel.

4 Divisez le nombre de jours par 33. Le reste équivaut au nombre de jours écoulés depuis que vous êtes entré dans votre cycle intellectuel.

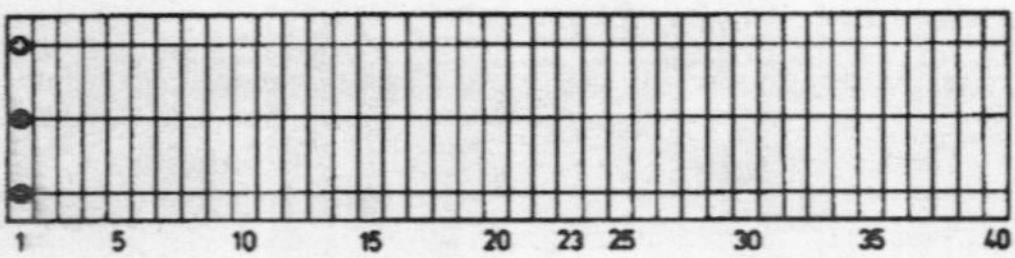

Un tableau vierge

REMARQUE: si vous utilisez une calculatrice, vous obtiendrez plusieurs chiffres après la virgule. Multipliez ce reste par le diviseur et prenez le nombre entier le plus proche.

Cette méthode peut être utilisée pour n'importe quelle date et servir de point de départ à l'établissement de votre propre biorythme. Pour ce faire, reproduisez les trois cycles indiqués dans ce livre et repérez la position d'aujourd'hui sur chacun d'eux. Superposez ensuite les trois cycles pour que les repères que vous avez placés soient tous alignés sur la date d'aujourd'hui qui figure sur le tableau vierge.

LE TABLEAU DES BIORYTHMES DE NEIL ARMSTRONG EN JUILLET 1969

Armstrong décolla pour la Lune le 16, il alunit le 20 et rentra sur Terre le 24. Il était le plus vulnérable dans les trois jours critiques qui ont précédé le lancement de la fusée; ensuite ses cycles émotionnel et intellectuel avaient atteint leur maximum, une situation parfaite pour les jugements et les observations qu'il avait à faire. Son cycle physique était en négatif, ce qui présentait un avantage pour les mouvements lents qu'il devait effectuer dans l'espace.

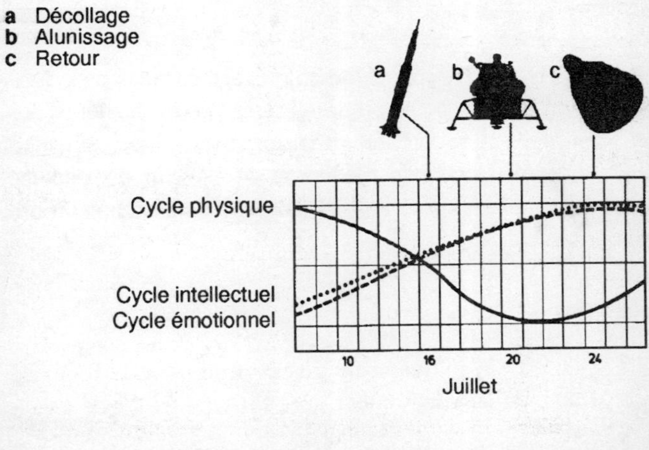

Comprendre vos visions

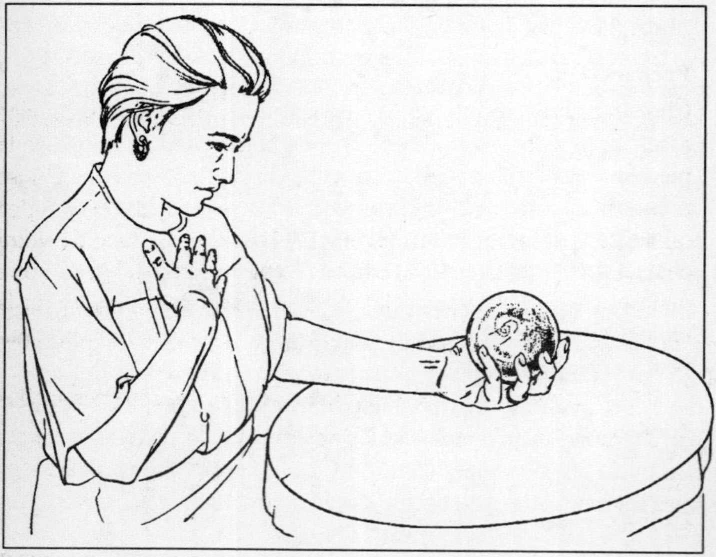

Des visions peuvent apparaître lorsqu'on regarde dans un cristal ou une flaque d'eau. On peut voir des visages, des événements, des heures, des lieux, des dates et même des messages écrits ou imprimés. Cette méthode de prédiction de l'avenir est appelée cristallomancie et les experts recommandent de suivre une procédure rigoureuse.

Préparation du cristal

Choisissez un cristal de quartz ou de béryl d'environ 10 cm de diamètre. Lavez-le soigneusement avec du vinaigre et de l'eau, polissez-le avec une peau de chamois ou un morceau de velours et conservez-le enveloppé à l'abri des températures extrêmes jusqu'à ce que vous souhaitiez l'utiliser. Ne laissez jamais une autre personne toucher le cristal et conservez-le à l'abri des rayons du soleil. La lueur du clair de lune n'est pas nocive.

Préparation de la pièce

Choisissez une pièce orientée au nord au moment où il reste juste assez de lumière pour lire. Placez une petite table au centre de la pièce et couvrez-la d'un tissu noir non brillant. Placez une chaise près de la table de sorte que la fenêtre se trouve à gauche et épinglez ou suspendez au mur un morceau de tissu noir en face de votre chaise. Asseyez-vous sur la chaise en tenant le cristal dans votre main et en laissant reposer le dos de votre main au centre de la table. Certaines boules de cristal sont vendues avec un support qui peut remplacer la main.

Il ne peut y avoir plus de deux autres personnes présentes et elles doivent s'asseoir en silence à l'écart de la table.

Utilisation de la boule de cristal

Une fois que vous êtes assis, restez calme et silencieux en vidant votre esprit et en laissant vos yeux fixer la boule de cristal. Vous devrez peut-être passer du temps à méditer avant d'essayer de lire dans la boule de cristal.

Lorsque les conditions sont bonnes, la boule de cristal doit apparaître laiteuse et doit passer par toute une gamme de couleurs jusqu'à ce qu'elle devienne noire. Lorsque le noir disparaît, des couleurs, des formes ou des symboles peuvent apparaître qui doivent être interprétés. Parfois, une suite d'événements apparaît sous forme de film. Dans ce cas, aucune interprétation n'est nécessaire, dites simplement ce qui se passe tout en observant les événements.

INTERPRETATION DES SYMBOLES

Nuages blancs Chance

Nuages noirs Malchance

Nuages hauts Un dénouement positif

Nuages bas Problèmes cachés

Nuages à droite Une aide non perçue est proche

Nuages à gauche Vous êtes seul

Nuages violets, verts ou bleus Joie

Nuages rouges, orange ou jaunes Dangers ou difficultés

Ancre Sécurité et confiance

Oiseau Un message

Couronne Responsabilité

Oeil Soyez vigilants pour voir la vérité

Grenouille Un avantage caché

Fruit Enfants ou plaisirs créatifs

Globe Voyage

Coeur Amour et affection

Phare Faire preuve de prudence

Masque Quelque chose est caché; tromperie possible

Balance Un jugement

Serpent Connaissance, santé

Araignée L'intuition montrera le chemin à suivre

Etoile Grand succès

Sabres Lutte ou dispute

Nénuphar Un dénouement créatif

Vision ou réflexion?

Dans la mythologie grecque, Echo était une nymphe profondément et passionnément amoureuse d'un beau jeune homme appelé Narcisse (illustration ci-dessous). Malheureusement, tout ce qu'elle pouvait faire, c'était de répéter ses mots puisqu'elle personnifiait l'écho, si bien que Narcisse se lassa bientôt d'elle, même si, pour le reste, elle était une compagne parfaite pour lui.

Narcisse la rejeta totalement et fut puni pour son manque d'affection par l'un des dieux de l'Olympe appelé Némésis. Lorsqu'il se regarda dans une flaque d'eau et vit son reflet, il tomba amoureux de lui-même et dépérit parce qu'il ne pouvait aimer personne d'autre que lui-même. On dit qu'une fleur qui fut appelée narcisse poussa à l'endroit où il mourut.

On prétend que cette histoire sert d'avertissement à tous ceux qui voudraient essayer de prédire l'avenir en regardant dans une boule de cristal. Vos visions peuvent concerner des avenirs invisibles ou peuvent n'être qu'un reflet de vos propres désirs. La pratique régulière de la méditation reposera l'esprit et le laissera libre et ouvert à de nouvelles connaissances.

Votre oeil voit-il l'avenir?

Le fait de savoir ce qui va se passer alors que quelque chose est en train de se produire, s'appelle du *déjà vu*. Si vous faites l'expérience du *déjà vu*, vous saviez qu'une suite d'événements insignifiants et ordinaires allait se produire parce que vous avez l'impression que cela s'est déjà passé exactement de la même façon auparavant. Si seulement vous aviez pu en être pleinement conscient, si seulement vous aviez pu comprendre la réalité lorsqu'elle s'est produite la première fois, vous auriez pu alors prédire les événements avec précision. Mais voilà, vous ne vous rendez compte de ce savoir que quelques secondes avant que l'événement ne se produise. Cette sensation de *déjà vu* est un phénomène très courant et doit être considérée comme une prophétie instantanée par rétrospection.

Double vue

Un phénomène encore plus mystérieux se produit lorsqu'une personne voit (et parfois entend, sent ou touche) spontanément un événement bien précis ou un changement de circonstances, des jours, des semaines ou des mois avant qu'il ne se produise. Cet oeil qui voit l'avenir au présent est souvent appelé don de double vue.

Le don de double vue porte bien son nom, car c'est une double expérience. Lorsqu'un événement se passe au présent, la personne qui "voit" peut avoir deux perceptions de cet événement. L'une est le présent et l'autre est le futur. Par exemple, un garçon se promène le long d'une plage en lançant un bâton à son chien. Chaque détail de leur apparence et de ce qu'il vont faire est très clair. La personne qui possède le don de double vue voit chaque couleur, chaque mouvement et chaque type de lumière et d'ombre lorsqu'ils se déplacent le long de la plage.

La double vue se produit lorsqu'une seconde perception moins bien définie de la même plage et de la même personne apparaît, mais que quelque chose d'autre se passe. Par exemple, le garçon peut être perçu comme un jeune homme très malheureux courant au bord de la mer étincelante en direction d'un bateau qui se trouve sur les galets. Une personne se tient debout dans le bateau en souriant et en faisant signe de la main. A ce stade, la double vue peut faiblir.

La prédiction peut indiquer qu'à une période ultérieure et très malheureuse de la vie du garçon, quelqu'un sera là à l'attendre pour l'aider, une personne qu'il rencontrera sur la plage lorsque son moral sera au plus bas. Par la suite, s'il s'agit bien d'une double vue, la scène se produira comme prévu.

Les expériences de double vue les plus courantes ont été vécues par des personnes qui ont vu un événement naturel important qui ne s'est pas encore produit, mais se passe à une date ultérieure sur le même lieu et de la même façon. Dans certains cas, la chronologie des événements prédits s'avère également exacte.

Pour l'oeil visionnaire, le présent et l'avenir semblent coïncider pendant quelques instants. La double vue est une observation fortuite d'un événement ou d'un concours de circonstances futurs. Souvent, la personne qui possède le don de double vue n'est pas directement ou intimement liée aux personnes ou aux événements prévus. Toutefois, toute personne qui a le don de double vue possède également une perception très claire et très précise de la réalité du présent.

Comment développer votre don de double vue

On prétend qu'au moins un tiers des êtres humains sont capables d'utiliser leur don de double vue à bon escient. Si vous possédez ce don, mais qu'il n'est pas développé, il vous faudra un peu de pratique pour aiguiser la précision de vos perceptions fortuites. Vous devez vous rappeler qu'en général l'oeil visionnaire voit lorsqu'on s'y attend le moins et qu'il est incapable de choisir ce qu'il doit voir. Faites donc attention à vos désirs personnels qui pourraient gêner votre don de double vue.

Comment accroître vos pouvoirs d'observation

Il y a quelques exercices que vous pouvez faire et qui sont plaisants en soi, même s'il s'avère que vous ne possédez pas le don de double vue.

LA PROMENADE PHOTOGRAPHIQUE

Pour cet exercice, vous aurez besoin d'un ami en qui vous avez parfaitement confiance et réciproquement.

Pour vous familiariser, vous devez commencer par un endroit où il ne devrait pas y avoir trop de gens ni trop de dangers dus à la circulation. Un jardin ou un musée sont de bons endroits pour commencer. Vous et votre ami devez être tour à tour "l'appareil photo" et le "guide"; 15 minutes pour chacun suffiront au début.

Comment procéder

1 Mettez-vous d'accord pour savoir qui sera l'appareil photo et qui sera le guide.
2 Le rôle du guide est de guider votre ami dans le jardin ou le musée en sélectionnant les vues intéressantes, les vues rapprochées et les angles inhabituels que votre ami doit voir. Lorsque vous avez placé votre ami, vous lui tapez sur l'épaule en le laissant "prendre une photo" de la vue sélectionnée. Essayez de faire varier la distance, la couleur et le type des objets vus.
3 Votre rôle en tant qu'appareil photo consiste à fermer les yeux et à vous laisser guider. Lorsque votre ami vous tape sur l'é-

paule, vous ouvrez les yeux pendant un bref instant à l'instar de l'obturateur d'un appareil photo et vous les refermez à nouveau. Chaque "photo" que vous prenez de cette façon laisse une forte impression et il vaut mieux que ni vous ni votre ami ne parliez ni ne discutiez de ce qui se passe. Dans certains cas, vous aurez peut-être envie de prendre une deuxième photo.

4 Lorsque 15 minutes se sont écoulées, vous intervertissez les rôles et ainsi de suite toutes les 15 minutes, pour gagner en confiance (et en imagination).

Si un groupe de quatre amis ou plus font cet exercice ensemble, il est très amusant d'avoir quelques "photos" de chaque membre du groupe.

Des impressions brèves et limitées contribuent à améliorer la clarté de la perception en enlevant ce qui précède et ce qui suit et en se concentrant sur une courte période d'exposition, comme lorsqu'on fixe sur la pellicule un oiseau en plein vol ou qu'on fige une expression passagère sur le visage de quelqu'un. L'angle ou l'éclat de la lumière sur un objet peuvent être captés pendant cet exercice et dès lors de nombreuses choses peuvent être observées qui, sans cela, seraient passées inaperçues.

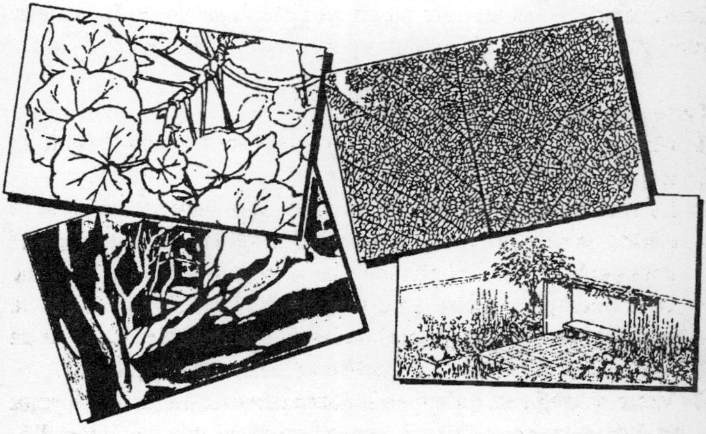

Appréciez vos perceptions

La promenade photographique peut être prolongée lorsque vous êtes seul en fermant les yeux pendant que vous êtes assis ou debout en train de regarder quelque chose qui se passe ou en observant des tableaux dans une galerie. De cette manière, vous pouvez accumuler de nombreuses images que vous pourrez vous rappeler et apprécier plus tard... des images de fleurs, de sportifs en action ou d'un enfant qui joue.

Si vous possédez un don de double vue, il apparaîtra lorsque vous augmenterez l'acuité de vos perceptions visuelles. Ce don ne peut pas être forcé et toute tentative visant à essayer de le faire apparaître sera toujours vouée à l'échec. La double vue est réputée être un don; si vous l'avez, utilisez-le à bon escient. S'il s'avère que vous ne possédez pas ce don, utilisez à fond le don magnifique et merveilleux de "simple vue" pour libérer le pouvoir de votre esprit à voir la réalité telle qu'elle se présente.

Contrôler vos rêves

Des chercheurs ont découvert que la majorité des gens ont, en moyenne, quatre périodes de rêve par nuit et ceux qui, en général, ne se souviennent pas d'avoir rêvé peuvent se rappeler leurs rêves lorsqu'ils sortent du sommeil pendant une période dite de sommeil rapide ou paradoxal. Les rêves se produisent pendant les périodes où l'on remarque un mouvement rapide des yeux, toutes les deux heures environ pendant une nuit de sommeil. L'absorption régulière et importante d'alcool réduit le sommeil rapide et peut, par conséquent, priver une personne de ses périodes de rêve.

Comment vous souvenir de vos rêves

Pour que les rêves soient utiles, il faut s'en souvenir plus ou moins en détail.

1 Conservez un bloc-notes et un crayon près de votre lit. Notez tout ce dont vous vous rappelez dès que vous vous réveillez.

2 Tout en vous relaxant au lit et juste avant d'aller vous coucher, dites-vous de façon répétée: "Lorsque je me réveillerai, je me souviendrai d'un rêve".

3 Si vous vous réveillez pendant la nuit en vous rappelant ne fut-ce qu'un fragment de rêve, prenez-en note immédiatement; n'attendez pas d'être passé par la salle de bains, vous allez l'oublier.

4 Si, au bout de plusieurs semaines, vous ne parvenez pas à vous rappeler vos rêves, vous pouvez demander à votre partenaire de vous réveiller pendant une période de sommeil paradoxal. Cela implique que votre partenaire doit attendre que vos globes oculaires bougent pendant le sommeil et vous réveiller pour vous demander de quoi vous rêviez.

Si vous n'avez pas de partenaire, vous pouvez vous réveiller à l'aide d'un réveil. Réglez-le pour qu'il se mette en marche deux heures après que vous soyez couché et faites ensuite varier le temps pour qu'il soit légèrement supérieur ou légèrement inférieur à deux heures jusqu'à ce que vous trouviez le meilleur moment pour vous surprendre pendant une période de mouvement rapide des yeux, c'est-à-dire pendant une période de rêve.

Choisissez vos rêves

Si vous voulez faire des prédictions ou utiliser les pouvoirs de votre esprit de façon optimale, tous les rêves ne sont pas utiles et des erreurs peuvent être commises si vous partez du principe que tous les rêves ont la même valeur. Vous devez d'abord apprendre à reconnaître les rêves importants en faisant la distinction entre les différents types de rêves.

ONZE TYPES DE REVE

Les chercheurs identifient les types de rêve suivants, bien que plusieurs d'entre eux puissent être combinés pendant une période de rêve. Essayez de reconnaître les schémas de vos propres rêves. Tout rêve qui s'accompagne de sensations très fortes est généralement le signe d'un conflit dans la vie de tous les jours qui doit trouver une solution. Les 11 types de rêve se répartissent en deux groupes:

Les rêves qui ne peuvent pas être contrôlés

1 **Les rêves physiologiques** reflètent les mécanismes de votre corps, par exemple des rêves érotiques et des rêves de grossesse, ou les besoins de votre corps, par exemple la soif, le besoin de chaleur ou le besoin d'uriner.

2 **Les rêves de compensation** sont temporaires et établissent un équilibre pendant des périodes de grande tristesse, de grand bonheur ou de grande excitation. Exemple: les rêves peuvent être presque comiques pendant une période de chagrin.

3 **Les rêves résiduels** terminent les affaires de la journée et font le tri des futilités de la vie de tous les jours.

4 **Les rêves vigilants** vous tiennent conscients de l'environnement qui vous entoure pendant que vous dormez. Par exemple, les sons des véhicules qui passent ou le tic-tac du réveil peuvent faire partie d'un rêve.

5 **Les rêves éclairants** peuvent vous éclairer sur vos intentions cachées actuelles. Ces rêves sont souvent brefs et difficiles à reconnaître, car, en général, nous ne tenons pas à savoir que nous pouvons avoir des intentions cachées qui pourraient entrer en conflit avec nos intentions déclarées.

Rêves que vous pouvez contrôler de manière utile

1 **Les cauchemars** représentent vos craintes les plus profondes et, bien souvent, les plus irrationnelles, vos conflits ou vos mauvaises intentions.

2 **Les rêves** périodiques sont souvent des rêves à long terme ou des rêves des mêmes événements ou de la même image répétés pendant plusieurs nuits d'affilée ou à plusieurs reprises, par intervalles, au fil des ans.

3 **Les rêves** qui sont l'accomplissement d'un désir révèlent vos espoirs et vos aspirations les plus profonds.

4 **Les rêves séquentiels** sont une série de rêves dans laquelle un nouvel épisode a lieu chaque nuit ou chaque semaine.

5 **Les rêves avec métamorphose** dans lesquels vous changez les choses ou vous êtes transformés représentent un désir de vous affirmer et peuvent n'avoir aucun lien avec le sujet du rêve.

Le rêve qui résout les problèmes

C'est le 11ème type de rêve et il révèle les solutions aux problèmes. Il se produira probablement après une période d'autosuggestion avant le sommeil et indiquera que vos tentatives de prise de contrôle sur vos rêves sont fructueuses.

CONTROLER VOS REVES

Il existe deux façons de contrôler vos rêves:

1 En comprenant la signification d'un rêve.

2 En choisissant le sujet de votre rêve.

Interprétation des rêves

Ne racontez jamais votre rêve à une autre personne tant que vous ne l'avez pas interprété vous-même. Procédez de la manière suivante.

1 Notez fidèlement chaque détail de votre rêve.

2 Racontez-vous votre rêve en utilisant la première personne pour décrire chaque personne, chaque objet et chaque événement, par exemple:

Vous parlez en tant qu'homme dans votre rêve: "Je suis un homme qui marche le long de pierres de gué en plein orage."
Vous parlez en tant que pierres de gué dans votre rêve: "Je suis une série de pierres de gué solides qui traversent un marécage."
Vous parlez en tant qu'orage: "Je suis un orage qui se déchaîne. Je vois un homme qui traverse le marécage; je vais le foudroyer..." etc. En parlant pour chacun des éléments de votre rêve, la signification de ce dernier devient claire. Exprimez sans frein toutes les idées qui vous viennent à l'esprit et décrivez chaque partie dans vos propres termes. Par exemple: je suis un homme grand/petit/heureux/triste/en colère/perdu. Utilisez des termes descriptifs qui semblent convenir et ce seront les termes corrects.

En vous racontant le rêve, sa signification deviendra claire et moins mystérieuse, inquiétante ou effrayante. Ce procédé s'appelle "façonnement" ou découverte de la signification complète.

Choix des rêves

En utilisant l'autosuggestion lorsque vous vous endormez, vous pouvez changer le dénouement d'un rêve périodique ou d'un rêve séquentiel ou vous pourriez changer la nature des cauchemars ou d'autres rêves inquiétants.

Par exemple, le rêve d'une chute est un rêve très courant et souvent effrayant. Pour changer ce rêve, utilisez l'autosuggestion en vous détendant pour vous endormir avec des mots comme "en tombant je vais me transformer en un grand oiseau et monter sans effort dans le ciel en choisissant l'endroit où je vais me poser."

Vous pouvez également imaginer que vous allez vous transformer en plume et flotter en descendant tout doucement vers le sol.

Comment provoquer des rêves qui résolvent les problèmes

Prenez un peu de temps pour étudier tous les aspects de la situation avant d'aller au lit. Clarifiez les faits dans votre esprit et notez-les sur papier. Si vous avez des sensations fortes qui, d'après vous, pourraient entraver le processus de découverte d'une solution, incluez-les comme faits dans votre liste.

Lorsque vous allez vous coucher, prenez la liste avec vous. Lisez les faits à haute voix et persuadez-vous qu'une solution sera trouvée pendant votre sommeil. Détendez-vous ensuite profondément, peut-être en respirant plusieurs fois à fond et en vous laissant aller une fois étendu dans votre lit. La solution prendra peut-être du temps, mais votre esprit travaillera inconsciemment sur le problème pendant que vous dormez et lorsque vous êtes éveillé. Dans peu de temps, une solution se manifestera, soit dans un rêve soit dans un éclair de lucidité au moment où vous vous y attendrez le moins.

Comment devenir radiesthésiste

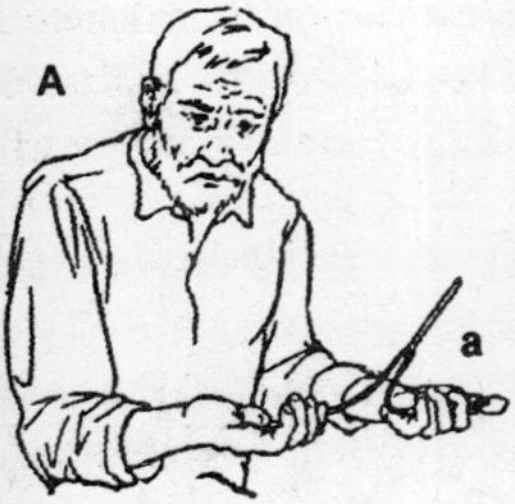

Tenant les branches fourchues d'une baguette (A), un vieil homme marchait lentement de long en large sur le sol nu du désert. Il se concentrait, dans une position détendue, en regardant la baguette qu'il tenait plutôt légèrement, les branches fourchues écartées de la branche mère. Tout à coup, la baguette se mit à osciller (a) et l'homme s'arrêta pour faire une marque au sol. Il continua ensuite à marcher et plaça des marques au sol chaque fois que la baguette réagissait.

Il déclara finalement qu'il fallait commencer à creuser dans la zone délimitée par les repères. Les ouvriers qui avaient tout observé estimaient que ce serait une perte de temps. Ils ne croyaient pas qu'il était possible de deviner l'emplacement de la source d'eau... mais la prophétie du vieil homme se révéla exacte. Le sol était humide à quelques mètres de la surface sèche et une source d'eau se mit à remplir le trou dès qu'ils creusèrent plus profondément.

Cette histoire se déroula dans un désert californien au 19ème siècle, mais c'est une histoire commune à plusieurs endroits. La méthode utilisée par le vieil homme s'appelle la radiesthésie; son origine remonte probablement à 6000 ans avant JC au moins. Les radiesthésistes apparaissent dans de nombreuses anciennes sculptures égyptiennes, chinoises et péruviennes.

La radiesthésie a été utilisée pour trouver de l'eau, des métaux et certaines personnes ont essayé, sans succès, de trouver du pétrole à l'aide de cette méthode. Les baguettes de bois réagissent à la présence d'eau, tandis que les baguettes de sourcier en métal provoquent une réaction plus sensible, en particulier lorsqu'on cherche des fils et des câbles souterrains.

Comment utiliser une baguette de sourcier

Si vous utilisez une baguette, tenez-la les paumes vers le haut et les pouces tournés vers l'extérieur. Vos pouces ne doivent toucher que les extrémités (B) de la baguette de même que vos avant-bras doivent être placés à l'horizontale. Vous devez maintenir les coudes près du corps pour garder vos bras bien droits et écarter la baguette jusqu'à ce qu'elle soit légèrement tendue et bien équilibrée. Tout en marchant lentement par petits pas, concentrez votre esprit sur la substance que vous cherchez, l'eau par exemple. La baguette oscillera ou même tournera lorsqu'elle sera au-dessus de l'eau. Soyez méthodique et utilisez des repères pour indiquer les endroits où la baguette réagit.

B

Comment utiliser les baguettes de sourcier en métal

Tenez les baguettes dans vos poings en plaçant votre pouce au-dessus des autres doigts. Tenez vos bras et les baguettes à l'horizontale et parallèles (C). Serrez les coudes et marchez lentement. Les baguettes réagissent en se balançant d'un côté à l'autre et elles peuvent même se croiser. Les baguettes en métal peuvent être utilisées à l'intérieur pour détecter l'emplacement des fils placés sous les planchers ou à l'extérieur pour détecter la position des câbles souterrains. De l'eau de source ou des conduites peuvent également être détectées. Avec l'expérience, vous pourrez estimer la quantité d'eau et la profondeur à laquelle elle se trouve d'après la violence de la réaction de vos baguettes.

C

CONFECTION D'UNE BAGUETTE DE SOURCIER EN METAL

Il faut couper deux cintres métalliques aux endroits indiqués (1) et jeter les crochets. Les morceaux de fil de fer pliés doivent être redressés pour former un angle droit (2) et les bras doivent rester droits. Les tiges peuvent ensuite être tenues en main comme indiqué (3). Vous pouvez améliorer le confort en ajoutant un manche (4) pour tenir la baguette. Celui-ci peut être fabriqué en enlevant le capuchon des recharges vides de stylos à bille.

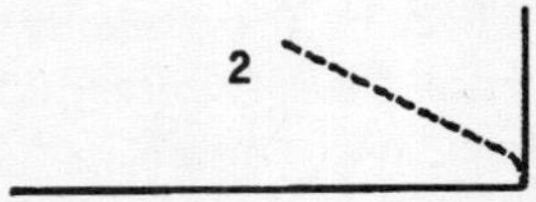

PREPARATION D'UNE BAGUETTE DE SOURCIER

La baguette de sourcier était traditionnellement une baguette de noisetier, mais une baguette de hêtre, de pommier, de bouleau ou de troène fera l'affaire. Choisissez une branche souple qui ne soit pas verte et cherchez une baguette en Y d'environ 1 cm de diamètre, si possible sur toute sa longueur, qui ne soit pas abîmée. Détachez-la de la branche en la coupant à l'endroit (1) indiqué sur l'illustration à l'aide d'un couteau bien aiguisé, taillez les extrémités mais n'enlevez pas l'écorce (2).

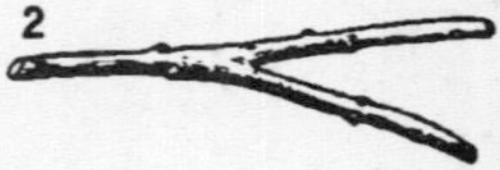

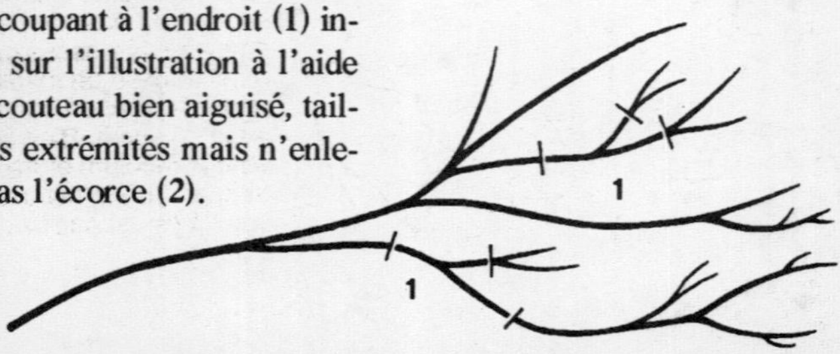

Etes-vous médium?

En supposant que notre conscience soit notre esprit et qu'elle quitte le corps à notre mort pour commencer une existence indépendante, la question suivante se pose: peut-il y avoir une communication entre les vivants et les esprits de ceux qui sont morts? Les spirites croient qu'il est possible et même certain que cette communication s'établisse, mais les communications sont relayées par un médium car la plupart des gens sont incapables de recevoir directement des messages des morts.

La National Spiritualist Association of Churches définit un médium comme une personne dont le corps est sensible aux vibrations émises par le monde spirituel et qui peut donc recevoir des messages de ceux qui sont "passés" de la vie à l'au-delà. Ces messages peuvent être assez souvent relayés par un guide de l'esprit. On prétend que toute personne possède plusieurs guides de l'esprit qui répondent chacun à un but différent, par exemple la guérison, l'apprentissage, la prise de décisions, etc.

Peu de gens découvrent qu'ils sont des médiums naturels; d'autres ont besoin d'une très longue formation et d'autres encore ne possèdent aucun don de médium. De même, certains esprits désincarnés peuvent communiquer plus facilement que d'autres.

Séance de spiritisme
Une séance de spiritisme est une réunion de personnes intéressées pendant laquelle un médium tente d'entrer en contact avec un esprit. Bien souvent le médium entre en transe et parle avec une voix qui n'est pas la sienne.

TESTEZ VOTRE POTENTIEL PSYCHIQUE

Possédez-vous le talent de base nécessaire pour devenir médium? Les dons métapsychiques, comme tous les dons humains, peuvent être développés si vous avez déjà un penchant naturel. Pour savoir s'il vaut la peine que vous vous adressiez à une église spirite pour recevoir une formation en tant que médium, faites d'abord ce test; il vous indiquera si vous possédez le potentiel nécessaire pour devenir un médium.

Comment procéder

1 Lisez chaque affirmation. Marquez d'une croix celles que vous considérez comme fausses dans la colonne qui convient.

2 Relisez les affirmations qui ne sont pas marquées d'une croix et cochez dans la colonne Vrai les affirmations qui sont, avec certitude, vraies pour vous. En cas de doute, laissez la case en blanc.

Interprétation de votre score final

Moins de 16 points

Soit vous n'avez aucun don métapsychique naturel, soit vous êtes tellement braqué contre les phénomènes métapsychiques que vous n'êtes pas réceptif. Vous possédez probablement de puissants dons analytiques et de recherche que vous pourriez développer de façon plus utile.

16-29 points

Plus votre score est élevé, plus vous avez de chances de posséder des dons métapsychiques, notamment des dons créatifs ou intuitifs, mais il est douteux que ces dons puissent faire de vous un médium, sauf si votre score est proche de 29.

Plus de 29 points

Vous avez des dons métapsychiques et un esprit ouvert sur le sujet. Vous avez la personnalité qu'il faut pour développer des talents de médium et vous utilisez peut-être déjà de tels talents.

Votre prochaine démarche pourrait consister à consulter un spirite expérimenté afin de découvrir si vous pouvez développer ce talent de façon utile. Vous pourriez peut-être le faire par l'intermédiaire d'une église spirite bien connue ou d'une société de spirites professionnels.

Vrai	Faux	
	X	Je peux communiquer par télépathie
X		L'argent et le standing ne sont pas particulièrement importants pour moi
X	X	Je préfère l'improvisation aux projets
X		La psychologie est un sujet fascinant
		Les autres trouvent ma personnalité attirante
X		Une attitude positive favorise le processus de guérison
X		Je peux parfois me sentir coupable, mais jamais pour longtemps
X		Certaines personnes font sentir leur présence après la mort
X		La voyance peut être utilisée pour localiser des objets perdus
X		Un nid tranquille me donne la sensation d'être pris au piège
X		Il y a une certaine forme de vie après la mort
X		Mon intuition est généralement correcte
		J'ai prédit plusieurs événements avec exactitude

Vrai	Faux	
		L'hypnose m'intéresse
		Je suis intéressé par l'astrologie
		Je suis rarement à l'heure pour quoi que ce soit
		J'ai déjà consulté ou j'aimerais consulter un médium
		La planification à long terme peut être nécessaire, mais elle est ennuyeuse
		C'est dans les grands espaces vides que je suis le plus heureux
		Les idées ésotériques sont réellement intéressantes
		J'aime tous les mondes et les légendes imaginaires
		Les pouvoirs mentaux peuvent provoquer le déplacement des objets
		J'ai eu une expérience de *déjà vu*
		Ma conscience se sépare parfois de mon corps
		Je crois aux fantômes
		Je n'ai aucune peine à me souvenir de mes rêves
		J'aime la compagnie d'autres personnes
		Personne ne me fait ressentir un sentiment d'infériorité
		Je crois que je suis libre de faire ce que j'ai envie de faire

Vrai	Faux	
☐	☐	J'ai souvent fait l'école buissonnière
☐	☐	Certaines personnes sont des médiums naturels
☐	☐	Je ne suis pas une personne superstitieuse
☐	☐	Le désordre ne me dérange pas
☐	☐	Je crois que j'ai un certain don de guérison métapsychique
☐	☐	De nombreuses personnes ont un sixième sens
☐	☐	Je peux facilement m'absorber dans une activité
☐	☐	Je sais parler en public avec assurance
☐	☐	Vivre seul ne me poserait pas de problèmes
☐	☐	Je suis confiant en ma capacité d'apprendre
☐	☐	Je peux imaginer les goûts, le toucher, les visions et les sons

---

Résultats

☐ Vrai

☐ Pas de réponse

☐ **SCORE FINAL**

1 Additionnez les croix dans la colonne Vrai et inscrivez le total dans la case Vrai des résultats.
2 Additionnez le nombre de cases non cochées dans la colonne Vrai. Divisez ce nombre par deux et inscrivez le résultat dans la case marquée Pas de réponse.
3 Soustrayez le chiffre de la case Pas de réponse du chiffre de la case Vrai et inscrivez le résultat dans la case Score final.
4 Lisez l'interprétation qui est donnée de votre score final sur la page ci-contre.

Comment lire les indications naturelles

Les quatre éléments que sont l'air, l'eau, le feu et la terre étaient utilisés dans les temps anciens pour prédire les tendances futures et de nombreuses techniques complexes ont été mises au point. Les dieux ou les esprits étaient liés à chaque forme de prophétie et de nombreuses superstitions populaires actuelles trouvent leur origine dans ces anciens rituels.

En Europe, on dit qu'un vent d'est ne présage rien de bon pour personne. Certaines personnes disent qu'il annonce des désastres à venir, d'autres disent qu'il annonce la mort d'un roi, mais s'agit-il seulement de superstitions? Les météorologistes contemporains ont tendance à confirmer qu'un vent d'est qui traverse certaines parties de l'Europe est annonciateur de choses déplaisantes, comme par exemple des températures extrêmement basses et des tempêtes de neige. Comme tout le monde le sait, le mauvais temps apporte toujours son lot de désastres.

De nombreuses personnes prétendent que si nous apprenions à lire les changements d'état des éléments naturels avec une plus grande précision, nous pourrions prévoir les tendances futures. Les méthodes énumérées ici peuvent ou ne peuvent pas donner de prédictions précises, mais elles augmenteront certainement vos dons d'observation.

LA LECTURE DES INDICATIONS NATURELLES

On prétend que chaque élément est lié à l'un des quatre aspects de la pensée, à savoir l'intellect, l'imagination, le bon sens ou les émotions. Les questions doivent donc être adressées à l'élément approprié.

Comment formuler les questions

Des lectures plus précises sont possibles si la question est totalement dépourvue d'ambiguïté et appelle une réponse par OUI ou

par NON. Par exemple, lorsque vous vous renseignez sur la date favorable pour un événement, posez-vous une série de questions.
Question 1: Le meilleur moment pour... serait-il après mai?
Réponse: Non. (Ce qui signifie que soit le meilleur moment se situe avant mai ou qu'il n'y a pas de moment favorable prévisible.)
Question 2: Le meilleur moment pour... serait-il avant mai?
Réponse: Oui. (Vous pouvez maintenant commencer à éliminer des périodes pour arriver à la meilleure prédiction possible.)

L'élément air (lié à l'intellect)
Laisser l'air décider: prenez deux feuilles de papier identiques. Coloriez l'une d'elles en noir ou en bleu à l'aide d'un crayon ou d'un stylo à bille. Placez-vous près d'une fenêtre ouverte à l'étage en tenant les deux feuilles de papier suspendues dans le vide. Demandez à un ami de se placer sous la fenêtre.

Concentrez-vous fortement sur votre question à propos des tendances futures, qui doit être formulée de façon à pouvoir recevoir une réponse par OUI ou par NON, lâchez ensuite les feuilles de papiers. Si la feuille colorée touche le sol en premier, la réponse à votre question est NON; si c'est la feuille non colorée qui touche le sol en premier, la réponse est OUI.

L'élément eau (lié aux émotions)
Compter les rides: placez-vous près d'une flaque d'eau immobile ou utilisez un grand bol d'eau. Concentrez-vous sur votre question et jetez un petit caillou au centre de la flaque ou du bol. Comptez le nombre de rides qui se forment au centre. Si c'est un nombre impair, la réponse est OUI; si c'est un nombre pair, la réponse est NON.

L'élément feu (lié à l'imagination)
Images dans le feu: asseyez-vous tranquillement devant un feu ouvert jusqu'à ce qu'il ne reste plus que des braises incandescentes. Jetez une poignée de sel sur les braises qui vont soudain prendre feu. Lorsque les flammes se sont éteintes, observez soigneusement toutes les formes que vous pouvez voir en les interprétant comme

vos préoccupations actuelles. Si vous n'avez rien vu au bout de 15 minutes, attendez au moins 24 heures avant de réessayer.

Animal Perspectives au travail
Oiseau Attendre un message
Bâtiment Vous êtes heureux
Cercle Votre famille ou vos amis
Trèfle Argent, prospérité
Visage Inquiétude à propos d'une personne
Fleurs Une déception
Main Vous voulez établir un contact
Coeur L'amour ou la personne que vous aimez
Montagne Projets d'avenir
Bateau Voyages, trajets, changements
Marches Problèmes sexuels
Arbre Vous voulez vous épanouir ou vous exprimer

L'élément terre (lié au bon sens)
Géomancie: cette méthode utilisée par les Indiens Navajo requiert un lopin de terre plat protégé des vents violents ainsi que du sable sec ou de la terre sèche. Un bac à sable peut être utilisé à l'intérieur. Cette méthode est supposée offrir un maximum de fiabilité lorsqu'on l'utilise le soir de la nouvelle lune.

Prenez une poignée de sable sec et tenez-la à environ une longueur de bras au-dessus du sol tout en vidant votre esprit de toute pensée. Laissez ensuite glisser le sable lentement entre vos doigts pour qu'il tombe sur la surface plane qui se trouve juste en dessous. La ou les forme(s) réalisées par le sable doivent être interprétées comme indiqué sur l'illustration. Ces indications sont valables pour la personne qui tenait le sable en main; elles étaient généralement censées s'appliquer seulement au futur "visible", qui correspond à un cycle de lune de 28 jours.

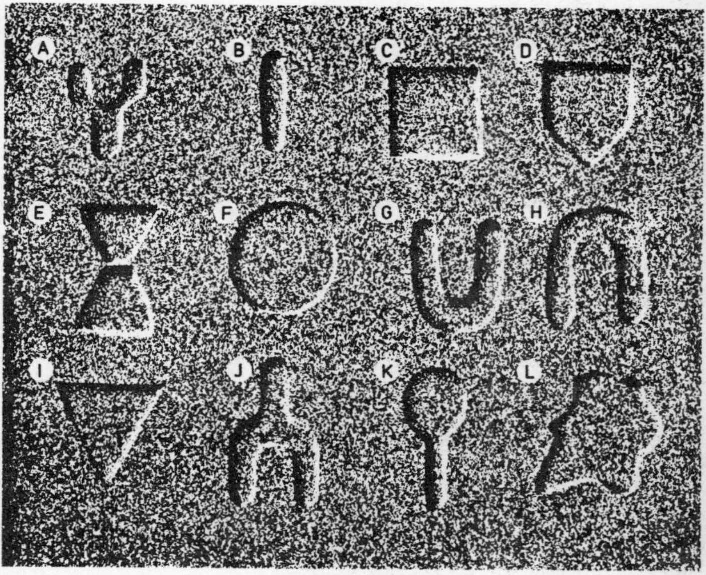

A Beaucoup de chance
B Voyages, déplacement, déménagement
C Aide offerte par d'autres personnes
D Gains ou acquisitions
E Contrats, réunions, accords couronnés de succès
F Limitations et restrictions
G Tristesse, trouble, chagrin
H Bonheur, plaisir, satisfaction
I Surprises, choses inattendues, changements
J Difficultés, problèmes, malchance
K Stabilité, progrès, satisfaction
L Vous avez besoin de calme et de repos pendant quelque temps

Utiliser les pierres qui parlent

Dans de nombreuses cultures anciennes, on utilisait les symboles ou les sceaux des esprits gravés sur des morceaux de bois ou sur des pierres pour poser des questions et prédire l'avenir. Les sceaux de 25 esprits différents sont gravés sur les anciennes runes nordiques; la 26ème pierre n'est pas gravée et représente la destinée.

Vous pouvez acheter un jeu de runes chez un fournisseur spécialisé ou en confectionner un en copiant les symboles sur de petits rectangles de carton fort. Le tableau indique leurs noms et leurs significations modernes. La seconde interprétation est utilisée lorsque les runes sont renversées.

Comment procéder

Retournez toutes les runes et mélangez-les tout en vous concentrant sur la question que vous posez. Choisissez trois runes et empilez-les l'une sur l'autre, face cachée.

Retournez la rune supérieure et comparez-la avec les dessins des runes; l'interprétation s'applique au passé. La rune centrale s'applique au présent et la rune inférieure s'applique à votre meilleure politique pour l'avenir. Si la rune est à l'envers lorsque vous la retournez, lisez la seconde interprétation.

Un autre moyen d'utiliser les pierres

Les runes peuvent être utilisées pour poser des questions à propos de l'année à venir en mélangeant bien les pierres et en en plaçant une sur chacun des 12 espaces, symbolisant les 12 mois de l'année.

Pour l'interprétation commencez par la pierre qui se trouve sur le mois actuel. Tournez la rune face vers le haut et inscrivez sa signification dans l'espace. Le nom de la pierre vous donnera une indication à propos du secteur particulier de votre vie que vous avez choisi. Par exemple, si vous avez choisi 19 FAMILLE, les interprétations que vous ferez par la suite concerneront votre situation familiale. Lorsque vous aurez terminé les 12 mois, vous aurez un commentaire valable pour l'année à venir concernant le sujet indiqué par la pierre pour le mois actuel.

LES 26 RUNES NORDIQUES

NOM
○ Interprétation à l'endroit
● Interprétation à l'envers

1 SECURITE
○ Bonheur romantique
● Désastre romantique

2 DIRECTION
○ Vous êtes sur la bonne voie
● Vous n'êtes pas sur la bonne voie

3 INFORMATIONS
○ Une surprise utile
● Des informations douteuses

4 ENERGIE
○ Problèmes facilement résolus
● Problèmes cachés

5 ACCORDS
○ Contrats juridiques nécessaires
● Méfiez-vous du double jeu

6 INTUITION
○ Fiez-vous aux idées irrationnelles
● Ne vous appuyez pas sur des hypothèses

7 STANDING
○ Une position avantageuse
● Une occasion perdue

8 VOYAGES
○ Visites, voyages, changements
● Des restrictions entravent les changements

9 SUCCES
○ Vous ne pouvez pas échouer en ce moment même
● Les retards sont frustrants

10 CREATIVITE
○ Un éclair de pur génie
● Votre avis est partial

11 EXPRESSION LIBRE
○ Joie, amour, extase
● Tristesse, chagrin, découragement

12 MOTS
○ Compréhension mutuelle
● Problèmes de communication

13 TEMPS
○ Des retards aggravent les problèmes
● Pertes de temps

14 AGE
○ Sagesse et justesse des jugements
● Erreurs dues au manque d'expérience

15 OCCASIONS
○ Saisissez toutes les occasions
● Evitez les tentations

16 VOYAGES
○ Certains voyages agréables
● Les voyages sont désagréables

17 SOUCIS

○ Problèmes mineurs

● Problèmes majeurs

18 PROJETS

○ Prenez plus de temps et faites plus attention

● Précipitation ou perte de temps

19 FAMILLE

○ Intimité ou coopération

● Séparation ou désaccords

20 VOUS-MEME

○ Vous êtes en bonne compagnie

● Vous êtes seul

21 PROPRIETE

○ L'argent est utile

● Trop de matérialisme

22 DANGERS

○ Sécurité si vous faites attention

● L'impatience provoque le danger

23 BOULEVERSEMENTS

○ Un changement au travail

● Une offre douteuse

24 L'INATTENDU

○ Héritages, legs

● Accidents, pertes

25 CHANGEMENTS

○ Nouveaux amis, nouveau travail ou nouvel amour

● Pertes conduisant à un nouveau départ

26 HASARD

○ Chance due au hasard

● Sort ou destinée inévitables

LES DOUZE MOIS DE L'ANNEE A VENIR

JANVIER	FEVRIER	MARS ....
AVRIL	MAI	JUIN ....
JUILLET	AOUT	SEPTEMBRE ....
OCTOBRE	NOVEMBRE	DECEMBRE ....

Développer vos pouvoirs paranormaux

Les personnes qui semblent posséder des pouvoirs paranormaux peuvent avoir des occupations et des modes de vie différents, mais elles ont une caractéristique en commun: la satisfaction.

Les personnes dont les pouvoirs métapsychiques sont les plus fiables sont des personnes qui donnent une impression d'harmonie interne. Ce sont souvent des personnes agréables qui possèdent un léger sens de l'humour et sont peu enclines à se montrer moroses ou à présenter l'une des caractéristiques étranges généralement associées aux praticiens de l'occulte. Pour développer et utiliser une dimension psychique de l'esprit corporel, vous devez donc atteindre un état dans lequel vous vous sentez raisonnablement heureux et paisible.

Cet état de calme intérieur et d'équilibre n'est pas facile à atteindre lorsqu'on est confronté à la maladie, à une tragédie personnelle ou à un désastre collectif. Certaines personnes parviennent malgré tout à atteindre cet état et elles communiquent leur intégrité intérieure aux autres. Vous avez peut-être rencontré une personne qui est généreuse et calme d'esprit malgré une douleur chronique, etc., et vous connaissez peut-être des personnes qui sont malheureuses ou agitées quelles que soient les bonnes choses que peut leur réserver la vie.

Comment acquiert-on cet état d'harmonie intérieure?

Plus vous en avez, plus vous en recevez

Une fois que vous vous êtes branché sur cette énergie de la vie cosmique et que avez commencé à atteindre un état de bien-être interne et harmonieux, l'énergie que vous possédez semble continuer à travailler pour vous. Elle vous donne plus d'énergie pour continuer un mode de vie stable et heureux, quelle que soit la situation. Dans un tel état, vous avez plus de chances de pouvoir développer vos activités paranormales particulières. Quelles qu'elles soient, vous allez vous rendre compte que vous possédez un talent particulier. Par exemple, vous pouvez trouver la télépathie facile, vous pouvez utiliser la radiesthésie régulièrement ou vous pouvez devenir beaucoup plus créatif dans votre travail, dans une relation ou dans un hobby. Le bien-être intérieur se reflète également à l'extérieur en vous donnant confiance et en attirant les autres.

Les pouvoirs paranormaux sont une forme de super-sensibilité; quelle que soit votre profession et quels que soient vos passe-temps, le développement de vos pouvoirs paranormaux ne peut donc qu'être avantageux pour vous. Toutefois, toute tentative visant à forcer ou à manipuler les phénomènes paranormaux peut provoquer des dégâts en vous-même et parfois faire du tort à d'autres personnes.

Choses négatives dont il faut imaginer l'effacement

Soucis
Culpabilité
Echec
Haine
Méchanceté
Souffrances
Misère
Dépression
Fatigue
Crainte
Anxiété
Erreurs
Perte
Hostilité
Malentendus

SIX ETAPES POUR ATTEINDRE UN ETAT DE BIEN-ETRE

1 Choisissez un endroit calme où vous ne serez pas dérangé.

2 Placez un morceau de tissu bleu clair sur le sol ou couvrez un lit ou un fauteuil avec ce morceau de tissu. Un drap, une couverture ou une serviette de couleur bleue conviendront. La couleur bleue possède la vibration de la guérison et on dit que ses rayons pénètrent le corps et stimulent la guérison.

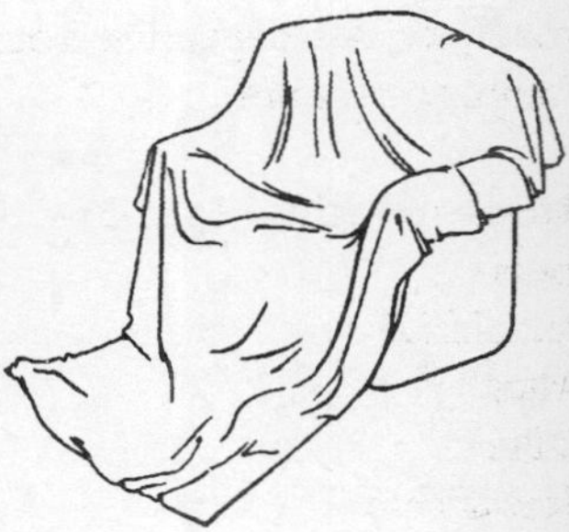

3 Fermez les yeux et détendez-vous sur le tissu bleu et imaginez que vous êtes entouré d'une lumière vive qui vous inonde.

4 Imaginez que cette lumière efface toutes vos pensées négatives et tous vos soucis. Dites-vous plusieurs fois à vous-même: "Que toutes les choses négatives s'effacent de mon esprit."

Pendant que vous vous détendez, ne condamnez aucune de ces choses négatives, contentez-vous d'admettre qu'elles font partie de la vie, mais que vous n'avez pas besoin d'elles.

Vous aurez peut-être envie d'imaginer que les soucis ou les bouleversements actuels se dissipent lorsque la lumière brille autour de vous.

5 Ouvrez les yeux et concentrez-vous sur le tissu bleu, en imaginant qu'il envoie des vibrations bleues qui traversent tout votre corps. Dites-vous à vous-même: "Je suis protégé du mal et je suis entier en pensée et en action."

6 Finalement, détendez-vous pendant quelques instants en vous disant à vous-même: "J'accepte ma propre joie avec bonheur."

Vous pouvez changer les termes à votre convenance, mais leur signification doit rester claire... n'oubliez pas que vous ne pouvez abandonner que ce que vous aimez; vous devez donc aimer les choses négatives qui se trouvent en vous pour les laisser s'éloigner.

Utiliser les éclairs de lucidité dus au hasard

Avez-vous un chiffre réellement porte-bonheur? Avez-vous jamais choisi un cheval ou une équipe en sachant qu'il ou elle allait gagner? Etiez-vous sûr que c'était la maison qui vous convenait dès le moment où vous l'avez vue? Vous arrive-t-il souvent de pouvoir lire les intentions d'une autre personne? Voyez-vous parfois la solution à un problème dans un éclair de lucidité tout en faisant quelque chose d'autre qui n'a aucun rapport ou pouvez-vous deviner au hasard ce que quelqu'un veut avant qu'il ne le sache lui-même? Tous ces phénomènes sont des exemples d'éclairs de lucidité dus au hasard dont certains semblent prophétiques. La cléromancie est la pratique qui consiste à utiliser les éclairs de lucidité par tirage au sort afin de deviner les réponses aux problèmes ou de prendre des décisions. La cléromancie vient du mot grec kleros qui signifie "sort". Le tirage au sort grec se faisait souvent à l'aide de bâtons spécialement marqués que l'on plaçait dans une urne et que chaque personne devait tirer au sort. La pratique de la cléromancie est très ancienne et apparaît dans de nombreuses cultures. Si vous voulez mettre au point votre capacité à choisir les réponses au hasard, il existe plusieurs méthodes de tirage au sort.

Cléromancie

La cléromancie est une forme de jeu et l'expression "s'en remettre au sort" signifie accepter ce que vous avez tiré hors du pot. Le pot peut être un tambour contenant des tickets numérotés, comme dans une tombola, ou une roulette comme au casino.

Dans la Grèce antique l'oracle de Delphes donnait la sagesse et faisait des prophéties. Un tirage au sort avait souvent lieu pour trouver la réponse à des questions en complément de l'oracle. La question était écrite sur une tige en laiton que l'on utilisait pour mélanger les haricots dans une grande urne. La tige était alors extraite en même temps qu'un haricot. Si le haricot était blanc, la réponse était OUI. Si le haricot était noir, la réponse était NON.

Cléromancie

Bibliomancie

Regroupez sur une étagère une collection de livres écrits par de grands écrivains. Il peut s'agir, entre autres, de livres écrits par un Grec comme Homère, par le poète perse Hafiz ou par William Shakespeare. Des livres religieux peuvent également être utilisés et vous pouvez également inclure des oeuvres remarquables d'un auteur contemporain.

1 Si vous avez une question, concentrez-vous sur celle-ci et laissez votre regard se promener sur les livres en en choisissant un au hasard.

2 Tout en tenant le livre à deux mains, fermez vos yeux, concentrez-vous sur la question, et ouvrez ensuite le livre à n'importe quelle page et faites glisser votre doigt du haut en bas de la page jusqu'à ce que vous sentiez l'envie de vous arrêter.

Bibliomancie

3 Ouvrez les yeux et lisez la ligne que vous avez choisie, censée être un présage et répondre à votre question. Si la ligne semble obscure, laissez votre esprit jouer avec elle et sa signification finira par devenir claire.

Beignets chinois

Il s'agit d'une version moderne de l'ancienne pratique de l'aleuromancie. Les réponses possibles à une question étaient inscrites sur du papier de riz et roulées dans des boulettes de pâte. Une fois qu'elles étaient cuites, la personne qui posait la question en choisissait une, l'ouvrait et lisait la réponse qu'elle avait choisie.

Beignets chinois

LES PIERRES QUI PARLENT

Partout dans le monde, des pierres, des bâtons, des os ou des morceaux de corne gravés ont été utilisés pour donner à des questions des réponses plus complètes que OUI ou NON. Les pierres colorées sont généralement utilisées pour répondre à des questions. Neuf petites pierres plates doivent être colorées dans chacune des neuf couleurs énoncées dans la liste ci-dessous. Les pierres doivent être suffisamment petites pour pouvoir tenir facilement dans une main fermée. Le symbole approprié doit être inscrit en blanc et noir sur une face de chaque pierre. Les pierres peuvent être ensuite vernies ou polies et conservées dans un petit sac fait d'une matière souple. Il ne faut jamais laisser d'autres personnes manipuler vos pierres.

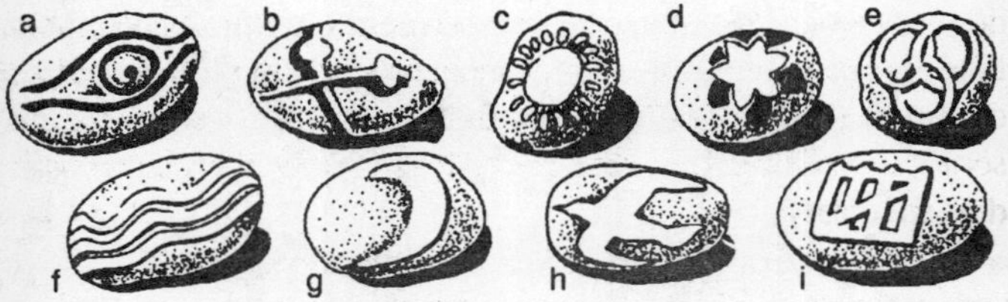

	Couleur	Symbole	Interprétation
a	Blanc	Oeil	Moi, la personne qui pose la question
b	Rouge	Sabres	Ambition, énergie, colère
c	Jaune	Soleil	Santé, vie extérieure, hommes
d	Bleu	Fleur	Succès, joie, prospérité
e	Vert	Anneaux	Relations, harmonie
f	Turquoise	Vagues	L'intellect, les voyages, les idées
g	Gris	Lune	Humeurs, vie intérieure, femmes
h	Brun	Oiseau	Communications, visiteurs
i	Noir	Barrière	Retard, restrictions, pauvreté

Comment utiliser les pierres qui parlent

1 Placez un morceau de tissu d'environ 25 cm^2 sur la table. Versez toutes les pierres du sac dans la paume de votre main et placez l'autre main au-dessus, secouez bien les pierres en vous concentrant sur votre question.

2 Lancez toutes les pierres sur la table en face de vous. Celles qui sont les plus proches de vous représentent des événements qui vont se produire dans un avenir immédiat ou des choses très

importantes pour vous; les pierres les plus éloignées prédisent des événements lointains ou représentent des choses d'importance secondaire. Les pierres qui sont proches les unes des autres ou qui se touchent doivent être lues ensemble. Les pierres qui sont retournées ou qui ne se trouvent pas sur le morceau de tissu doivent être ignorées.

Un exemple de lecture des pierres qui parlent
Question: Quel sera le résultat si je déménage maintenant?
Réponse: De nombreux voyages **(f)** effectués par la personne qui pose la question **(a)** vont provoquer un conflit **(b)** et cela va affecter les relations **(e)** et les visiteurs **(h)**. Le succès **(d)** est plutôt improbable car **(d)** ne se trouve qu'en partie sur la nappe; **(g)**, **(c)** et **(i)** doivent être ignorés parce qu'ils sont soit retournés soit en dehors du tissu.

Les neuf pierres jetées pour donner une réponse

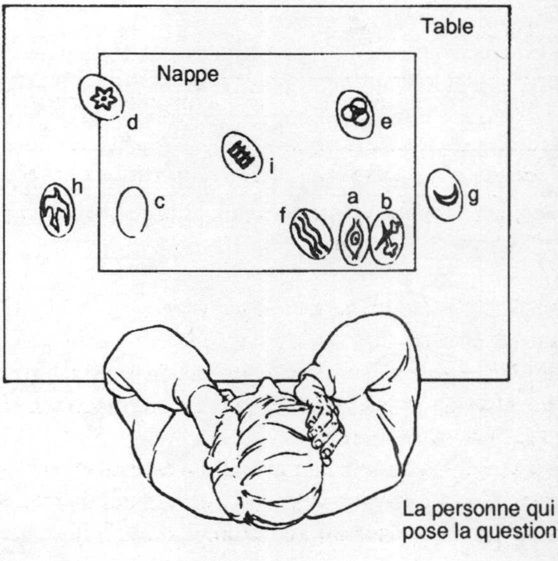

Vérifier vos prédictions

Si vous avez l'intention d'essayer de développer vos dons de prophétie, vous devez noter très soigneusement vos résultats. Vous ne pouvez pas prétendre que vous utilisez vos dons de prophétie tant que vous n'en avez pas la preuve; même à ce moment-là, vous devez toujours prendre soin de ne pas induire en erreur d'autres personnes (ou vous-même) car vous ne pouvez jamais réussir à 100%.

Il faut éviter de nombreux pièges. Il est probable, par exemple, que ce qui semble constituer des prédictions précises en certaines occasions sera une coïncidence. Et à d'autres moments, vous serez peut-être tellement excité par ce qui semble être une prophétie que vous ne verrez pas que vous vous êtes persuadé vous-même de cette situation. C'est ce que l'on appelle une prophétie autosatisfaisante.

Méfiez-vous de vos perceptions

Vous pouvez vous sentir absolument certain de quelque chose que vous avez vu et il peut y avoir plusieurs témoins pour le confirmer, mais il y aura toujours d'autres personnes qui donneront des interprétations différentes de ce qui a été observé. Par exemple, que représente le dessin ci-dessous à votre avis? Ecrivez votre première pensée dans l'espace prévu ci-contre, ajoutez ensuite toute autre interprétation qui vous viendrait à l'esprit.

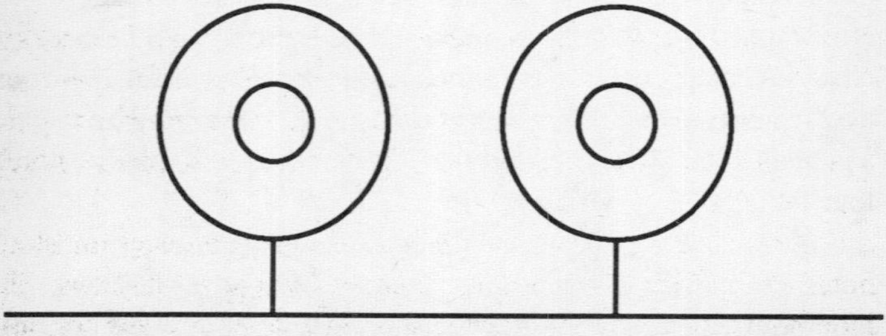

Mes interprétations du dessin

Aucune d'entre elles ne sera la "bonne" réponse, car le dessin n'était pas destiné à représenter quelque chose en particulier. Si vous demandez à plusieurs amis de vous donner leurs idées, certains seront peut-être du même avis que vous, mais il est probable que l'ordre sera différent, c'est-à-dire que la première perception d'une autre personne sera différente de la vôtre.

(Une liste des possibilités est indiquée dans le bas de la page 208; elle n'est pas exhaustive.)

Cet exercice est destiné à montrer à quel point notre perception est différente et, en outre, à quel point une chose peut être interprétée de différentes façons. Essayez de ne pas l'oublier lorsque vous interprétez et que vous notez vos essais de prédiction des événements.

....

....

....

....

....

....

Etablissement d'un rapport sur les prédictions

Notez tous les détails au moment de votre prédiction. Demandez ensuite à deux personnes de signer comme témoins du fait que vous avez consigné les événements et demandez-leur d'inscrire la date à laquelle elles ont signé. Plus tard, si la prédiction se vérifie, notez tous les détails.

Pour établir un rapport complet vous devrez acheter un bloc-notes et inscrire les rubriques comme indiqué ci-dessous. Un bloc-notes correctement broché est préférable pour éviter les modifications. Les pages doivent être utilisées dans l'ordre et toute erreur doit être biffée et signée. En variante, vous pouvez simplement photocopier les deux tableaux ci-dessous.

Si, au fil des ans, vos rapports indiquent un taux élevé de prophéties correctes, vous aurez peut-être envie de prendre contact avec votre société locale de recherches sur les phénomènes paranormaux, qui sera probablement intéressée et pourra vous être

LA PREDICTION	
Date de réalisation	
Lieu	
Heure	
Description des événements	
Prédiction exacte	
Noms des personnes présentes	
Commentaires des personnes présentes	
Signatures des personnes présentes	
Votre signature et la date de rédaction	
Signature de 2 témoins de ce rapport et date	

utile. Vous ne devez en aucun cas prétendre être un prophète sans avoir consulté au préalable une organisation sérieuse et possédant une longue expérience, sinon vous risquez de décevoir et de blesser involontairement d'autres personnes sans compter que vous vous exposerez certainement à des accusations portées par des personnes mécontentes de vos prédictions.

LA REALISATION	
Date	
Lieu	
Heure	
Description des événements	
Mesure dans laquelle la prédiction s'est réalisée	
Noms des personnes présentes	
Commentaires des personnes présentes	
Signatures des personnes présentes	
Votre signature et la date	
Signature de 2 témoins de ce rapport et date	

Etes-vous superstitieux?

Les superstitions modernes sont dans une large mesure semblables aux augures qui ont été transmis oralement depuis l'antiquité. Les augures étaient de petits trésors de sagesse et de conseils glanés à partir de phénomènes naturels. Nombre d'entre eux sont courants de par le monde ayant été transportés d'une culture à l'autre par des explorateurs et des pionniers, mais certains augures sont communs à des groupes de personnes qui n'avaient aucun contact entre eux.

Le Dr. Carl Jung (1875-1961), psychologue suisse, suggéra que les humains avaient des souvenirs de périodes anciennes de notre évolution qui forment notre inconscient collectif. Par exemple, les gens de toutes les parties de la planète réagissent aux araignées. C'est la raison pour laquelle le comportement des araignées forme le sujet de nombreux présages ou superstitions. En connaissez-vous parmi celles-ci?

Superstitions à propos des araignées

Certaines sont négatives, par exemple:

Araignée du matin - chagrin
Araignée de midi - anxiété
Araignée du soir - perte
Tuer une araignée - malchance

Beaucoup sont positives, par exemple:

Une araignée qui tisse le matin - chance
Une araignée qui grimpe le long de son fil - bonnes nouvelles
Une araignée qui se laisse tomber le long de son fil - chance
Trouver une araignée sur votre corps - bonheur
Voir une araignée qui traverse un mur - chance

Certaines superstitions concernant les araignées sont particulières, par exemple:

Voir une araignée qui tisse l'après-midi - voyage
Une toile d'araignée dans l'embrasure d'une porte - un visiteur
Une araignée sur vos vêtements - argent

Arachne, l'araignée

Arachne est, dit-on, le 13ème signe manquant dans le zodiaque qui se base sur 13 mois lunaires. Arachne est associée aux aptitudes physiques, au tissage et aux femmes.

Les échelles et le sel

Dans les légendes, les échelles étaient associées aux dieux qui comblaient le vide entre la terre et le paradis à l'aide d'une échelle. D'où la superstition selon laquelle passer sous une échelle irrite les dieux. Le sel était une denrée très précieuse et était utilisé symboliquement lors de la passation d'accords ou à l'occasion de sacrifices religieux. Répandre du sel par accident au cours d'une cérémonie était considéré comme un acte malchanceux et le signe d'une perte de foi. Le fait de répandre du sel pendant la réalisation d'un contrat conduisait à une perte financière. Le moyen pour retrouver la chance dans les deux cas consistait à prendre de la main gauche une pincée du sel tombé sur le sol et à le jeter par-dessus son épaule droite.

Variations

Les interprétations des augures peuvent varier d'une culture à l'autre, par exemple celle qui concerne les chats. Un chat noir est un signe de chance au Royaume-Uni, mais un signe de malchance aux Etats-Unis et dans d'autres parties de l'Europe, tandis que trois chats noirs portent chance quel que soit le pays!

Les couleurs ont également une signification. Dans certains pays, le noir est le symbole de la mort, tandis que dans d'autres, c'est un symbole de chance. Le blanc, qui est utilisé pour les robes de mariage en Occident, est traditionnellement la couleur de la pureté,

mais, en Chine, une future mariée sera honorée de porter du rouge à son mariage et le blanc sera utilisé lors de funérailles.
De nombreuses coutumes sociales sont également suivies parce que le fait de ne pas les suivre porte malheur...

Méfiez-vous de vos perceptions
Voici quelques interprétations du dessin de la page 202: cibles, patin à roulettes à l'envers, antennes de deux êtres venues de l'espace cachés derrière un mur, beignets sur des bâtons, arbres, deux Mexicains vus de haut qui se soulagent contre un mur, fleurs, sortie de deux conduits, vue aérienne de deux cuisiniers qui font cuire des crêpes sur un balcon, deux oeufs sur le plat mesurés par une règle, des yeux sur des tiges, des boutons, etc.

A QUEL POINT ETES-VOUS SUPERSTITIEUX?
Lisez la liste des superstitions et vérifiez celles auxquelles vous réagissez, que vous y croyiez ou non.

Choses censées porter chance

- ☐ Un rouge-gorge qui vole dans la maison
- ☐ Eternuer trois fois avant le petit-déjeuner
- ☐ Rencontrer trois moutons
- ☐ Observer la nouvelle lune par-dessus son épaule droite
- ☐ Un trèfle à quatre feuilles
- ☐ Renverser du vin en proposant un toast
- ☐ Mettre une robe à l'envers
- ☐ Neuf pois dans une cosse de pois
- ☐ Entendre les grillons chanter
- ☐ Ramasser une épingle

- [ ] Un sabot de cheval
- [ ] Se couper les cheveux pendant un orage (a)
- [ ] Porter une patte de lapin
- [ ] Dormir face au sud
- [ ] Bruyère blanche
- [ ] Ramasser un crayon dans la rue
- [ ] Briser du verre transparent et non coloré
- [ ] Marcher sous la pluie (b)
- [ ] Dormir dans des draps non repassés (c)
- [ ] Dire "A vos souhaits" quand quelqu'un éternue
- [ ] Eviter les fissures du trottoir
- [ ] Avoir une démangeaison sur le dessus de la tête
- [ ] Des ciseaux suspendus à un crochet
- [ ] Deux chevaux blancs
- [ ] Une coccinelle sur soi

- [ ] **Score**

Choses censées porter malheur

- [ ] Une chauve-souris qui vole dans la maison (d)
- [ ] Un hibou qui hulule trois fois
- [ ] Trois papillons ensemble
- [ ] Observer la nouvelle lune par-dessus son épaule gauche
- [ ] Un trèfle à cinq feuilles
- [ ] Briser un verre en proposant un toast

- ☐ Mettre une chemise à l'envers
- ☐ Des fleurs rouges et blanches ensemble
- ☐ Entendre un coq chanter la nuit (e)
- ☐ Jeter un gant
- ☐ Des plumes de paon
- ☐ Se couper les ongles un vendredi
- ☐ Déposer un chapeau sur un lit
- ☐ Se lever du pied gauche
- ☐ Des violettes qui fleurissent en dehors de la saison
- ☐ Un tableau qui tombe
- ☐ Briser un miroir
- ☐ Chanter avant le petit-déjeuner
- ☐ Ouvrir un parapluie à l'intérieur d'une habitation
- ☐ Jeter un cadeau reçu lors de son mariage
- ☐ Marcher sur des fissures du trottoir
- ☐ Avoir le nez qui démange
- ☐ Des couteaux croisés
- ☐ Un cheval blanc
- ☐ Voir un hibou en plein jour (f)

☐ **Score**

☐ **Score total**

Faites votre total

Plus de 29: vous êtes très superstitieux
21 à 29: vous êtes relativement superstitieux
10 à 20: vous êtes légèrement superstitieux
Moins de 10: vous êtes rarement superstitieux

Vous pouvez évidemment avoir de nombreuses autres superstitions que celles reprises dans la liste. Dans ce cas, essayez d'en établir la liste et remplacez celles de la liste que vous ne connaissez pas par les vôtres. Faites une nouvelle fois l'expérience et calculez votre total.

Etes-vous optimiste ou pessimiste?

Il est intéressant de comparer vos scores pour les superstitions qui portent "chance" et pour celles qui portent "malheur". Les pessimistes passent beaucoup de temps à éviter la malchance, de sorte que leur score "malchance" sera plus élevé que leur score "chance". Il est probable que les optimistes obtiendront un score plus ou moins équilibré ou avec une tendance vers les superstitions qui portent "chance".

a

d

b

e

c

f

Hasard ou volonté délibérée?

Si l'on pouvait prédire tous les types d'événements avec précision, soit il faudrait les prédéterminer, peut-être par une force naturelle fataliste, soit il faudrait les contrôler lorsqu'ils se produisent par la volonté délibérée de quelqu'un ou de quelque chose. C'est une vue assez simpliste, mais elle suffira pour étudier ce que sous-entend le fait de croire qu'il existe (et a existé) des personnes qui peuvent prédire les événements futurs avec certitude et précision.

Destin

Il est possible que des processus simples et naturels soient tout à fait prévisibles. Chauffez l'eau à la pression normale de l'air dans votre cuisine et elle va bouillir. Tournez la clé de contact de votre voiture et le courant de la batterie va produire une étincelle pour enflammer le carburant. Ces processus sont une suite logique d'événements dont chacun engendre l'effet suivant. On peut les qualifier d'événements "inévitables" et donc totalement prévisibles.

Précision de la prédiction

Des problèmes de prédiction ne se posent que lorsqu'il y a une interférence inconnue dans un processus naturel ou que plusieurs processus ont une action réciproque; la prédiction devient dans ce cas beaucoup plus difficile.

Par exemple, les responsables de la sécurité dans l'industrie nucléaire posent la question "Que se passe-t-il si..." lorsqu'ils essaient d'anticiper le cours des événements si un concours de circonstances particulières se présentait.

Malgré la complexité des processus et l'intervention d'autres facteurs, et notamment de l'élément humain, de nombreuses personnes (comme les météorologues, les médecins et les agents de change) jouent néanmoins leur réputation sur leurs prédictions ou leurs pronostics.

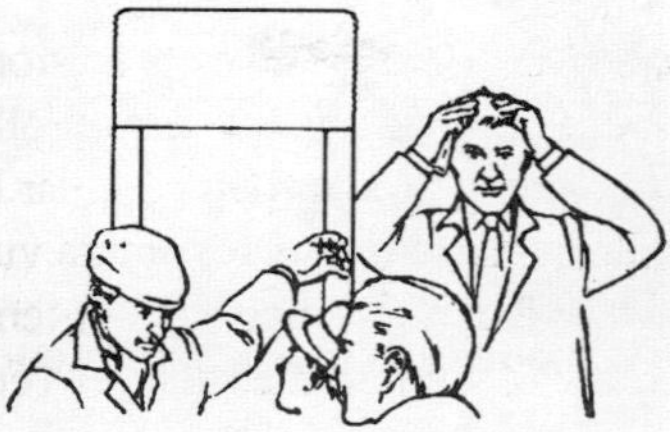

Un bookmaker donne des cotes

Un diseur de bonne aventure lit l'avenir

A QUOI CROYEZ-VOUS?

Voici quatre idées à propos du fonctionnement de l'univers et de tout ce qu'il contient, y compris nous-mêmes. A laquelle croyez-vous ou votre idée est-elle encore différente? Est-il également possible que les quatre idées soient actives en même temps?

Il se peut que de nombreuses choses se produisent par hasard, alors que d'autres sont inévitables ou le résultat de la volonté. Vous aurez peut-être envie de réfléchir sur ces pensées et de découvrir vos propres convictions.

---

1 Destin

Les événements sont peut-être prédéterminés en fonction d'un grand projet ou d'un grand modèle. La force qui a prédéterminé les événements peut être la nature, Dieu, un autre planificateur cosmique ou peut être consécutive à une action exécutée dans une période ou une incarnation plus ancienne.

---

2 Volonté délibérée

Tout ce qui se passe peut être déterminé par choix. Les personnes, les animaux, les plantes et toutes les substances inorganiques peuvent choisir leur prochaine action qui peut être sans limites ou constituer un choix dans certaines limites suivant la nature de la personne qui fait son choix.

---

3 Hasard
Les choses se produisent au hasard lorsqu'il y a des chances égales pour chaque possibilité. Le destin, la volonté délibérée ou quelque chose d'autre peut intervenir et modifier l'équilibre.

---

4 Résolution
Tout ce qui se trouve dans l'univers agit au mieux de ses intérêts propres, notamment sa propre survie. Le dessein peut également comprendre la satisfaction d'un instinct de paresse cosmique, par exemple agir de la manière la plus économique et ne pas en faire plus qu'il ne faut.

Volonté délibérée

De nombreuses personnes trouvent inacceptable l'idée selon laquelle tout est dû au destin. La plupart d'entre nous préfèrent croire que nous avons le choix et que nous pouvons opérer nos propres choix librement. Si nous acceptons l'idée que nous pouvons agir délibérément, alors il semble moins probable que nos actions puissent être prévues, à moins que le choix apparemment libre que nous avons fait soit également dû au destin. C'est une question difficile: même lorsque nous faisons un choix délibéré, était-il déjà prédéterminé que nous allions faire ce choix? Certaines religions prétendent que quoi que nous fassions, nous accomplissons notre karma, le chemin que nous étions destinés à suivre pour atteindre le contentement parfait.

Hasard

En plus du destin et de la volonté délibérée, il y a un autre aspect de la vie que l'on appelle le hasard. Les flocons de neige se déposent sur le sol au hasard, couvrant tout d'une couche de neige plutôt uniforme; ces dépôts dus au hasard sont dirigés lorsqu'un vent souffle et la neige commence alors à s'amonceler dans la même direction.

Les choses qui se produisent sous l'effet du hasard font généralement partie de tout un ensemble de choses dans lequel un équilibre est maintenu. Si vous lancez une pièce en l'air, par exemple, celle-ci peut atterrir de deux façons: sur le côté pile ou sur le côté face. Si la pièce est lancée un nombre suffisant de fois, elle atterrira, par hasard, 50 fois du côté face et 50 fois du côté pile. Si vous lancez la pièce 100 fois, 50 de vos annonces pourraient donc s'avérer correctes par hasard. Cela ne se produira pas, bien sûr, à chaque fois que vous ferez 100 annonces; dans certains cas, le nombre d'annonces correctes sera inférieur et dans d'autres, il sera supérieur à 50, mais vous obtiendrez en moyenne 50 annonces correctes. D'autres facteurs ne peuvent entrer en jeu que si votre score moyen dépasse 60 pour un minimum de 1000 annonces, même si une moyenne extraordinairement élevée peut encore être due au hasard, mais il y a très peu de chances qu'elle soit due au hasard.

Testez vos capacités

Si vous décidez de tester vos capacités pour prédire le résultat d'un pile ou face, demandez à un ami de noter vos annonces, à un autre de noter de quel côté la pièce est tombée et à un troisième de procéder au lancement de la pièce. Lorsque vous aurez effectué au moins une série de 100 annonces, vous devrez tenir compte des scores qui peuvent être obtenus sous l'effet du hasard. Le tableau indique les scores qui sont d'un niveau significatif pour des séries de 100 annonces.

Annonces	Score dû au hasard	Score significatif	Moyenne par 100
100	50	90	—
200	100	160	80
300	150	220	73
400	200	280	70
500	250	340	68
1000	500	630	63

Comment utiliser le tableau

Si la pièce est lancée 100 fois, vous ferez 100 annonces. Si 50 ou plus, de vos annonces sont correctes, votre score n'est pas significatif; il ne l'est que si vous avez au moins 90 annonces correctes. N'oubliez pas que sur 100 annonces, même un score élevé d'annonces correctes comme 67, 72 ou 85, bien que très excitant, sera très probablement dû au hasard; vous devez donc effectuer plusieurs séries de 100.

Une fois que vous avez procédé de cette manière, additionnez les scores pour chaque série de 100 et voyez si vous avez obtenu un score significatif. La dernière colonne des scores moyens montre que, même si vous avez un score élevé pour chaque série de 100, il peut encore être dû au hasard.

Tenant compte des chances d'annoncer correctement le résultat d'un pile ou face, il faut considérer toutes les prédictions apparentes avec scepticisme. De nombreuses prédictions correctes sont dues au hasard et il peut s'avérer impossible de prouver que même un niveau significatif de prédictions correctes était véritablement prophétique plutôt que dû au hasard.

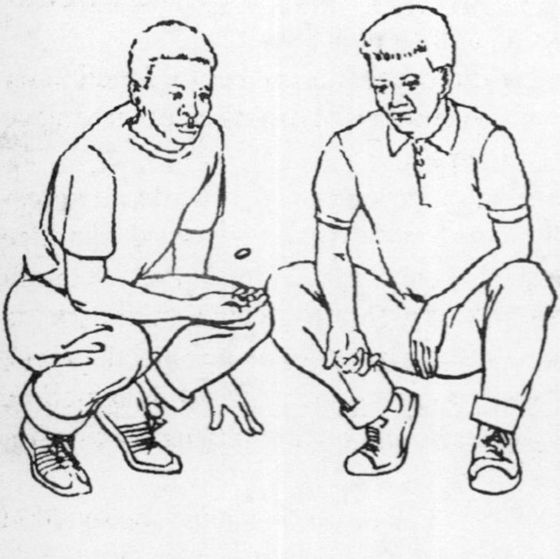

Une pièce lancée peut tomber sur le côté pile ou sur le côté face, mais la fréquence de l'une ou l'autre de ces possibilités est une question de calculs mathématiques complexes. La plupart des joueurs comptent sur la chance pour prédire le résultat.

Chapitre 4

LA VOLONTE DE PUISSANCE

La force de l'esprit peut être interprétée et utilisée de plusieurs manières. De tous temps, des gens ont cru que l'esprit était une entité indépendante du reste du corps, pouvant s'incarner ou se transformer en un observateur invisible ou tout simplement en une puissance indépendante du corps.

La confusion naît lorsqu'on commence à parler de croyances telles que la réincarnation ou la vie après la mort. Les idées émises par certains philosophes, psychologues ou bio-physiciens modernes sont, elles aussi, pour le moins troublantes.

L'esprit est-il inséparable du corps? L'esprit peut-il fonctionner lorsque le corps est au repos ou endormi? Le cerveau est-il le siège de l'esprit ou est-il l'esprit même?

En fait, la meilleure définition de l'esprit est celle des manifestations de sa puissance. Chaque fois que nous agissons de manière délibérée, nous disons user de notre volonté. Mais qu'est-ce que la volonté? La volonté est-elle une forme de détermination, de concentration, de confiance, de confiance en soi, un objectif précis, une forme de charisme, une opportunité, une forme d'imagination, une forme de souplesse de pensée, une orientation vers la psychologie et une connaissance de celle-ci?

Où se situe le siège de la volonté? Si la volonté est une fonction de l'esprit, elle peut aussi être définie comme une fonction de la psyché, autre nom donné à l'esprit. Avoir la volonté d'utiliser son esprit suppose que l'on soit conscient d'utiliser sa volonté.

Ce chapitre présente des cas d'exploitation consciente de cette volonté de puissance. L'accent a été mis sur les interventions les plus positives de la volonté. Il y a lieu de se rappeler que, comme toutes les aptitudes humaines, les aptitudes de l'esprit peuvent être utilisées à des fins positives ou négatives.

Votre expérience personnelle vous permettra de reconnaître, au travers des exemples de volonté de puissance décrits dans ce chapitre, vos propres faiblesses. Si nous avons besoin d'un remède ou si nous devons combattre une malédiction, nous devons être capables de nous ouvrir aux forces énergétiques positives et en même temps de nous protéger des forces néfastes. La méthode appelée "Making an auric bubble" (comment "se nimber d'une bulle") vous y aidera.

1 Patiner en couple exige de chaque patineur un recours à sa volonté pour arriver à une bonne coordination et à la coopération.
2 Faire sa cour requiert de chaque partenaire un effort de volonté afin d'atteindre une compréhension mutuelle harmonieuse.
3 Les compétitions exigent des deux adversaires un effort de volonté afin de s'influencer et de se dominer mutuellement.
4 Un combat en armes, au corps à corps, peut se conclure par la mort, ce qui exige de chaque combattant le déploiement d'une volonté de puissance maximale.
5 Les foules génèrent une volonté de puissance collective qui influence chacun des participants par l'hystérie collective.
6 Une société peut avoir une volonté de puissance supérieure comme le suggère le roman de George Orwell, 1984.

1
2
3
4
6
BIG BROTHER
VOUS
SURVEILLE

Le grand art de la persuasion

La persuasion est une manipulation par laquelle une ou plusieurs personnes sont amenées à croire quelque chose et à agir en conséquence. Qu'ils agissent en douceur ou qu'ils soient, au contraire, des escrocs sans coeur, ces maîtres de la persuasion font tous appel à des émotions diverses.

Les pulsions émotionnelles les plus courantes sont le désir d'être sexuellement attirant ou sexuellement puissant, la peur du ridicule, le désir d'être à la mode, l'aspiration à être considéré comme un gagnant, la crainte de ne pas être un amoureux valable, une bonne épouse, des parents ou des grands-parents à la hauteur, etc., et toutes les émotions liées à la maladie et à l'âge.

La persuasion est un exemple quotidien de la prééminence de l'esprit sur notre environnement et, utilisée avec précaution, elle peut se révéler un atout utile dans le cadre de vos aptitudes spirituelles. Vous en trouverez quelques exemples ci-dessous.

La sagesse voudrait que, lorsque vous essayez de persuader autrui, vous soyez conscient que la personne la plus influençable peut être vous-même. Il est en effet facile de croire à ses propres convictions.

L'art insidieux de la persuasion

1 Gagnez l'attention et la collaboration en stimulant un intérêt émotionnel.
2 Ayez recours à des lieux communs.
3 Flattez.
4 Exploitez les réactions.
5 Feignez d'en savoir plus.

Ces cinq points vous permettront également de vous rendre compte si vous faites, vous-même, l'objet d'une persuasion (manipulation).

L'art de la persuasion

Les publicitaires sont maître dans l'art de persuader, leurs annonces peuvent cependant être trompeusement honnêtes. Ainsi certains produits de lessive peuvent faire paraître votre linge plus blanc parce qu'ils contiennent des substances qui réfléchissent les rayons ultraviolets et donnent un aspect lumineux.

Des publicités dans la presse populaire (droite) attirent l'oeil du lecteur par de grands titres percutants et suggestifs au sujet de produits ou de services qui malheureusement, en réalité, s'avèrent ne pas correspondre du tout à leurs annonces extravagantes.

OBJETS VOLANTS NON IDENTIFIES (OVNI)

Un des exemples de persuasion les plus intéressants touchant un grand nombre d'individus d'origines diverses s'est manifesté à la fin des années 1940 et au début des années 1950, période durant laquelle un grand nombre d'apparitions de soucoupes volantes et d'OVNI furent signalées.

Programme américain d'investigation

En juillet 1952, plusieurs détections au radar coïncidèrent avec l'observation "de visu" d'objets non identifiés dans l'espace aérien de l'Aéroport National de Washington DC. Une équipe qui comprenait des physiciens, des ingénieurs, des météorologues et un astronome fut chargée d'enquêter sur le phénomène.

Au début, le programme fut organisé par la Central Intelligence Agency (CIA) et tenu secret. Plus tard, lorsque les observations furent rendues publiques, on révéla que 90 % des apparitions d'OVNI étudiées étaient explicables. Il s'agissait de planètes brillantes, de météorites, d'aurores boréales, de nuages d'ions, d'avions, de ballons, d'oiseaux, de phares ou de conditions météorologiques inhabituelles: pendant la nuit, les lumières des villes se réflètent très haut sur l'air chaud et, par temps chaud, la lumière réfractée peut donner lieu à des illusions d'optique comme les mirages.

Les hypothèses extra-terrestres

En 1966, un autre programme arriva aux mêmes conclusions, qui laissèrent également 10% des observations d'OVNI inexpliquées. Quelques scientifiques et ingénieurs émirent l'hypothèse qu'un petit pourcentage des cas inexpliqués les plus convaincants permettait de croire avec certitude à la visite d'extra-terrestres.

Cette hypothèse des visiteurs extra-terrestres a convaincu certaines personnes que les OVNI venaient de l'espace. D'autres rejettent catégoriquement cette idée, sans doute parce que leur bon sens leur dicte qu'une visite d'extra-terrestres est impossible. Il est extrêmement difficile de prouver l'une ou l'autre hypothèse. Certaines personnes laissent la question sans réponse, attendant de nouvelles preuves pour fonder leur conviction: ce sont les sceptiques qui ne se laissent pas facilement convaincre par l'une ou l'autre hypothèse.

Quelques visiteurs extra-terrestres décrits avec précision

1 Un homme aperçu près de Desert Center, Californie, 1952.
2 Un membre de l'équipage d'un OVNI repéré près de Francisco de Sales, Brésil, 1957.
3 Un membre de l'équipage d'un OVNI rencontré par l'officier de police Herbert Schirmer, à Ashland, Nebraska, 1967.
4 Une créature d'un vaisseau spatial qui atterrit à Hopkinsville, Kentucky, 1955.

Etes-vous persuadé?

L'une des observations d'OVNI les plus étonnantes et les mieux documentées parmi toutes les apparitions inexpliquées eut lieu le 13 août 1956, entre 23.00 h. et 03.00 h. du matin, à Lakenheath en Angleterre.

C'était une nuit claire de pleine lune. Deux stations radar terrestres de la RAF aperçurent quelques objets. L'un était à 4.000 pieds, se déplaçant vers l'ouest à une vitesse approximative de 4.828 km à l'heure. Au même moment, les contrôleurs du ciel rapportèrent qu'une lumière vive se déplaçait vers l'ouest au-dessus de la tour de contrôle et un pilote aux commandes de son avion, à 4.000 pieds d'altitude, rapporta également qu'il avait vu, sous lui, une traînée de lumière se déplaçant vers l'ouest.

D'autres observations similaires furent rapportées, de visu, au départ d'avions de combat qui avaient décollé pour vérifier le phénomène et par radar, au départ d'avions et du sol.

Les observations simultanées de visu et par radar attestent de la manière la plus fiable, de la présence d'un objet, mais elles ne constituent pas pour autant une preuve.

OUI NON

1 Pensez-vous que l'on dispose d'un nombre suffisant de preuves pour tirer une conclusion?

OUI NON

2 Pensez-vous que des objets non identifiés ont été aperçus?

OUI NON

3 Pensez-vous que ces objets étaient d'origine extra-terrestre?

OUI NON

☐ ☐

4 Pensez-vous que ces apparitions étaient des illusions d'optique?

OUI NON

☐ ☐

5 Pensez-vous qu'il existe une explication simple qui n'aurait pas été trouvée à l'époque?

Si vous avez répondu OUI aux questions **1**, **2**, **3** ou **4**, vous vous êtes laisser persuader. Si vous n'avez répondu OUI qu'à la question **5** vous êtes un sceptique à l'esprit ouvert et vous utilisez vos facultés intellectuelles pour réfléchir.

La persuasion psychologique

En 1970, on rapporta 12.000 apparitions d'OVNI.

Les psychologues les classèrent en différentes catégories: celles explicables comme d'autres phénomènes, celles d'origine psychologique et celles toujours inexpliquées.

Ces études ont fourni beaucoup d'informations sur l'hystérie collective, la contagion et l'hallucination hystériques, notamment le syndrome d'Isakower, qui intervient lorsqu'un individu somnolent visualise spontanément des événements de son passé.

L'intérêt suscité par les OVNI reste difficilement compréhensible. Les livres, articles, films et clubs foisonnent encore aujourd'hui dans le monde entier. L'émotion ressentie aussi bien par les personnes qui ont eu ces apparitions que par les scientifiques qui ont enquêté à leur sujet est apparemment hors de proportion. Peut-être l'explication se trouve-t-elle dans l'histoire de l'humanité: après tout, nos ancêtres ont dû penser que nos vies étaient régies par des "êtres" célestes.

Hangar 18

Hangar 18, produit en 1980, est un film qui relate la rencontre d'une capsule monoplace avec un OVNI au cours d'une manoeuvre spatiale. La collision qui en résulte détruit la capsule. L'incident est observé par deux astronautes qui découvrent, à leur retour sur Terre, que toute preuve de la rencontre a été effacée. Entre temps, l'OVNI accidenté fait un atterrissage forcé dans le désert de l'Arizona et est immédiatement remisé dans le Hangar 18 aux fins d'inspection.

On commence alors à mettre au jour les secrets d'une civilisation étrangère, et probablement supérieure, lorsque l'on découvre, sur le vaisseau spatial, des hiéroglyphes similaires à ceux d'antiques sites terrestres. A ce moment, les hommes politiques, craignant de perdre des voix, décident de faire exploser le hangar.

Si ce genre d'histoire fait présager de ce qui se passerait si des visiteurs d'autres planètes arrivaient sur Terre, il semble peu probable que nous découvrions jamais d'où viennent les OVNI extraterrestres ... pour autant qu'ils existent.

Etes-vous capable de garder la tête froide?

Garder suffisamment de sang-froid pour conclure des négociations, même dans les circonstances les plus difficiles, est une disposition de la puissance de l'esprit qui peut aussi donner des résultats exceptionnels dans la vie quotidienne. Pour comprendre l'art de la négociation, il est utile de l'opposer au processus de persuasion ou de manipulation.

Nous sommes tous, tour à tour, raisonneurs, persuasifs ou récepteurs d'images persuasives, comme la publicité à la TV, la propagande politique ou les grands titres des journaux. Notre sens de l'humour peut nous aider à garder la tête sur les épaules. Apprendre les finesses de la négociation est utile et constitue un moyen efficace de reconnaître un "beau parleur" subtil.

Négociation

Il s'agit d'un processus menant à un accord qui satisfaisait au mieux l'intérêt des deux parties. C'est un acte créatif au cours duquel chacun des acteurs est conscient de la présence et de la réalité de la situation de son interlocuteur et négocie en conséquence.

Caractéristiques du négociateur

1 Honnête et digne de foi dans ses relations avec autrui.
2 Est informé sur l'autre partie et s'y intéresse
3 Accepte de porter la responsabilité de ses actes.
4 A confiance en lui et est prêt à faire confiance aux autres.
5 Se met en valeur et a de la considération pour son interlocuteur.
6 Son but est d'obtenir le meilleur résultat pour lui-même en étant conscient que son interlocuteur sera plus facile à convaincre si lui-même obtient une chose qu'il désire.

7 En cas d'opposition, le négociateur reste maître de lui et garde la tête froide, revoit la situation et peut avoir recours à une proposition alternative.

Pour mener une négociation à bien, il faut du temps. Marchander dans un bazar peut prendre deux heures mais, en fin de compte, chacun est content du prix convenu et le besoin social, tout aussi important, d'un petit bavardage est satisfait.

Persuasion
Il s'agit d'une stratégie destinée à amener quelqu'un à croire quelque chose et à agir en conséquence. Il s'agit d'un processus qui détruit les relations parce que l'orateur (persuasif) considère l'autre partie comme un objet à manipuler pour l'amener à s'engager dans une voie pré-déterminée.

Caractéristiques de l'orateur persuasif
1 Prétentieux et malhonnête dans ses relations avec autrui.
2 Ignorant de l'autre partie, qui ne l'intéresse pas.
3 Reproche à autrui le résultat de ses propres actes.
4 Est cynique et ne fait pas confiance aux autres.
5 N'a pas d'amour-propre et dédaigne les autres.
6 Son but est de se réserver le meilleur résultat en essayant de dominer les autres.

7 S'il est contredit ou frustré, il perdra son sang-froid, s'échauffera, redoublera les coups bas et menacera de représailles sévères.

Convaincre un client d'acheter une voiture de luxe implique d'user à propos des performances d'arguments tentateurs qui dépassent les capacités réelles, comme de donner des ailes ou de garantir le pouvoir sexuel du conducteur. Amusant peut-être, mais cela ne justifie pas un prix surévalué.

Art de la négociation

1 Evitez de vous dévaloriser, surtout vis-à-vis d'un interlocuteur persuasif. Accepter les exigences et les premières propositions donne l'impression que vous êtes facile à convaincre et ne vous laisse aucune marge de manoeuvre pour la suite des négociations.

2 Faites une forte impression sur l'autre partie en lui demandant des informations pour découvrir ses véritables intentions. Cette information est nécessaire pour équilibrer la négociation.

3 Considérez que tout est négociable, même les revendications des terroristes. Accepter les propositions sans discussion donnera à penser à l'autre que vous n'avez pas réfléchi sérieusement à l'attitude à adopter et que vous pourriez changer d'avis plus tard. Votre interlocuteur ne considérera pas les propositions

comme définitives et aura d'autres exigences. C'est ce qui se produit dans le cas du chantage.

4 Ne faites jamais de cadeaux, c'est un signe de faiblesse. Demandez à l'autre partie ce qu'il trouve d'attrayant dans votre proposition. Dans toute négociation, il y a des variantes.

5 Encouragez la partie adverse à négocier en l'aidant à réfléchir et à vous faire part de ses idées. Vous pouvez même apprendre à négocier à un interlocuteur persuasif endurci, et s'il accepte, il aura un plus grand sentiment de puissance et sera moins susceptible d'entreprendre une action imprudente. Faire des concessions ou menacer conduit toujours à de nouvelles difficultés.

6 N'acceptez jamais la première proposition ou la première revendication. Le marchandage donne, à chacune des parties, l'impression qu'elle va faire une affaire.

7 Quittez toujours la table des négociations en laissant la porte ouverte à des discussions ultérieures, comme par ex. en ne fixant pas de limite de temps.

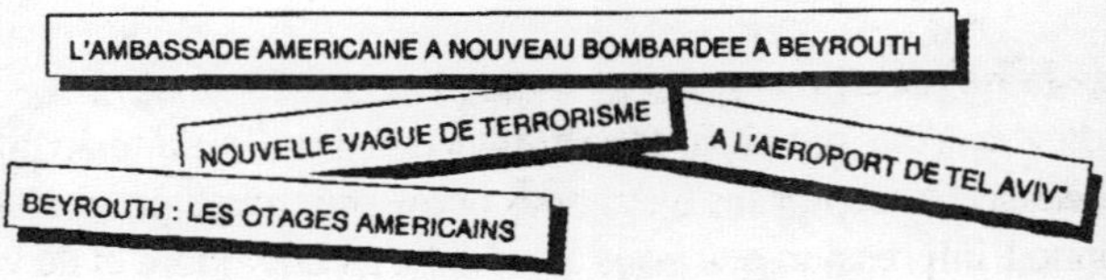

NEGOCIATION ET TERRORISME

Les terroristes usent d'arguments violents très persuasifs, menaçant de tuer et de bombarder et mettant souvent leurs menaces à exécution. La prise d'otages est un acte de terrorisme type, conçu pour être très persuasif.

Dans ces circonstances, ceux qui doivent répondre aux exigences des terroristes sont confrontés à un choix: persuader les terroristes de se rendre ou négocier la libération des otages.
La persuasion entraîne inévitablement une escalade de la violence

et peut être utilisée en dernier recours, mais elle met la vie des otages en danger.

Le siège du Spaghetti House

Le 28 septembre 1975, à 01.45 h., les gérants des restaurants de la chaîne Spaghetti House, à Londres, étaient réunis dans leur restaurant de Knightsbridge, comme tous les samedis, pour déposer les recettes de la nuit au coffre de la banque.

Cette routine leur fut fatale; ils furent attaqués par trois hommes armés jusqu'aux dents. Pendant que les bandits s'emparaient de l'argent, un membre du personnel du restaurant parvint à s'échapper et à avertir la police qui, rapidement, encercla le bâtiment. Les bandits se saisirent des gérants des restaurants et en gardèrent six en otage pendant cinq jours, dans une pièce en sous-sol de 4m sur 3.

Tout au long des négociations, quelques concessions furent faites et les revendications parurent dans les journaux ainsi que les bandits l'exigeaient mais guère plus. On suivit l'état d'esprit des bandits en enregistrant leurs conversations au travers d'une grille au niveau du sol et, réagissant en conséquence, on maîtrisa progressivement la situation au fur et à mesure qu'ils s'épuisaient.

Le siège prit fin lorsque les bandits acceptèrent de renoncer à leurs exigences après que les chefs du gang eurent été arrêtés et interrogés. Il n'y eut qu'un blessé parmi les bandits... à la suite d'une bagarre intervenue entre eux.

La situation fut maîtrisée assez facilement parce que la prise d'otages ne faisait pas partie du plan des bandits et, de ce fait, leurs exigences étaient assez confuses. Leur intention n'était pas de prendre des otages. Lorsque la prise d'otages fait partie d'un plan pré-établi, la situation est beaucoup plus difficile à régler.

Le siège de l'Ambassade d'Iran à Londres

Le mercredi 30 avril 1980, à 11.30 h., à l'Ambassade d'Iran à Londres, 21 personnes furent intentionnellement prises en otage par des terroristes iraniens.

Parmi les otages se trouvaient des diplomates iraniens, un policier londonien, un journaliste libanais et deux visiteurs britanniques. Les terroristes exigeaient la libération de 91 prisonniers politiques détenus en Iran et un avion pour s'enfuir. Ils menaçaient de faire sauter l'ambassade si leurs exigences n'étaient pas satisfaites.

Le décor était planté pour une série de négociations interminables et complexes. Dans ce cas, les bandits avaient prévu la prise d'otages et étaient prêts à tenir jusqu'à la mort des otages ou la leur si nécessaire.

Dans cette situation l'entraînement spécial de la police fut d'un grand secours. En fin de compte, les négociations échouèrent et deux otages furent abattus. Dans un cas pareil, il faut agir très vite car la négociation est impossible. Dans ce cas particulier, le régiment du Special Air Service donna l'assaut au bâtiment, libérant les 19 derniers otages sains et saufs. Pendant l'opération, trois des terroristes furent tués et l'un d'entre eux, blessé.

Pour les gens qui ont la tâche ardue de négocier avec des kidnappeurs ou des terroristes, chaque cas nouveau aide à mieux comprendre les situations de ce genre et augmente l'expérience.

Retour à l'imagination

L'imagination est un instrument de notre esprit qui nous permet de créer des oeuvres poétiques. Ces oeuvres peuvent être durables comme la littérature, la peinture, les inventions, la musique, la chanson, la danse, une conception esthétique ou l'architecture. Nous pouvons aussi mettre de la poésie dans nos activités quotidiennes; en cuisinant, dans nos actes d'amour ou dans l'aménagement de notre maison ou de notre jardin; grâce à l'imagination, nous pouvons aussi être poètes dans la manière dont nous conduisons notre existence.

René Magritte, célèbre peintre belge surréaliste, décédé en 1967, peignait ce qui semblait être des images précises et réalistes. Il a par ex. peint un homme regardant dans un miroir l'arrière de sa propre tête...une image ordinaire dont l'impact puissant est dû à l'agencement particulier du tableau. Dans ce tableau, ce qui semble ordinaire dans la réalité est empreint de mystère.

Magritte lui-même définissait l'art pictural comme étant la science de la juxtaposition des couleurs de manière telle que leur apparence réelle disparaît pour faire place à une image poétique... Il expliquait qu'il n'y avait ni idées précises ni thèmes dans sa peinture.

L'ESPRIT FORT AU SERVICE DES CONTES ET DES HISTOIRES

Etes-vous un conteur? La plupart des gens sont capables de relater un événement qui les a touchés de près comme un mariage, un événement sportif, un accident ou la rencontre d'un nouvel ami. Beaucoup de parents se sont rendu compte aussi qu'ils pouvaient facilement raconter des histoires à leurs enfants lorsqu'ils les mettaient au lit.

L'imagination peut prendre des formes diverses: des dessins originaires d'autres civilisations, des transformations d'animaux ou d'objets, ou simplement des distorsions de la réalité.

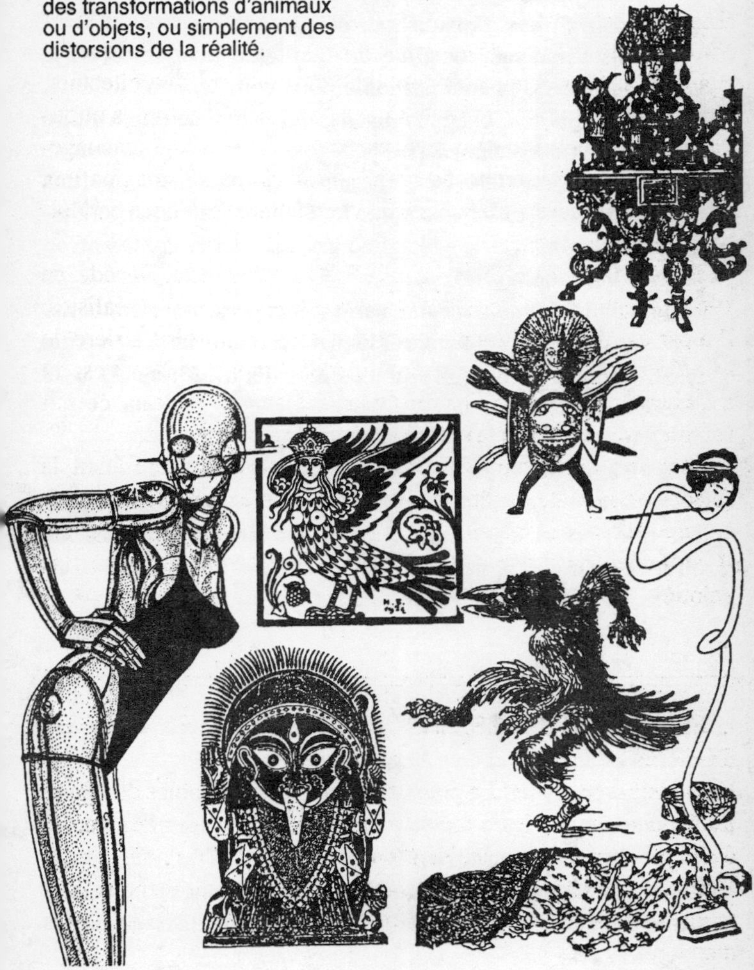

Il existe deux moyens très utiles pour s'exercer à l'art de la narration.

1 Imaginez des personnages et racontez des histoires qu'ils ont vécues. Des équipes de télévision, de radio, des réalisateurs de dessins animés et de bandes dessinées produisent, chaque semaine, des milliers d'histoires de ce genre.

Parfois l'intrigue constitue un feuilleton dont un épisode vous est proposé chaque semaine pour vous tenir en haleine. Dans un feuilleton, chaque épisode, qui constitue une histoire en soi, reprend les mêmes personnages.

Les feuilletons télévisés, classiques ou modernes, ont une large audience. Les séries comme le "Dallas" américain, l'"Eastenders" anglais ou le "Neighbours" australien captivent un public international.

2 Imaginez un thème pour une série d'histoires. Pour cette méthode, les histoires peuvent très bien n'avoir aucun rapport entre elles. Certains de nos plus grands recueils d'histoires ont été élaborés de cette manière.

Les Sept Sages de Rome

Ces sept histoires du Moyen-Age rapportent sept plaidoyers en faveur d'un prince condamné à mort. Ils retardent l'exécution jusqu'à ce qu'on ait recueilli suffisamment de preuves pour l'innocenter.

Les Contes de Canterbury

Ces contes furent écrits au Moyen-Age par Geoffrey Chaucer tels qu'ils lui avaient été narrés par un groupe de pèlerins en route vers Canterbury dans le Sud de l'Angleterre.

Le Décaméron

Ces nouvelles furent écrites par Boccace, au XIVème s., à Florence, en Italie, à l'époque de la Grande Peste. Dix personnes confrontées à la mort en raison du fléau révèlent leur personnalité en racontant des histoires.

Les Contes des Mille et Une Nuits

Le Sultan Châhriyar tue sa femme adultère et tous ses amants. Devenu misogyne, il se remarie tous les jours et tue ses nouvelles épouses dans la couche nuptiale.

Schéhérazade, la fille du conseiller du Sultan, est persuadée qu'elle peut arrêter le carnage et elle épouse donc le Sultan.

Pendant leur première nuit, elle raconte au Sultan une histoire tellement passionnante qu'il est avide d'en connaître la fin, mais Schéhérazade se dit fatiguée et désireuse de raconter la suite de l'histoire la nuit suivante; ce qu'elle fait. Toutes les nuits, pendant 1001 nuits, elle commence une histoire en gardant la conclusion pour la nuit suivante. Le Sultan est tellement tenu en haleine qu'il abandonne l'idée de la tuer, préférant écouter des contes comme Simbad le Marin, Aladin et la Lampe Merveilleuse, le Voleur de Bagdad et Ali Baba et les Quarante Voleurs. Certaines de ces histoires remontent au Bagdad du VIIIème s., qui était alors une nouvelle capitale arabe.

Exploitez votre imagination

Nombreux sont ceux qui pensent ne pas avoir une imagination très vive, pour la bonne et simple raison qu'ils ne l'utilisent pas. Pour devenir imaginatif, il suffit de laisser vagabonder son esprit en toute liberté de par monde.

Imaginer ne s'apprend pas, c'est une activité naturelle qu'il faut laisser s'épancher. Une manière très efficace de stimuler votre imagination est de la maintenir dans certaines limites.

Les frontières que vous vous imposez vous permettent d'exalter votre vue et votre ouïe, et vous rendent beaucoup plus attentif au monde extérieur.

Une autre méthode pour vous aider à prendre conscience de votre capacité imaginative est de resserrer les frontières que vous vous êtes fixé et de procéder à un travail répétitif, par ex., photographier ou dessiner le même objet pendant une semaine. Cela vous permettra de voir l'objet sous des angles différents et dans des conditions différentes. Les musiciens peuvent faire la même chose avec une note en la produisant de plusieurs manières et sur des rythmes différents.

Musique
Si vous avez des aptitudes musicales, composez des petites pièces de huit notes seulement, par ex., en sautant deux notes. Si vous préférez chanter, choisissez un mot, une tournure ou une phrase que vous adaptez à un style de musique que vous aimez en répétant inlassablement le même mot, la même tournure ou la même phrase, mais chaque fois d'une manière différente.

Littérature
Ecrivez des histoires sur un seul sujet, en commençant par ex. à raconter la vie d'une pièce de monnaie ou d'un autre objet usuel - en donnant la parole au sujet. Essayez ensuite de raconter l'histoire d'un personnage en commençant par un prénom, par ex.: "Je m'appelle Alice et ceci est mon histoire..."

Peinture et dessin
Muni seulement d'un crayon ou d'un porte-plume, choisissez soit des courbes soit des lignes droites et remplissez une feuille de papier avec seulement des courbes ou des lignes. Si vous préférez la peinture, prenez des couleurs qui vous plaisent et peignez des carrés séparés, qui se touchent, se chevauchent ou se superposent, mais rien que des carrés.

Photographie
Passez une journée à prendre des photos bien déterminées, par ex. un jour vous ne photographiez que des objets jaunes, le lendemain uniquement des objets de la taille de votre main ... et ainsi de suite.

Le pouvoir d'assujettissement

Dans notre monde extrêmement compétitif, on est très attentif aux moyens par lesquels une personne, une société ou un pays peut gagner, dominer ou se hisser au sommet de la hiérarchie. La domination est une position de puissance et d'autorité. Ceux qui perdent, qui sont soumis ou qui se trouvent au bas de la hiérarchie peuvent toutefois, eux aussi, accéder au pouvoir.

Les membres d'un groupe ou d'une société sont organisés de différentes manières. Les deux organisations hiérarchiques les plus courantes sont l'organisation linéaire et l'organisation pyramidale.

La hiérarchie linéaire

Chaque membre du groupe occupe une position par rapport à tous les autres. Chaque membre du groupe est supérieur à celui situé plus bas dans la hiérarchie et inférieur à celui situé plus haut dans la hiérarchie. Le membre qui occupe la dernière position est inférieur à tous les autres.

Ce type de hiérarchie est souvent appelé la hiérarchie du poulailler, vocable dérivé des habitudes des poules. Dans tout groupe de poules, l'ordre social est établi lorsque deux poules se becquettent jusqu'à ce que l'une d'elles se soumette, permettant à son adversaire de dominer toutes les autres. La poule vaincue becquette une autre poule; la perdante de ce conflit est alors momentanément en troisième position et doit provoquer une autre poule et ainsi de suite.

Une fois établies, les positions sont immuables. Cette pratique réduit l'agressivité et assure une certaine paix. Chaque poule connaît sa place. Bien sûr, en temps de disette, celles qui occupent les rangs supérieurs mangent et les autres meurent de faim.

Il semblerait qu'il y ait peu d'avantages pour les perdants situés dans les rangs les plus bas; par contre occuper une place entre la seconde position et celle du milieu doit être assez confortable. Ceux qui acceptent une position moyennement inférieure peuvent en général jouir de la vie en toute tranquillité parce que personne ne leur dispute la première place et il y a peu de risque qu'on les oublie en cas de pénurie.

La hiérarchie pyramidale

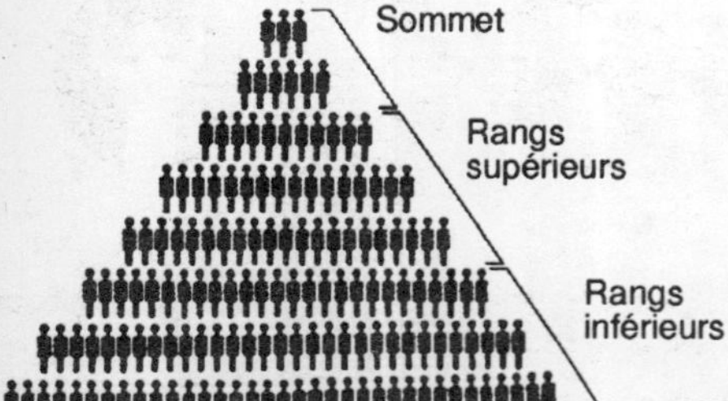

Hiérarchie pyramidale

Chaque membre de l'organisation appartient à un sous-groupe de pairs et c'est le sous-groupe qui occupe une place donnée dans la hiérarchie. Le rang le plus bas comprend le plus grand nombre de membres et le rang le plus élevé le plus petit nombre.

Dans l'organisation pyramidale, les rangs au sommet dépendent des rangs inférieurs qui les maintiennent dans leur position élevée. Si tous les membres des rangs inférieurs se révoltent et se réorganisent, ils risquent de faire basculer ceux situés au sommet. Les Présidents et les Premiers Ministres sont particulièrement à la merci des rangs inférieurs de leur propre parti et de la grande masse du public qui constitue la base de la pyramide. Il s'agit là d'un exemple du pouvoir d'assujettissement. La personne élue au sommet de la pyramide dépend de ceux qui l'y ont placée.

Eux et nous

Dans beaucoup de situations, des groupes entiers de personnes acceptent de se soumettre à des groupes dominants ou assujettis pour participer au jeu du pouvoir. Les travailleurs envers la direction, le peuple envers le gouvernement, les étudiants envers les professeurs, les enfants envers leurs parents et ainsi de suite. Le groupe dominant entend bien garder le contrôle, peut-être par crainte de le perdre et d'être dominé à son tour. Le groupe assujetti est décidé à obliger le groupe dominant à agir dans son intérêt, peut-être par crainte de devoir en endosser la responsabilité et de devenir à son tour dominant.

APAISEMENT

Lorsqu'ils sont confrontés à des agresseurs de la même espèce beaucoup d'animaux recourent à des comportements d'apaisement. Ils expriment leur soumission par des sons et des gestes qui inhibent l'agressivité de leur adversaire et les met à l'abri des mauvais coups. Une telle attitude revêt une grande

Désarmement (*à droite*). Un dessin satirique de Daumier, artiste français du XIXème siècle, montrant deux officiers ennemis se faisant mutuellement des gestes de soumission.

importance pour les autres membres du groupe qui dépendent de leur chef pour leur protection contre les attaques de groupes externes. Les loups vaincus au cours d'un combat baissent la queue, les chats se mettent sur le dos pour détourner l'attaque et les femelles babouins toilettent et caressent les mâles agressifs.

Les êtres humains montrent leur soumission par une gestuelle corporelle: faire une révérence, s'incliner, s'agenouiller, s'accroupir et lever les mains.

Relations

Souvent, l'équilibre de puissance dans les relations entre deux personnes, par ex. entre mari et femme, montre clairement comment, à la longue, les prérogatives de la personne dominatrice ne sont pas plus importantes que celles de la personne soumise. Dans un couple dont les partenaires recherchent une relation équilibrée, chacun doit faire abstraction de ses avantages.

La technique du "paillasson"

Le paillasson - ou la carpette - est une magnifique représentation de la puissance de soumission. Bien que les paillassons soient passifs, on peut s'y essuyer les pieds; aussi longtemps qu'on ne lui retire pas le paillasson de sous les pieds, la personne qui se tient dessus est en sécurité.

Il est le maître tant qu'elle est à son service.

Elle domine tant qu'il lui est soumis.

Dans une relation entre mari et femme, chacun doit assurer la responsabilité de certains rôles et se soumettre aux prérogatives de l'autre dans son rôle de conjoint(e). Si ce fait n'est pas admis par les deux partenaires, il y a conflit. Ce cas est bien illustré par cette gravure du XVIIIème siècle qui montre un couple se disputant pour savoir qui devrait porter la culotte.

Savoir mourir pour mieux vivre

Un spécialiste en bioénergétique pourrait dire que croître est une manière de se développer. En tant que corps dotés d'un esprit, nous vibrons d'une énergie vitale et nous nous développons. Dans ce processus de croissance, nous devons, sans répit, renoncer à chaque parcelle du passé et avancer vers chaque parcelle du futur.

Cette évolution constitue une sorte de mort miniature; une partie de nous-même meurt alors que se forme une nouvelle partie. Chaque fois que nous nous détendons dans le sommeil, nous nous laissons glisser dans l'oubli et le rêve, abandonnant le jour que nous venons de vivre et nous réveillant le matin suivant pour accueillir un jour nouveau. Nous jouissons avec satisfaction de ce rythme quotidien de la vie et quand vient le moment de mourir et de quitter notre enveloppe charnelle, nous pouvons nous détendre dans la mort avec le même plaisir.

Savoir comment mourir, c'est savoir comment vivre. Si nous ne sommes pas capables de nous détacher de chaque parcelle de notre passé et de nous renouveler avec chaque parcelle du futur, nous ne pouvons qu'échouer dans l'épanouissement total de notre vie.

Une boucle du rythme de vie

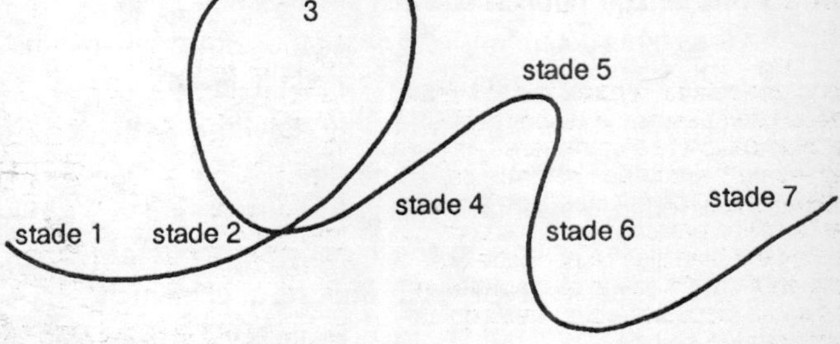

Le processus de croissance

Les différentes étapes de notre croissance correspondent parfois à d'importants changements, par ex. avec l'apparition de ses premières règles, la femme laisse derrière elle la petite fille qu'elle était et assume son nouvel état. De même, lorsqu'il devient un homme, le garçon doit abandonner son enfance et assumer une nouvelle vie d'adulte.

En termes d'énergie vitale, nous sommes d'abord stimulés, ensuite notre énergie atteint son paroxysme et nous la libérons en nous exprimant. Pendant ce processus de croissance, nous nous développons en exprimant notre unicité dans tous les domaines de la vie: physiquement, mentalement, émotionnellement, socialement et spirituellement.

Nous avons tous des limites et des ressources inexplorées. C'est le résultat de notre schéma génétique mais peut-être aussi, dans une certaine mesure, de facteurs extérieurs indépendants de notre volonté, tels que la situation géographique, la politique ou nos traditions culturelles. A l'intérieur de ces frontières, un domaine énorme est à la disposition de notre croissance et de la connaissance profonde de nous-mêmes.

Une boucle de développement dans le rythme de vie.

Stade 1 Notre énergie se développe, stimulant notre intérêt.
Stade 2 Nous décidons de nous impliquer
Stade 3 Nous nous retenons tout en nous préparant à l'action.
Stade 4 Nous agissons et nous nous exprimons.
Stade 5 Notre expression atteint son paroxysme.
Stade 6 Nous nous détendons en jouissant de notre satisfaction.
Stade 7 Notre énergie se recharge .....et ainsi de suite.

La boucle peut représenter n'importe quelle activité de la vie s'étendant sur une courte ou une longue période. Par ex., faire l'amour; participer à un tournoi de golf; cuire un gâteau; se faire un nouvel ami; faire un enfant; acheter une maison, etc..

Les problèmes peuvent surgir à n'importe quel moment. Parfois notre intérêt s'émousse et nous régressons au stade 2. Souvent aussi nous sommes coincés au stade 3 parce que nous ne parvenons pas à prendre la décision du stade 4 de nous laisser aller et de nous exprimer... nous ne réussissons pas à "vivre notre mort". L'angoisse, le trac, la peur de l'échec et toutes sortes d'excuses peuvent nous arrêter dans notre élan. Nos boucles de développement peuvent être déformées par ces problèmes. Mais au fur et à mesure que ceux-ci sont résolus et que nous apprenons à nous détendre et à laisser faire, nos rythmes de vie deviennent plus faciles et plus calmes.

La vie aujourd'hui

Une Anglaise dynamique et attrayante, âgée de 31 ans, et heureuse en ménage, avait trois jeunes enfants. Elle était pleine de vie et d'ambition pour sa famille, en résumé, une jeune femme très volontaire et très active, s'occupant de sa communauté.

Un jour, sans s'y attendre, elle fut confrontée à une nouvelle vie... celle d'une personne luttant contre la leucémie. Elle décrivit sa réaction comme "très sauvage". Après beaucoup de rage et de larmes, elle prit une décision bien en accord avec sa personnalité. Elle rassembla toutes les informations qu'elle put trouver sur cette maladie et elle-même et sa famille modifièrent leur vie en conséquence.

En plus de leurs occupations habituelles et de leurs activités sociales, ils travaillèrent également sans répit pour une organisation caritative s'occupant de la leucémie.

Deux ans plus tard, en septembre 1988, elle était devenue trop faible pour supporter davantage la chimiothérapie. Les médecins déclarèrent qu'elle ne pourrait pas célébrer Noël... donc toute la famille décida de célébrer Noël le 29 octobre. Elle avait déjà appris comment affronter la mort en se détachant de son passé et en consacrant tout ce qu'elle avait à sa nouvelle vie.

"Le temps est précieux", avait-elle dit, "je veux tirer le meilleur parti de ce qu'il me reste à vivre. Chaque jour regorge de choses à faire... chaque jour de survie est un bonus."

Denise Morse, la jeune femme dont il est question ci-dessus, mourut à l'hôpital de Stoke-on-Trent, en Angleterre, le 7 février 1989. Son mari était près d'elle. Pendant les neuf derniers mois de sa maladie, elle recueillit un demi-million de livres sterling pour une association de dons de moelle osseuse, afin d'aider à sauver d'autres victimes de la leucémie.

Il existe beaucoup d'autres histoires similaires de personnes qui utilisèrent le pouvoir de leur esprit pour vivre leur mort.

LES RYTHMES DE VIE

Notre rythme de vie est le schéma constitué par la succession de nos boucles de développement individuel. La façon dont nous développons notre corps en l'utilisant, notre voix qui change, notre expérience croissante, nos attitudes, nos espérances, nos craintes, nos amours, nos haines, nos joies et nos réussites. Avec tous ces éléments de vie, nous formons un schéma individuel susceptible de changements au fil des années. Ce rythme de vie révèle notre personnalité, indépendamment de l'âge.

Quelques rythmes de vie individuels

Les commentaires suivants s'appliquent indifféremment aux femmes ou aux hommes. Quelle serait la forme de votre rythme de vie? Peut-être aimeriez-vous le dessiner?

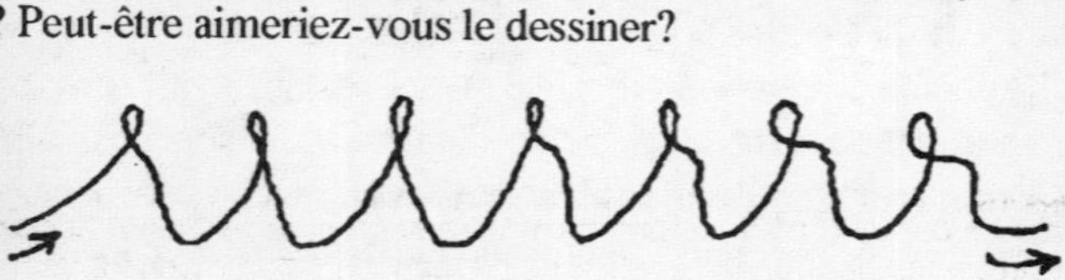

a Cet individu a une grande énergie et atteint un pic mais pour l'une ou l'autre raison n'arrive pas à se maîtriser assez longtemps pour s'exprimer de sorte que tout à coup l'énergie se dégonfle, comme dans une éjaculation précoce. Les boucles les plus grandes sur la droite montrent comment l'individu a appris à se maîtriser assez longtemps pour donner forme à ses actions.

b Cet individu est tellement occupé et tellement actif qu'il est toujours en mouvement, travaillant et réalisant des choses de sorte qu'il n'a pas le temps de s'arrêter pour réfléchir. La ligne rythmique devient de plus en plus fine vers la droite au fur et à mesure que l'individu consume son énergie. C'est la ligne de vie type d'un fou du travail qui a souvent l'impression, en outre, de n'avoir rien accompli.

c La vie de cet individu a un rythme très peu important: bourré d'idées fixes et attaché à la routine quotidienne son rythme de vie devient une prison et il reste bloqué, tournant en rond pour se sentir finalement piégé et frustré, sans issue.

d Cet individu est facilement excité et est de plus en plus désorienté après un certain temps, comme le montre son rythme de vie tout à fait perturbé vers la droite. Il bouillonne d'idées mais commence à vivre dans un monde imaginaire déconnecté de la réalité parce qu'il n'arrive jamais à rien.

e Les boucles régulières sont caractéristiques d'un individu prenant régulièrement des décisions créatives et se formant par l'expérience. Il s'agit d'un individu créatif, quelles que soient ses occupations, de sorte que son rythme de vie se déroule assez facilement malgré quelques petites irrégularités. Il est très satisfait de sa vie.

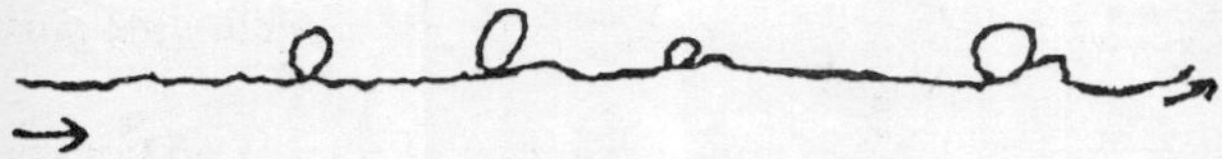

f Cet individu n'utilise qu'une toute petite partie de son énergie. Il est peut-être déprimé ou très nerveux et arrive tout juste à se débrouiller dans la vie. Parfois cependant, il se met en mouvement et prend une initiative dans son développement personnel ainsi que le montrent les boucles fortuites. Dans l'ensemble, la vie lui semble terne et il en attend très peu.

Recourez-vous à votre charisme?

Le charisme est un mot dérivé du grec qui signifie grâce, c'est votre capacité personnelle ou talent d'inspirer l'enthousiasme chez les autres. Les gens très charismatiques ont une aura attrayante et ont souvent de nombreux disciples dévoués. Le charisme est une présence, une énergie subtile ressentie par les autres à un niveau subliminal. La présence est une expression personnelle très puissante.

Tous les grands leaders, sans exception, dégagent un pouvoir charismatique qui attire les autres vers eux et les rallie à leur cause. Le charisme n'est ni bon ni mauvais, il s'agit d'un don amoral et tout le monde en possède dans des quantités variables.

Les leaders religieux charismatiques

Ces gens ont un charisme exceptionnel; en leur présence, les autres se sentent profondément touchés et se transforment souvent en disciples dévoués: Moïse a inspiré les Israélites à quitter l'Egypte; Jésus Christ a inspiré les gens à s'aimer les uns les autres; Mohammet a inspiré la soumission à la volonté d'Allah; Gautama Siddartha, le Bouddha, a inspiré les gens à s'appliquer à atteindre l'illumination.

Le charisme dans les arts de la scène

La musique et le théâtre "live", comme toute autre performance "live", sont tout simplement magiques; en direct, un acteur peut vous toucher profondément.

Le décor, les lumières et l'"entrée en scène" sont autant d'éléments qui mettent en valeur le charisme de l'acteur. Mais attention, si l'acteur manque de charisme, la présentation la plus somptueuse n'aura aucun effet.

Les individus charismatiques

Peut-être n'avez-vous jamais pensé que certains de vos amis dégageaient un certain charisme. Tout comme les personnages publics les plus importants, ils sont capables de libérer un pouvoir. En utilisant le questionnaire ci-contre, essayez d'évaluer les qualités qui contribuent, selon vous, au charisme de vos amis. Classez leur pouvoir sur une échelle de 1 à 10 et dressez la liste de leurs qualités.

Nom de l'ami	Puissance charismatique (évaluée de 1 à 10)	Qualités que vous pensez responsables de leur charisme

ENTRAINEMENT AU CHARISME

Il est possible de cultiver votre charisme de manière à gagner la confiance des autres et à les mettre à leur tour en confiance. En utilisant votre charisme, vous pouvez aider les autres à libérer leur pensée. Si vous décidez de vous essayer à ces exercices, faites-le dans un esprit de curiosité. Essayez de déterminer la quantité d'énergie que vous pouvez diriger vers les autres et la meilleure manière de l'utiliser.

Si vous faites un mauvais usage de cette énergie, vous ne vous attirerez que des partisans uniquement désireux de s'appuyer sur vous et qui ne seront pas prêts à apprendre. A la longue, ils seront déçus et se détourneront de vous. L'utilisation la plus positive du charisme est l'inspiration de l'enthousiasme chez les autres. Lorsque vous aurez dégagé votre charisme, vous serez en mesure de choisir quand et comment l'utiliser au mieux.

A la recherche de votre énergie verticale

Un flux puissant d'énergie circule entre la plante de vos pieds et le sommet de votre crâne. Il s'agit de votre énergie charismatique verticale qui, d'une part, vous tient les pieds fermement sur le sol et, d'autre part, vous élève de la terre.

Tout déséquilibre soit vous maintiendra au ras du sol par une gravité trop importante soit vous fera flotter détaché des réalités de la vie. Les exercices suivants peuvent se révéler utiles pour vous aider à garder un flux d'énergie verticale régulier. Ils doivent être ressentis comme un moment agréable et non pas comme un exercice imposé. Ils ne prennent que 20 minutes par jour et devraient vous aider à vous sentir plus dégagé et plus naturellement équilibré.

Exercice 1: Stimulez votre énergie verticale

Mettez-vous debout les pieds parallèles, séparés de plus ou moins la largeur des épaules. Mettez votre colonne vertébrale, votre cou et votre tête dans un alignement le plus droit possible en pliant légèrement les genoux. Etirez-vous vers le haut et sentez le flux vertical de votre énergie.

A présent, étendez les bras et les mains aussi haut que possible, en gardant toujours la colonne bien droite. Conservez cette position pendant quelques secondes, ensuite relâchez et répétez l'extension plusieurs fois.

Cet exercice peut être utilement répété assis sur une chaise droite ou étendu à plat sur le sol. N'hésitez pas à employer des accessoires, comme par ex. en tirant sur un chambranle de porte, en position debout ou sur les montants du lit lorsque vous êtes couché.

Dans la vie de tous les jours, pensez à vérifier si votre appui au sol est correct. Etes-vous attiré vers le bas par trop de gravité ou êtes-vous détaché de la réalité terrestre sous vos pieds? Accroître votre conscience de la situation vous aidera à garder votre équilibre.

Exercice 2: Charisme vocal

Choisissez un poème ou un court morceau de prose que vous aimez particulièrement. Apprenez-le par coeur. Ensuite, lorsque vous êtes seul, déclamez le poème à haute voix, en utilisant la puissance de votre voix à son maximum. Continuez à réciter votre poème, en essayant de modifier le rythme, en faisant des pauses et en variant l'intonation.

Lorsque vous récitez, il faut vous donner corps et âme. Si vous sentez le besoin d'un changement, apprenez une autre strophe ou un autre poème. Lire à haute voix peut parfois également vous aider, mais n'oubliez pas de prendre de profondes inspirations et d'y mettre tout ce qui est en vous.

Les gens qui ont peur d'utiliser leur voix charismatique débitent souvent ce qu'ils ont à dire rapidement, sans faire de pauses et sans changer d'intonation. Les orateurs charismatiques font des pauses lourdes de sens et arrivent à faire passer leur âme dans leurs mots.

Exercice 3: Contact charismatique

Il y a deux moyens pour améliorer la capacité d'établir le contact avec les autres grâce à son énergie, sans réellement les toucher physiquement.

Le contact par les yeux est un moyen très puissant pour atteindre les autres et permettre à votre charisme de les pénétrer. Veillez à ne pas laisser échapper trop de votre énergie vers ceux qui sont coincés et dont le charisme est gelé ou négatif. Vous pouvez vous exercer au contact par les yeux en regardant vos propres yeux dans un miroir, contentez-vous de fixer votre regard en laissant s'écouler tous vos sentiments. Cette méthode, très puissante, peut également être utilisée entre deux personnes. Préparez-vous donc à un véritable épanchement émotionnel.

Le second moyen de créer le contact par votre charisme est d'écouter attentivement votre interlocuteur en lui accordant votre attention totale et sans partage, et en imaginant simultanément que votre énergie s'extériorise et le touche.

Lorsque votre charisme atteint une autre personne, celle-ci réagira et sentira que vous comprenez. Ce type de contact intervient lorsque vous vous sentez sur la même longueur d'onde que votre interlocuteur.

Exercice 4: Charisme de performance

Si vous exercez un sport ou un passe-temps qui implique une certaine activité physique, pratiquez-le sans vous forcer d'y parvenir à tout prix. Laissez votre corps réagir à sa guise.

Cette technique est employée pour aboutir à un contrôle "intérieur" de vos capacités sportives. Votre esprit transcende les capacités acquises et développe ses capacités intuitives. Par ex., lorsque vous vous entraînez au tennis, ayez des dizaines de balles et servez-les sans discontinuer, en laissant votre corps-esprit se régénérer lui-même. Dites simplement à haute voix où chaque balle a atterri et vos ajustements se feront naturellement. C'est là un exemple de votre charisme de performance en activité.

Lorsque vous dansez, patinez, courez, faites du jogging, vous promenez, nagez etc. restez en mouvement, donnez-y tout ce que vous pouvez et essayez de trouver votre propre rythme naturel. Evitez d'être négativement autocritique et ignorez vos erreurs, votre corps-esprit fera les ajustements nécessaires. Très vite, vous prendrez conscience de deux dimensions: votre moi physique normal et votre moi charismatique.

Le charisme de performance peut être stimulé n'importe quand et n'importe où. Il vous suffit d'y mettre tout votre coeur et toute votre âme, sans hésiter par peur d'un échec. Des erreurs, vous en ferez, mais votre charisme vous aidera à les surmonter.

Avantage transactionnel

L'intellect n'est qu'une petite partie de l'esprit, dont la puissance peut être utilisée froidement pour démonter un adversaire, dans n'importe quelle activité tactique comme par ex. en jouant aux échecs. Il est l'instrument psychologique que la plupart des parents utilisent pour enseigner à leurs enfants comment se comporter dans le monde pour en tirer le meilleur parti.

L'intellect est "parental", nous l'utilisons pour donner un sens logique au monde; mais s'il vous est arrivé d'observer un bébé plein d'entrain essayant de communiquer, vous vous serez rendu compte que nous sommes nés avec une autre sorte de mentalité appelée émotion.

Lorsque nous utilisons notre intellect, nous pouvons ignorer les signaux émotionnels lancés par notre corps et lorsque nous utilisons nos émotions, nous pouvons ignorer les signaux mentaux lancés par l'intellect. L'éducation occidentale a eu tendance à nous apprendre à ignorer les émotions et certaines personnes, en essayant de compenser, ont basculé dans l'extrême inverse et se concentrent sur leurs sentiments au détriment de leur intellect.

En plus de nos émotions "infantiles" et de notre intellect "parental", nous avons une capacité adulte très sensible appelée intuition qui, utilisée adéquatement, constitue un équilibre entre le feu de l'émotion et la froideur de l'intellect.

Analyse transactionnelle

La théorie psychologique du processus de l'analyse transactionnelle est basée sur des observations de notre comportement réel lorsque nous communiquons les uns avec les autres. Une transaction est la manière dont deux personnes communiquent.

Au cours d'une transaction entre deux personnes, chacune d'elles peut choisir son comportement. Elles peuvent se comporter en tant que "parent" (**P**), en tant qu'"adulte"(**A**) ou en tant qu'"en-

fant" (**E**), c.-à-d. qu'elles peuvent utiliser:
P = un intellect parental, raisonnant de manière autoritaire;
A = l'intuition adulte, liant sentiment et logique;
E = l'émotion infantile, réagissant spontanément.

Il y a donc neuf combinaisons possibles dans toute communication entre deux personnes, par ex. un couple marié.

Transactions possibles au sein d'un couple

Le couple entame une discussion sur leur destination de vacances. Chaque transaction numérotée montre le commentaire que chacun aurait pu faire en agissant en tant que parent (**P**), adulte (**A**) ou enfant (**E**) tels que définis ci-dessus.

Dans ces exemples, soit le mari, soit la femme parle le premier. A vous de choisir.

Un partenaire			L'autre partenaire	
P	Nous devrions retourner camper; nous avons l'équipement.	↔	**P**	Oui, nous avons dépensé beaucoup d'argent l'année dernière; ce serait du gaspillage de ne pas le réutiliser.
A	J'aimerais faire un voyage et visiter différents endroits. Qu'aimerais-tu?	↔	**A**	J'aimerais me la couler douce. Peut-être qu'une croisière avec une escale de deux ou trois jours dans chaque port...
E	Oh! Retournons dans cet hôtel de rêve que nous avions découvert pendant notre lune de miel.	↔	**E**	Cette fois-ci nous pourrions prendre la voiture et nous balader en forêt.

P	Il faudra que nous prenions maman avec nous, nous ne pouvons la laisser seule.	↔	A	Peut-être pourrions-nous lui demander ce qu'elle souhaiterait faire et organiser ensuite quelque chose qui convienne à tout le monde.
A	Je me demande si Jean et Marie aimeraient nous accompagner? Qu'en penses-tu? Aimerais-tu qu'ils nous accompagnent?	↔	P	Nous ne pouvons le leur demander sans inviter également Marc et Rebecca; ce ne serait pas juste.
E	J'ai une idée formidable; allons sur cette île naturiste. Nous pourions nous y faire dorer nus au soleil et .... etc!	↔	P	Comment pourrait-on se promener nu; ce ne serait pas décent. De toute façon, nous avons dépassé l'âge.
P	Cette année, nous ne pourrons nous permettre qu'une semaine.	↔	E	Oh, toi, vieux "schnock"! Tu ne veux jamais rien faire d'amusant.
A	J'ai rapporté plusieurs brochures. Veux-tu y jeter un coup d'oeil?	↔	E	Regarde la plage et la piscine ... Est-ce que cela ne te donne pas envie d'y aller?
E	Le soleil, la mer et m'amuser, voilà ce que je veux! Tout ce que je désire, c'est ne rien faire et tout oublier.	↔	A	L'endroit semble très joli. Je vais vérifier s'il est vraiment tout près de la mer.

Profiter de l'avantage transactionnel

Comme vous pouvez le voir dans les exemples, lorsqu'une personne commence une transaction dans un mode, elle s'y tient souvent. Le côté parental du moi se manifeste par la circonspection, le fait d'être sur ses gardes et soucieux de ce qui se fait ou ne se fait pas. Le côté infantile du moi est détendu, folâtre et innocent. Le côté adulte du moi est conscient des alternatives et intuitif. Vous pouvez changer de mode à n'importe quel moment d'une transaction et influencer l'issue du dialogue. Au cours de l'argumentation, un des interlocuteurs adopte souvent une attitude parentale et l'autre une attitude infantile. Ce phénomène débouche sur une impasse. Pour modifier la situation, vous pouvez utiliser le même mode que l'autre personne ou opter pour un mode qu'aucun des deux interlocuteurs n'utilise.

Un tel changement peut être très utile dans les relations intimes. Dans l'exemple, le mode utilisé est indiqué entre parenthèses à la fin de chaque réplique.

Mari: "Mon diner n'est pas prêt?" (**E**)

Femme: "Il sera prêt dans cinq minutes; pourquoi ne t'installes-tu pas dans un fauteuil? Etends-toi, je vais t'apporter ton journal et un verre. Tu sais que tu devrais te reposer." (**P**)

Mari: "Chaque jour je dois me farcir la même chose. Je trime comme un esclave toute la journée et les conducteurs deviennent exécrables comme cet imbécile en face." (**E**)

Femme: "Bien sûr, mais tu ne devrais pas t'énerver ainsi. Essaie de mieux contrôler tes sentiments, chéri." (**A**)

Mari: "Oh, pour l'amour de dieu, arrête de m'agacer." (**E**)

Femme: "Si tu commences à jurer; je serai obligée de sortir jusqu'à ce que tu te calmes." (**P**)

Ce type de dispute vous rappelle peut-être quelque chose. L'un des partenaires essaie de raisonner l'autre qui réagit émotionnellement. Pour modifier la situation, les deux partenaires tireraient bénéfice d'une bonne bagarre bien émotionnelle suivie d'une réconciliation.

Plus tard la raison peut reprendre le dessus ou, mieux encore, l'intuition adulte qui permet d'aborder les problèmes sous-jacents et les explosions émotionnelles et de peut-être procéder à certains ajustements.

TYPES DE TRANSACTION

P - P

Deux personnes parlent avec autorité. Ce mode de dialogue fonctionne très bien lorsque les deux parties utilisent les mêmes règles et partagent les mêmes convictions.

Les discussions internationales sur le mode parental peuvent être frustrantes et devenir hostiles étant donné que les parties ont des points de vue très différents.

E - E

Deux personnes se détendent et badinent ensemble. C'est le meilleur mode à adopter dans une soirée ou pour faire l'amour. Chaque interlocuteur réagit avec une innocence naturelle, c.-à-d. de manière ouverte, sans essayer de dominer l'autre.

Les choses peuvent se compliquer lorsque le mode parental intervient, e.a. si l'un des interlocuteurs pose une condition ou émet une critique négative. Dans ce cas la transaction peut devenir très explosive et l'un des partenaires peut passer dans le mode parental.

A - A

Deux personnes se respectent suffisamment pour prendre le temps et la peine de discuter de tous les aspects d'une situation, en tenant compte de leur intellect et de leurs sentiments mutuels, et de négocier à fond s'il y a matière à dispute. Se référer au **Chapitre Quatre: Pouvez-vous garder la tête froide?** (p. 226)

P - E

Deux personnes sont à couteaux tirés. Au niveau le plus élémentaire, un des interlocuteurs part d'une base autoritaire et l'autre, d'une base émotionnelle. Ils ne peuvent que s'affronter.

A son paroxysme, cette combinaison est la reproduction d'un

conflit non résolu dans la relation originale parent-enfant. D'où, l'interlocuteur dans le mode parental pense toujours "qu'il a raison".

Dans une relation amoureuse, la combinaison parent-enfant peut être soit merveilleuse soit désastreuse. Au niveau modéré, c'est l'un des partenaires qui joue occasionnellement le rôle du parent vis-à-vis de l'autre et vice-versa. Dans un comportement relationnel à dominante mode A, la combinaison P - E peut être un plaisir.

A l'extrême, une relation P - E devient sado-masochiste; un interlocuteur domine et l'autre se soumet. Comme avec les véritables enfants, notre mode E peut devenir impuissant et le résultat peut déboucher sur les coups, le viol et la castration psychologique.

A - E

Une situation dans laquelle un interlocuteur en mode A comprend et accepte les sentiments exprimés par l'autre interlocuteur. Dans ce type de relation, l'interlocuteur en mode A est en communion d'idées avec celui en mode E et est également conscient des implications de ces sentiments. Par ex., cette relation peut s'observer entre amis lorsque l'un est affligé par la perte d'un être cher (mode E) et l'autre est là, sans critiquer, mais prêt à réagir si nécessaire.

P - A

Il s'agit d'une relation dans laquelle l'interlocuteur en mode A peut tenir bon face à des plaintes logiques, d'autorité ou de conviction.

Il s'agit d'une position très puissante pour l'interlocuteur en mode A et difficile à soutenir sans déraper dans le mode P ou E étant donné que nous avons tous tendance à glisser vers l'un ou l'autre.

Ce type de relation est un bon exemple de "victoire de l'esprit sur la matière". L'être, l'intellect et les émotions de l'interlocuteur en mode A peuvent prendre l'avantage sur celui qui ne peut que se reposer sur le mode P.

Concentration psychique

Si les pouvoirs psychiques existent, il ne fait aucun doute qu'ils peuvent être utilisés tant positivement que négativement. Vous trouverez ci-après quelques exemples de concentration de l'énergie psychique sur des objets, pour le plaisir, ou de concentration de l'énergie psychique sur des gens, soit pour les contrôler, soit pour les guérir.

Se débarrasser de l'énergie négative

Croire en soi est très important. Un changement de fréquentation et une touche d'humour sont toujours positifs. Si vous subissez des influences négatives, il faut vous faire conseiller ou consulter un thérapeute afin de circonscrire clairement le phénomène auquel vous êtes confronté et réagir efficacement.

Pratiquement tous les types d'activité physique relâchent et libèrent l'énergie négative qui bloque souvent le corps. Au moment où vous vous détendez, votre attitude change. Le point important est de se rappeler que le but de l'activité physique est le plaisir et non pas la victoire ou l'établissement d'un record.

Une promenade alerte ou une séance de danse libre sur vos airs préférés suffiront dans la plupart des cas. Si vous ne pouvez vous promener, faites ces exercices sur une chaise. Il ne faut pas non plus utiliser nécessairement du matériel cher. Courir ou monter et descendre les escaliers plusieurs fois sans se tenir au mur ou à la rampe est aussi efficace que de pédaler sur un vélo d'appartement.

CONCENTRATION PSYCHIQUE PAR LES INDIVIDUS

Concentration psychique sur des objets

En 1973, Uri Geller a fait la une des journaux lorsqu'il a prétendu être capable de plier des couverts et de réparer des montres par sa seule influence psychique. De nombreuses personnes, et plus particulièrement des enfants, ont depuis lors prétendu être capables de faire la même chose et des centaines de clés et de fourchettes pliées en sont la preuve. Beaucoup d'entre eux trichaient mais le mystère reste entier. Uri Geller et de nombreux autres continuent, eux, à plier des couverts.

Pendant les années 1960, Ted Serios est devenu célèbre pour ses "idéographes". Il était originaire de l'Illinois, sans travail et avait un goût prononcé pour la bière. Pour ses performances, il utilisait un appareil photo Polaroïd. Il fixait l'appareil et prenait sa propre photo sans le toucher. Il prenait aussi des photos d'endroits éloignés, notamment du château d'eau de Chicago et d'un trapéziste canadien suspendu à un avion. Ses représentations étaient délirantes et bien qu'il ait été examiné par différents hommes de science, aucune conclusion satisfaisante ne put en être tirée tant ses résultats étaient déconcertants.

Tester la concentration psychique
Le Dr. Robert Morris de la Psychical Research Foundation en Caroline du Nord a mis au point des tests d'évaluation du pouvoir de concentration psychique. Une personne située en dehors de la pièce où se déroule l'expérience essaie d'influencer un chat dans le choix des carrés sur lesquels il marche. Un observateur compare les pas du chat avec les désirs psychiques de la personne testée.

Magie pure

Ces gens extraordinaires qui ont fait de la magie leur métier sont capables de choses qui semblent impossibles au commun des mortels. James Randi, l'un des magiciens les plus célèbres et les plus fabuleux d'Amérique, a montré comment plier des cuillères. Il l'a fait pour prouver qu'Uri Geller utilisait la même psychologie magique que lui.

Randi a également fait d'autres choses pour discréditer les phénomènes psychiques. Il fit participer son assistant à une émission radiophonique en prétendant qu'il était un médium; il demanda aux gens de téléphoner si quoi que ce soit d'étrange se produisait pendant le programme. Le central fut débordé d'appels : des ampoules explosaient, des miroirs se brisaient, des réfrigérateurs tombaient en panne, des chats devenaient sauvages et une quantité d'autres choses se produisirent. Randi eut beaucoup de mal ensuite à convaincre les gens qu'il N'était PAS un médium mais tout simplement un magicien malin.

Concentration psychique sur des individus

Sorcellerie, vaudou et sortilèges

Dans toutes ces activités, une personne est présumée en envoûter une autre par des incantations, des potions et des malédictions. Un exemple remarquable d'une personne apparemment influencée par une malédiction se présenta en 1960 dans l'hôpital moderne d'Oklahoma City aux Etats-Unis.

En janvier de cette année-là, Finis P. Ernest, un homme d'affaires prospère de 53 ans fut admis à l'hôpital souffrant d'une crise aiguë d'asthme. Très vite, il fut de nouveau sur pied et sortit de l'hôpital.

Deux jours à peine après sa sortie, il revenait à l'hôpital en proie à une crise épouvantable. Ce scénario se répéta plusieurs fois et au fil des mois, il commença à souffrir de crises d'épilepsie et de convulsions; les médecins, hautement qualifiés, ne trouvaient aucune cause organique à son état.

Chaque fois qu'il était à l'hôpital, il disait se sentir déprimé et désespéré. On finit par découvrir que chaque fois qu'il avait été en contact avec sa mère, son état empirait. Les médécins la tinrent à l'écart et l'état de Monsieur Ernest s'améliora. Le 23 août, il était plein d'entrain et en bonne santé, prêt à retourner chez lui et à retrouver sa femme Joséphine. Il téléphona à sa mère de l'hôpital à 6 h. environ et à 6.35 h., on le retrouvait en détresse respiratoire. Il mourut vingt minutes plus tard.

Son médecin fut tellement intrigué, qu'il se mit à étudier le passé de Finis Ernest avec l'aide de son épouse, Joséphine Ernest. Il apparut que Finis subissait fortement l'influence de sa mère. Il avait été marié deux fois mais à chaque fois, sa mère désapprouvant son choix, il avait divorcé subitement.

Enfin, il avait épousé Joséphine, que sa mère avait acceptée. Après 15 ans de mariage, Finis et sa femme avaient décidé de vendre l'affaire familiale. Lorsque sa mère fut mise au courant, elle se fâcha et prédit que quelque chose de terrible et d'affreux allait lui arriver. Après la vente, il tomba malade. Il crut que sa mère avait raison et tous les faits penchaient en faveur de cette hypothèse.

A l'hôpital, il s'était mis à faire le rapprochement entre sa maladie et la volonté de sa mère et eut à nouveau l'impression qu'elle pouvait avoir raison. La nuit de sa mort, il avait rassemblé son courage pour dire à sa mère qu'il allait acheter une nouvelle affaire dans laquelle elle n'aurait aucune part. Apparemment, elle n'avait fait aucun commentaire si ce n'est répéter son avertissement antérieur. Quelques minutes plus tard, il mourait.

Une miraculeuse guérison

De nombreux cas ont été rapportés de personnes guéries miraculeusement par l'influence psychique d'une autre personne qui leur consacra son attention, les toucha et leur dit de guérir.

Un exemple de ce type se produisit en 1972, pendant une session de formation d'acupuncture, à Londres, à laquelle assistaient des médecins généralistes.

Un des médecins, Paul Henry, diplômé seulement cinq ans plus tôt et intéressé par toutes les formes de médecine pouvant aider ses patients, avait été frappé de polio pendant sa propre enfance et avait gardé une jambe droite très mince et faible ainsi qu'une tendance à perdre l'équilibre.

Un jour de juin de cette année-là, il arriva un peu en retard à la session de formation et grimpa les escaliers quatre à quatre. Il trébucha, tomba et dévala l'escalier. Heureusement, il ne s'était rien cassé mais souffrait de quelques vilaines contusions, dont une sur la joue, qui risquait de virer au mauve criard après quelques jours. Il avait également une coupure au-dessus de l'oeil droit et était dans un état pitoyable lorsqu'il arriva enfin dans la salle où se tenait la session de formation.

Le médecin acupuncteur qui assurait la formation proposa à Paul d'être le "patient" de cette session. Paul accepta et s'allongea sur la table d'auscultation. Lentement et doucement, le médecin massa les contusions de Paul et ses muscles froissés en appuyant du bout des doigts et à plusieurs reprises à certains endroits.

Paul dit qu'il se sentait mieux et demanda au médecin s'il pouvait faire quelque chose pour son visage? Le médecin travailla sur son visage sans cesser de lui parler, lui disant que la contusion et la coupure seraient bientôt guéries. Paul décrivit l'expérience comme s'il recevait des courants électriques passant à travers la peau.

Paul quitta la table d'auscultation et la session de formation se poursuivit pendant deux heures. Lorsqu'il s'apprêta à partir, il demanda à un ami à quoi ressemblait son visage. Les 12 personnes présentes furent toutes étonnées de constater que le visage de Paul était net. Il n'y avait plus qu'une légère cicatrice là où il s'était coupé et une légère rougeur à l'endroit de la contusion.

Le contrôle de la douleur

Nous réagissons préventivement à la douleur en évitant les blessures sérieuses et les dangers qui nous entourent. Sans cette faculté, nous serions un danger pour nous-mêmes, alors même que nous avons le pouvoir de contrôler la douleur.

Comment les messages douloureux sont-ils envoyés au cerveau?

Il y a deux sortes de fibres nerveuses qui transmettent les impressions de douleur. Un système répond aux chocs superficiels comme par ex. un coup ou une piqûre d'aiguille, l'autre système, comprenant des fibres plus nombreuses, conduit les impulsions, perçues aussi bien à la surface que dans les organes internes du corps, très lentement vers le cerveau.

Ces deux systèmes de fibres expliquent la raison pour laquelle l'on éprouve souvent deux sensations de douleur, lorsque par ex. l'on s'écrase un orteil. La première sensation est immédiate et aiguë au moment où les fibres nerveuses de la surface avertissent de la douleur. La seconde sensation, qui survient un peu plus tard, est une douleur lancinante et diffuse qui envahit le pied et dure beaucoup plus longtemps. Ces impulsions sont transmises aussi bien de la surface que de la partie interne de l'orteil et du pied. Elles peuvent prendre jusqu'à une seconde pour atteindre le cerveau.

Dans le cerveau, les impressions de surface atteignent le lobe pariétal qui dresse une carte de toutes sortes de sensations physiques; les autres impressions douloureuses sont enregistrées dans la partie du lobe frontal du cerveau, étroitement liée aux réactions émotionnelles.

Perception de la douleur

Exception faite des individus souffrant de déficiences au niveau des cellules nerveuses et cérébrales, les chercheurs ont découvert que la perception de la douleur variait d'une personne à l'autre et suivant les circonstances.

Une étude réalisée sur des soldats, pendant la Deuxième Guerre Mondiale, a montré que seul un soldat grièvement blessé sur trois demandait de la morphine pour soulager la douleur après la période de choc initiale.

Une étude sur des civils volontaires pour subir des opérations chirurgicales et impliquant le même type de blessures a montré que seul un individu sur cinq demandait de la morphine. Ces études concluèrent que la quantité de douleur perçue dépend de nombreux facteurs, notamment de l'importance de la blessure.

Dans la vie quotidienne, de nombreuses personnes semblent capables de contrôler la douleur. Les danseurs de ballet savent, par ex., que certains pas sont extrêmement douloureux, pourtant, lorsqu'ils dansent, ils n'éprouvent aucune sensation de douleur. Tous les sports ont un seuil de douleur spécifique qu'il faut franchir et de nombreux individus ordinaires se sont montrés très courageux en surmontant la douleur.

De même, certaines personnes ne ressentent apparemment aucune douleur lorsqu'elles pratiquent certains rites religieux, comme de se poignarder, de s'enfoncer des aiguilles sous la peau ou de marcher sur des charbons ardents.

Le mystique indien Kuda Bux fait une démonstration de son pouvoir de surmonter la douleur en marchant sur des cendres incandescentes pour le London Council of Psychical Investigation de l'Université de Londres, en 1935.

Quel est le système qui régule la sensation de douleur? Le courage actif ou l'entraînement jouent-ils un rôle dans le contrôle des messages douloureux? Certainement. Il a été découvert récemment que les gens actifs sont moins sensibles à la douleur que ceux contraints à l'immobilité.

Le contrôle de la douleur est une activité

Le contrôle de la douleur suppose une croyance active dans sa propre capacité de guérir et de survivre.

Le contrôle de la douleur n'est pas seulement une question de "garder le sourire". Pleurer parce que l'on ressent une douleur physique ou psychologique a un effet calmant et stimule la libération des antidouleurs naturels du corps. Un bon gros sanglot qui vient de loin est extrêmement apaisant et peut facilement se transformer en un sentiment plus positif de puissance et même ...... en un grand rire libérateur.

La stimulation de l'ensemble du corps par les sanglots et le rire sont deux des activités recommandées dans la médication de la douleur, vers laquelle les gens se tournent pour soulager toutes sortes de douleurs.

Certaines douleurs deviennent chroniques en raison de dommages corporels mais quelquefois la douleur subsiste même après la guérison. Cela semble se manifester chez les individus qui ont tendance à croire qu'ils doivent souffrir ou qui s'attendent à souffrir. Certaines personnes peuvent surprotéger une zone qui a été blessée et même craindre que la douleur ne s'intensifie.

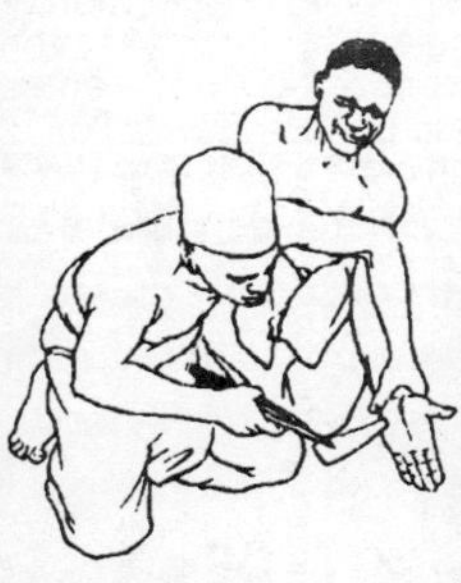

La tribu Digo du Kenya pratique l'ordalie par le feu pour déterminer la culpabilité ou l'innocence d'un suspect. S'il est brûlé après l'application d'un fer rouge, on considère que c'est la preuve de sa culpabilité.

Lorsque cette attitude est modifiée, généralement par des exercices qui relâchent les tensions, la douleur disparaît. Dans ces circonstances, faire travailler les zones douloureuses aide à se débarrasser de la douleur.

Le contrôle de la douleur semble donc un exemple d'une victoire très puissante de l'esprit sur la matière.

Régulation de la douleur

En 1969, on a découvert que la stimulation spécifique du tronc cérébral produit une analgésie aussi efficace que celle produite par la morphine et autres opiacés. La stimulation du tronc cérébral active certains nerfs qui utilisent des peptides appelés enképhalines. Ces enképhalines naturelles agissent sur les messages de la douleur d'une manière analogue aux effets de la morphine. Les enképhalines sont nos opiacés naturels.

Dix-huit peptides analgésiques ont été identifiés dans le cerveau. L'un de ces peptides, la ß-endorphine, peut être 50 fois plus efficace que la morphine. Cet antidouleur naturel est libéré directement dans la circulation sanguine à partir de la glande hypophysaire pendant les périodes de stress physiologique. Nous sommes donc capables, sous stress créatif, de libérer nos propres antidouleurs naturels.

L'acupuncture chinoise, qui existe depuis plus de 4.500 ans, est désormais reconnue en tant que méthode de contrôle de la douleur. Ses effets ont de telles propriétés analgésiques qu'un patient peut subir une intervention chirurgicale majeure tout en restant éveillé. On pense que l'acupuncture stimule aussi la production de nos opiacés naturels.

Il est important de se rendre compte que le stress non créatif est un état chronique pouvant perturber le processus de régulation naturelle du corps. Souvent, nous sommes inconscients du stress chronique, que subissent par ex. nos muscles, jusqu'au moment où nous commencons à les faire travailler. C'est la raison pour laquelle toute routine d'exercices physiques doit être mise au point lentement.

Certains médicaments, comme le naloxone, peuvent bloquer l'action de la morphine dans le corps. Cette même drogue peut également bloquer la production des opiacés naturels, comme la ß-endorphine, et inhiber l'effet de l'acupuncture.

Pouvoir de l'esprit sur le contrôle de la douleur

Vos attentes peuvent influencer votre situation réelle. Ce principe se vérifie dans de nombreuses situations. Sa validité a été confirmée dans le contexte médical.

L'effet placebo

En 1988, John Levine de l'Université de Californie à San Francisco, mena des expériences pour déterminer à quel point la confiance pouvait apaiser la douleur. On dit à des volontaires sains, à qui on avait enlevé les dents de sagesse, qu'on allait leur administrer un antidouleur intraveineux. En fait, ils reçurent tous des injections salines placebo inoffensives.

La moitié des volontaires reçut l'injection placebo du Dr Levine lui-même, qui portait une blouse blanche et de la poche de laquelle sortait un stéthoscope. Il respecta un rituel en accordant une grande attention à chaque personne et en faisant l'injection de manière ostensible.

Les Indiens d'Amérique du Nord, ainsi que de nombreuses autres sociétés primitives, utilisaient la douleur en tant que test d'initiation. Dans ce test d'endurance, les jeunes gens sont suspendus à des crochets glissés sous leur peau.

L'autre moitié des volontaires reçut les injections placebo par un équipement contrôlé par ordinateur sans médecin ni infirmière en vue.

On demanda à tous les volontaires d'évaluer leur niveau de douleur à différents intervalles sur une échelle numérique. Ceux qui avaient reçu l'injection par la machine eurent très mal alors que ceux qui avaient bénéficié de l'attention personnelle du médecin ne souffraient que très peu.

Il semblerait donc que la confiance dans le pouvoir de la personne donnant l'injection augmente le pouvoir de l'injection elle-même. Des milliers de gens participèrent à ces expériences avec les mêmes résultats. Pourquoi la perception de la douleur était-elle tellement différente dans les deux groupes? Le fait de croire qu'ils n'allaient ressentir aucune douleur stimula apparemment la libération des endorphines naturelles. Il est intéressant de constater que lorsque les volontaires de la même expérience reçurent du naloxone, qui inhibe l'effet des antidouleurs, l'effet placebo était également inhibé, c.-à-d. que le naloxone avait inhibé la libération des endorphines naturelles.

L'attente, l'émotion et les stimuli influencent notre perception de la douleur. Les mouvements, y compris la friction des blessures superficielles stimulent la libération des inhibiteurs naturels de la douleur mais la croyance dans sa propre capacité de guérir, de survivre et d'être libéré de la douleur est également un puissant stimulant.

Tenir bon

Pour se défendre face à l'adversité, il faut être bien équilibré, garder une position de force. Cette situation implique un raisonnement sain, un dynamisme émotionnel fort et une bonne forme physique. L'affaiblissement ou l'absence de l'un de ces trois éléments peut permettre à l'adversaire d'en tirer avantage.

Dans l'exercice de l'affirmation de soi, la mise en valeur de chacun de ces trois éléments stimule la croissance du plus faible d'entre les trois.

Avant de se lancer dans un débat, il faut y réfléchir. En soi, ceci donne déjà une certaine force physique et débarrasse l'esprit des émotions parasites.

Le temps passé à faire le tour de nos émotions fortes et à leur permettre de s'épancher, permet de faire le tri de nos sentiments et d'ajouter du carburant à notre raisonnement mental. Dans un débat, la puissance émotionnelle est nécessaire mais ne doit pas être dominatrice.

Crainte contre charisme

A faible dose l'anxiété peut être stimulante, elle vous prépare à l'action. Trop d'anxiété se transforme en crainte paralysante lorsque la faculté de bouger devient essentielle pour la survie. Si vous pouvez facilement compter sur votre charisme, votre présence ou votre confiance en vous, dans ce cas, la peur peut être motivante.

Les êtres humains confrontés à une menace sont stimulés par une réaction physiochimique qui engendre soit une fuite, soit une réaction agressive.

Lorsqu'une personne est pessimiste et croit que seul le pire va lui arriver, son cerveau envoie des messages au coeur et au système immunitaire. Petit à petit, l'organisme perd de sa vitalité, bien qu'aucune modification organique ne se produise. Une angoisse extrême peut précipiter une mort inexplicable. Le charisme personnel protège contre ce type de déficience.

Pour mieux comprendre votre charisme, référez-vous au **Chapitre Quatre: Recourez-vous à votre charisme?** (page 247).

L'importance de l'attitude physique

La position physique est un élément important dans tout débat, confrontation d'opinion ou bataille. Trois aspects doivent être pris en compte:

1 Le maintien est porteur d'un message spécifique: une personne qui se tient droite et regarde son adversaire droit dans les yeux s'affirme déjà. La position des pieds est très importante: les pieds légèrement écartés et les genoux légèrement pliés donnent de la flexibilité.

2 La position physique dans l'espace ajoute une dimension de force. Se retrancher dans un coin de la pièce est généralement une position de faiblesse. La direction de la lumière peut aussi être mise à profit. Etre à contre-jour, avec la lumière tombant directement sur votre adversaire, peut se révéler utile lorsque vous désirez avoir le dessus. Cette tactique est souvent utilisée par ceux qui désirent prouver leur autorité. Par contre, si votre adversaire change de position pour éviter la lumière, vous risquez à ce moment de perdre le contrôle de la situation. Il est donc souhaitable d'adopter une position qui satisfasse les deux parties.

3 La présence physique réelle de plusieurs autres personnes. Dans les studios de cinéma, les animateurs ont beaucoup plus de mal à faire passer leur présence que les animateurs qui travaillent sur une scène de théâtre. La présence des nombreux spectateurs dans la salle permet au champ d'énergie de s'étendre de l'artiste

à l'audience et vice versa. L'effort combiné est plus grand que la somme des efforts individuels.

Ce phénomène se vérifie aussi chez les artistes dont les performances sont toujours meilleures en présence d'un public que lorsqu'ils se trouvent seuls. C'est également le cas des groupes qui réalisent une prestation commune: une troupe de danseurs, un gang de voyous, un régiment, un groupe de pression ou un groupe d'invités à une fête.

Les êtres humains au combat ou soumis à des menaces sérieuses se servent de l'intensification de leurs réactions émotionnelles pour vitaliser leurs actes.

Le pouvoir du cercle

L'effet optimal est obtenu quand un groupe de personnes combinent leurs énergies dans une forme circulaire. L'énergie passe alors d'un membre à un autre et crée une force difficilement pénétrable.

En "fermant les rangs", ils ferment également leur champ d'énergie combiné et érigent un mur de puissance invisible. C'est probablement la manière la plus efficace pour un groupe de tenir bon face à un agresseur. Si les agresseurs se ruent autour du cercle, le pouvoir de celui-ci n'en est que plus important.

Toute personne au centre du cercle sera stimulée. Cette position centrale peut être exploitée positivement pour renforcer la sexualité ou accélérer la guérison d'un des membres du groupe, ou négativement pour engendrer la crainte ou le désespoir, par exemple chez un prisonnier du groupe.

Ce type d'attitude se retrouve dans de nombreuses situations quotidiennes. Le pouvoir du cercle aide les membres à y garder leur position. Il permet aux membres d'une équipe de dépasser leurs capacités individuelles en aidant ou guérissant les autres ou en gagnant. Dans des situations négatives beaucoup d'individus feront usage de cruauté envers les autres, ce qu'ils n'auraient jamais fait seuls.

De tous temps, et dans toutes les civilisations, la danse circulaire autour d'objets sacrés a eu pour but d'augmenter les pouvoirs au sein du groupe, comme le montre l'exemple ci-dessus: la danse du feu chez les Apaches.

LA BATAILLE DE MIRBAT

Dans beaucoup d'histoires il est question de petits groupes tenant une position apparemment impossible dans des conditions très difficiles. C'est sans doute grâce à la force des énergies collectives que ce type de situations délicates était maîtrisé. La bataille de Mirbat, à Oman, dans le sud de l'Arabie, est un exemple moderne d'une situation de ce type.

Un groupe de soldats SAS de l'équipe d'entraînement spécial de l'armée anglaise avait préparé les troupes anti-guérilla du Sultan, connues sous le nom de "firqas", pour résister aux attaques des guérilleros marxistes du Front de Libération du Dhofar. Ils devaient partir le mercredi 19 juillet 1972, en pleine mousson.

La nuit qui précéda leur départ, tout semblait calme et pourtant les guérilleros étaient en train de rassembler 250 de leurs meilleurs hommes pour donner l'assaut à la petite ville côtière de Mirbat. Avant que le soleil ne fut levé, ce mercredi-là, la petite ville de garnison fut cernée par 25 unités comprenant chacune 10 guérilleros, armés jusqu'aux dents avec des mortiers, des mitraillettes, des Kalashnikovs, des grenades et un lance-fusées Carl Gustav.

Mirbat était isolée, protégée seulement par les fils barbelés qui l'entouraient. Dans l'enceinte se trouvaient 10 soldats SAS regroupés dans leurs quartiers ainsi que 30 Askaris, originaires du nord d'Oman, armés de simples fusils et qui occupaient le Fort de Wali; dans la ville même, 40 firqas venaient de s'endormir avant le lever du soleil et enfin, 25 hommes environ appartenant à la gendarmerie provinciale du Dhofar se trouvaient de l'autre côté de la clôture au Fort de la gendarmerie avec, à l'entrée, un vieux canon de 25.

La première attaque visa 8 gendarmes qui se trouvaient de l'autre côté de la colline, quatre en réchappèrent et réussirent à gagner la ville. La bataille qui s'ensuivit fut nettement favorable aux guérilleros mais la coordination entre les divers groupes de défense à l'intérieur des barbelés fut remarquable.

C'est au capitaine des SAS, M. J. A. Kealy, âgé de 23 ans, que l'on doit les nombreuses décisions difficiles et adéquates qui furent prises; quant aux hommes, ils firent preuve d'un grand courage face à une situation qui semblait désespérée. Si l'armée placée sous les ordres du Capitaine Kealy, composée de 113 hommes d'origines très diverses, tint bon à Mirbat, c'est parce qu'elle croyait à sa capacité de repousser l'attaque des guérilleros mieux armés et initialement mieux organisés.

Les rebelles furent battus et lorsque la guerre prit fin, 4 ans plus tard, ils déclarèrent avoir été tellement impressionnés par la résistance qu'ils avaient rencontrée à Mirbat qu'ils n'étaient plus arrivés à rassembler autant d'hommes. Le nombre total des pertes s'élevait à 8 morts et trois blessés graves. Les 250 guérilleros y laissèrent 30 hommes et 10 blessés, mais les pertes réelles devaient être beaucoup plus élevées.

Utilisez vos dons naturels

Etes-vous un génie? Possédez-vous quelques-unes des qualités généralement associées au fait d'être un génie? Dans le langage courant, le mot génie s'applique à quelqu'un qui fait quelque chose extraordinairement bien. Il peut également être utilisé de manière affectueuse pour décrire quelqu'un de proche qui a fait quelque chose de particulièrement intelligent ou gentil.

Historiquement le mot a un sens beaucoup plus large. Dans le Petit Robert la définition de génie comprend:

- l'esprit qui préside à la destinée de chacun
- l'être mythique, esprit bon ou mauvais qui influe sur la destinée
- caractères distinctifs qui forment la nature propre d'une chose, d'une réalité vivante, son originalité, son individualité
- disposition naturelle
- aptitude supérieure de l'esprit qui élève l'homme au-dessus de la commune mesure et le rend capable de créations, d'inventions extraordinaires ou surhumaines

Ces définitions laissent donc entendre que chacun a du génie. Ce génie peut prendre la forme d'un esprit protecteur ou d'une ouverture aux influences positives. Votre génie peut également se révéler lorsque vous vous laissez envahir par l'atmosphère qui règne dans un groupe de personnes. Vos aptitudes naturelles font certainement partie de votre génie et, étant mû par vos instincts, vous avez certaines aptitudes imaginatives, créatrices ou inventives, qui ne se sont peut-être pas encore révélées.

Protéger votre génie

Les rapports avec certaines personnes sont difficiles et, avec d'autres, carrément impossibles. Le fait de se retrouver dans une foule peut se révéler très perturbant. Ces influences extérieures indésirables peuvent interférer avec votre aura et affecter votre génie interne.

Pour vous protéger de ces intrusions hostiles, vous pouvez créer autour de vous une structure de type ballon qui vous protégera de toute interférence.

Commencez par imaginer un grand ballon très lourd reposant sur le sol en face de vous. Il est assez grand pour vous permettre d'y entrer par une porte dans sa paroi.

Entrez dans le ballon, fermez la porte et mettez-y des coussins jusqu'à ce qu'il y en ait suffisamment pour vous permettre de vous asseoir ou de vous coucher, fermez les yeux et détendez-vous.

Le génie se rencontre dans tous les domaines de la vie, comme le montrent ces exemples :

1 Dans les arts: Shakespeare, Rembrandt, Mozart et Anna Pavlova.

2 Dans les sciences et la technologie: Galilée, Pasteur, Bell et Einstein.

3 Dans la guerre et la politique : Alexandre le Grand, Napoléon, Bismarck et Churchill.

Imaginez maintenant que les parois du ballon deviennent de plus en plus dures, de plus en plus rigides, vous protégeant complètement du monde extérieur. N'essayez jamais de trop visualiser. Laissez venir les choses.

Lorsque vous êtes persuadé qu'aucun danger ne peut pénétrer la peau durcie du ballon, relaxez-vous pendant quelques minutes. Ensuite levez-vous et faites ce que vous avez à faire. Vous serez alors capable d'affronter très facilement les influences néfastes sans perturber aucunement votre génie.

AMELIORER VOTRE GENIE PHYSIQUE

Votre génie à l'oeuvre

La majorité des gens associent l'orgasme aux rapports sexuels. L'orgasme est une manifestation de votre pouvoir de génie. Lorsque vous vous donnez corps et âme à faire l'amour, votre génie se révèle comme une réponse de plaisir créatif instinctif. Lorsque tout se passe bien, l'orgasme a une pointe de génie.

Les amants mûrs, qui mettent tout leur coeur dans leurs rapports, sont capables de prolonger la sensation de plaisir pendant un certain temps, par ex. une demi-heure ou plus, avant le climax et la détente ; ils savent également comment passer toute la journée à faire l'amour en utilisant leur génie du toucher, du massage, de la relaxation et du jeu.

Qu'est-ce qui vous excite?

Vous limitez-vous au sexe, ou avez-vous une vie riche en éléments et autres expériences qui vous excitent? Le sport vous excite-t-il? Votre génie réagit-il à un coucher de soleil, un paysage superbe, au parfum d'une fleur, un souvenir de feu de bois, un tableau, une photo ou un air favori?

Savez-vous profiter de la vie? Aimez-vous regarder jouer vos enfants, voir vos grands-parents heureux ou caresser le chat? Un jour ensoleillé suffit-il à votre bonheur? Etes-vous sans arrêt étonné du miracle des merveilles du monde qui vous entoure? La technologie, les bruits, les voix et les différents modes de vie?

L'orgasme sexuel est une expression très spéciale du génie, mais toute forme d'excitation et d'intérêt peut se transformer en un orgasme à faible énergie de plaisir physique intense. Si un plus grand nombre d'individus dans le monde arrivaient à profiter du plaisir qu'ils peuvent tirer de l'expression de leur génie, alors la molestation, le viol et autres violences associées à la peur du sexe disparaîtraient.

Le génie exige qu'on s'y livre corps et âme

Votre génie créatif n'est pas limité aux rapports sexuels. Votre génie peut être libéré de manière orgasmique dans de nombreuses autres activités à condition de les pratiquer de tout votre coeur, comme la danse, la peinture, l'invention, le théâtre, le sport, la construction, la conception, la création d'objets, etc.

Certaines de ces activités exigent des aptitudes spécifiques. L'expression vocale est probablement l'une des méthodes de l'expression du génie accessible à tous ceux capables d'ouvrir la bouche et d'émettre des sons.

Le génie de votre voix

Si vous pensez que vous ne savez pas chanter, la salle de bain est l'endroit idéal pour émettre tous les bruits que votre larynx est capable de produire: sous la douche faites du bruit et profitez-en. Plus vous crierez, mieux ça vaudra.

Commencez par prendre quelques inspirations profondes et ensuite, tout en expirant de manière régulière, émettez un seul son sur le ton le plus confortable. Essayez d'utiliser les voyelles, aaaa, eeeee, oooo, iiiii, uuuu. Ajoutez ensuite les consonnes, comme par ex. beeeebeeeebeeee, daaadaaadaaa, looolooolooo et ainsi de suite jusqu'a ce que vous trouviez un son qui vous plaise.

Au fur et à mesure que acquerrez confiance en vous, faites des phrases familières comme hou hou! hou hou! hou hou! et youpie! Si vous avez des enfants à la maison, ils sont admirablement inventifs et ont en général une richesse de sons et de bruits que vous pourrez leur emprunter. Eux aussi apprécieront de voir un adulte se joindre à eux pour faire du bruit.

Si vous pouvez mémoriser des airs, essayez d'imiter ceux que vous préférez. Vous ne devez pas pour autant faire partie d'une chorale, à moins que vous n'ayez une bonne voix mais n'hésitez pas à saisir toutes les occasions de chanter. Les chanteurs de gospel et les groupes masculins à quatre voix ont en général de grosses voix.

Si le chant ne vous inspire pas spécialement, essayez alors de psalmodier. Les psalmodies rythmées sont très entraînantes et si vous préférez parler, essayez de le faire aussi rapidement que vous pouvez, ensuite ralentissez et variez le registre.

Si vous vous entraînez en y mettant corps et âme, vous pourrez rapidement exprimer votre génie sous la forme d'un orgasme vocal! La pure extase de l'explosion libre du plus profond de vos poumons peut vous faire découvrir tout un nouveau monde. Vous vous sentirez plein de vie et plus à même de vous exprimer de nombreuses manières.

L'homme trouvera peut-être l'utilisation de sa voix pendant l'amour, une expérience plus familière pour la femme, mais utiliser votre voix étendra le plaisir orgasmique à tout votre corps. Certains sexologues recommandent à l'homme de cultiver cette forme d'orgasme énergétique. Au fur et à mesure que l'excitation augmente pendant le rapport transformez une partie de cette énergie en sons.

Juste avant l'éjaculation physique, laissez votre voix faire les sons les plus libres, prolongés, venant du fond de vous-même. Ceci devrait se passer juste avant le paroxysme pendant lequel l'homme plâne, avec un crescendo de libération vocale pure qui se répandra dans l'ensemble de son corps. De cette manière, il peut profiter d'orgasmes répétés en harmonie avec sa partenaire et en même temps garder un niveau de stimulation élevé. La voix peut être une éjaculation érotique aussi puissante que n'importe quelle éjaculation séminale.

Captiver un auditoire

Un auditoire peut être transporté, captivé ou ensorcelé par un spectacle au cours duquel l'artiste ne peut communiquer avec les spectateurs que par le biais de leurs cinq sens : la vue, l'ouïe, le toucher, l'odorat, le goût auxquels vient toutefois s'ajouter une réaction supplémentaire que le public ressent comme un sixième sens - sa réaction au charisme de l'artiste.

Au fil du temps, de nombreux artistes de music-hall ont essayé d'expliquer cette énergie. Sans ce PETIT QUELQUE CHOSE EN PLUS, les techniques les plus évoluées au monde ne suffisent pas à captiver un public. Si vous avez beaucoup de ce petit quelque chose, votre empreinte sur le monde du spectacle sera durable, même si vos talents sont limités. La combinaison du talent et de ce PETIT QUELQUE CHOSE EN PLUS, est, quant à elle, la garantie d'un énorme succès!

Pour captiver un auditoire, ce PETIT QUELQUE CHOSE EN PLUS doit être vrai. La plupart des artistes vous diront que ce PETIT QUELQUE CHOSE EN PLUS est une projection du moi le plus profond, exercice périlleux s'il en est. Les fabricants d'images modernes rendent un mauvais service à leurs clients en leur façonnant une image; ces images doivent émaner directement de l'individu. Une image qui n'exprime pas la personnalité de l'artiste ne peut qu'échouer dans son rôle de soutien du spectacle.

Pour captiver un auditoire, il vous faut apprendre l'art de parler, de chanter, de danser, de jouer, etc. et bien sûr aussi répéter avant votre performance. Mais dès que ces phases préliminaires seront terminées, il vous faudra tout oublier et vous concentrer sur la présentation. La MANIERE dont vous présentez votre performance n'est que le véhicule de CE QUE VOUS FAITES et c'est précisément cela qui vous oblige à recourir à vos énergies puissantes.

L'usage de votre pouvoir personnel donnera à votre performance une signification mémorable. Plusieurs aspects de ce pouvoir personnel de l'esprit ont été abordés dans ce chapitre, notamment celui relatif à l'exploitation de votre charisme et à la conservation de vos acquis.

LES DISCOURS POLITIQUES

Voici quelques paroles mémorables prononcées par des puissants dirigeants de démocraties.

Abraham Lincoln

Le discours qu'il prononça à Gettysburg lorsqu'une partie du champ de bataille de Gettysburg fut aménagée en cimetière permanent le 19 novembre 1863 n'était ni préparé ni même prévu. Voici comment il commença ce discours entièrement improvisé :

"Voici 87 ans, nos ancêtres ont fondé sur ce continent une nouvelle nation, conçue dans la liberté et basée sur la conviction que tous les hommes sont égaux.

Nous sommes aujourd'hui engagés dans une grande guerre civile, qui met cette nation à l'épreuve du temps, comme d'ailleurs toute autre nation qui serait conçue sur le même modèle et animée de la même conviction. Nous sommes ici pour consacrer une partie de ce champ de bataille à un lieu de repos éternel pour ceux qui ont sacrifié leur vie pour la survie de cette nation. C'est notre devoir d'agir de la sorte.

Mais, dans un sens plus large, nous ne pouvons dédier cette terre, nous ne pouvons la consacrer, nous ne pouvons la sanctifier. Les hommes courageux, encore en vie ou déjà morts, qui ont lutté sur ce sol, l'ont consacrée, bien au-delà de notre humble pouvoir d'accroître ou de diminuer leur mérite".

Dans son discours inaugural, prononcé le 4 mars 1865, six semaines avant son assassinat et la fin de la Guerre Civile, Lincoln exprima, avec puissance, les idées suivantes :

"... en cette même occasion il y a quatre ans, toutes les préoccupations étaient tournées vers l'imminence d'une guerre civile. Tous la craignaient, tous tentaient de l'éviter. Au moment où était prononcé, sur cette même place, le discours inaugural qui voulait sauver l'Union en évitant la guerre, des insurgés étaient dans la ville, essayant de la détruire sans qu'il y ait de guerre - tentant de dissoudre l'Union et de diviser ses intérêts par la négociation.

De part et d'autre, on désapprouvait la guerre, mais les uns préféraient la faire plutôt que laisser survivre la nation, et les autres préféraient accepter la guerre plutôt que laisser périr la nation, c'est ainsi que la guerre éclata".

Sir Winston Churchill

Dirigeant politique d'un gouvernement de coalition pendant la Deuxième Guerre Mondiale en Grande-Bretagne, ses discours soulevaient les foules. Il leur faisait croire qu'elles remporteraient la victoire. Il stimulait leur fierté, leur patriotisme, leur résolution et leur volonté d'accomplir les choses les plus impossibles.

Voici un extrait d'un bref discours adressé aux élèves de son ancienne école, Harrow, en Angleterre, le 14 octobre 1941 alors que les armées d'Hitler approchaient de Moscou:

"Ne parlons pas de jours plus sombres; parlons plutôt de jours plus graves. Ce ne sont pas des jours sombres. Ce sont des jours grands, les plus grands que notre pays ait jamais connus; et nous devons remercier le Seigneur de nous avoir donné à tous, chacun dans les limites de ses possibilités, l'occasion de jouer un rôle dans ces journées mémorables de l'histoire de notre peuple".

Le contrôle d'un auditoire peut s'effectuer sous différentes formes : en dirigeant ses actes, en lui donnant des instructions, en l'exhortant, en l'influençant, ou en l'inspirant par l'exemple.

LES TELEVANGELISTES

Les télévangélistes sont très populaires aux Etats-Unis, où ils s'adressent à leur public principalement par voie de télévision. Ils sont à la religion ce que le music-hall est au théâtre.

Dans un style grandiose, ils projettent la puissance de leur personnalité et sont maîtres dans l'art d'y ajouter le soupçon de rêve qui attire les téléspectateurs et leur fait croire que derrière l'écran les choses et la vie sont magiques.

Auraient-ils le même impact devant un auditoire en chair et en os? Certains d'entre eux l'auraient certainement; leurs pouvoirs personnels sont suffisamment puissants pour pouvoir se passer de la mise en scène et des artifices propres au monde du faire-croire de la télévision. D'autres, en revanche, se révéleraient, il est vrai, tout à fait incapables de retenir l'attention de leur public s'ils devaient prendre la parole en direct, sans le support de tout leur attirail d'artifices.

Qui sont les télévangélistes?

Oral Roberts qui vivait en Oklahoma prétendait être en lutte avec le diable. Son unique salut résidait dans la collecte de 4,5 millions de dollars destinés à des oeuvres missionnaires.

Un prétendu scandale sexuel, qui se déroula en mars 1987, contraignit Jim Bakker à démissionner de son poste de pasteur dans l'émission télévisée PTL ("Praise the Lord" [Louez le Seigneur] ou "People that Love" [des Hommes qui Aiment]). La dame avec laquelle il s'était apparemment compromis pendant 15 minutes à peine, se vit offrir 115.000 dollars pour son silence.

Le Révérend Jerry Falwell, un fondamentaliste, accepta de reprendre le flambeau de l'empire de Bakker qui s'ajoutant à son propre capital, l'émission "Old-Time Gospel Hour" (L'Heure de l'Ancien Testament) se transforma en un empire télévisé dont la valeur était estimée à 230 millions de dollars avec un taux d'audience porté à environ 50 millions de chrétiens reconvertis.

Jimmy Swaggart, un autre pasteur de l'Assemblée télévisée de Dieu, fut accusé par Bakker de double jeu et une querelle féroce s'engagea entre les deux hommes, dans laquelle furent également entraînés de nombreuses personnes ainsi que des millions de dollars. Ce scandale fit le régal des journaux à sensation et les taux d'écoute grimpèrent en flèche.

Jimmy Swaggart finit par avouer ses perversions sexuelles et fut également déclaré coupable de détournement de fonds de l'Eglise à son profit, afin de s'assurer, disait-il, à lui et à sa femme Tammy Faye, une vie luxueuse. Il a été défroqué publiquement, s'est confessé et a exprimé ses regrets à la télévision. Tout cela n'a pourtant pas suffi à le mettre hors d'état de nuire et moins d'un an plus tard, il était à nouveau dans le circuit.

La rencontre des esprits

Lorsque nous saluons une autre personne et que nous engageons une conversation, nos esprits se rencontrent à travers notre regard, notre toucher, nos mots et nos champs énergétiques. Etant donné que les mots sont le véhicule de nos énergies, l'absence d'échange verbal peut compliquer la rencontre avec un étranger.

Pour transférer les pouvoirs de votre esprit dans vos paroles, commencez par répéter une phrase brève en changeant d'intonation autant de fois que vous le pouvez. Plus vous lui donnerez de significations différentes par l'intonation, le rythme, le ton, etc., plus grande sera la capacité de votre esprit à s'exprimer par les mots.

Pour vous exercer, employez des mots et des phrases simples tels que : Bonjour. Je suis très heureux de vous rencontrer. Je vous souhaite une agréable journée.

Le contrôle de l'esprit à grande échelle

Il est sans doute naturel, pour nous, êtres humains, de chercher à utiliser nos découvertes pour dominer les autres, avant de consacrer nos ressources nationales à mettre ces découvertes au service du bien public. Quelle qu'en soit la raison, tel est notre comportement dans bien des circonstances et la découverte des pouvoirs de l'esprit et des phénomènes psychiques n'échappe pas à ce processus.

Depuis le début du vingtième siècle, de nombreuses recherches non officielles ont été consacrées aux phénomènes psychiques. Après avoir établi des preuves étayant certaines théories relatives à la télépathie, la clairvoyance, etc., certains gouvernements ont non seulement approuvé la constitution d'organes de recherche mais ont même mis sur pied des projets de recherches gouvernementaux.

Jusqu'à présent, la domination d'un pays sur un autre ou la protection d'un pays contre un envahisseur passaient par l'utilisation d'armements conventionnels, nucléaires ou chimiques. Mais tous ces moyens, et plus particulièrement les deux derniers, présentent des inconvénients pour les agresseurs. Dès le début des années 50, de nombreux individus étaient convaincus qu'en cas de conflit nucléaire, la destruction mutuelle était inévitable. La possibilité d'un éventuel contrôle entièrement pacifique de l'adversaire par le recours à des phénomènes psychiques serait bien plus satisfaisant pour tout le monde.

UNE DROLE D'INSTALLATION

Cette esquisse est le schéma d'un engin, dont personne ne connaît l'utilité, observé depuis l'espace à Sharyshagan en Union Soviétique. Certains pensent qu'il pourrait s'agir d'une arme à rayon de particules.

Thomas Bearden pensait qu'il s'agissait d'une forme élaborée des circuits à haute fréquence inventés au début du XXe siècle par Nikola Tesla, un immigré américain.

Bearden était également convaincu que cet engin était capable de produire un champ d'énergie ou une bulle d'énergie pouvant servir de bouclier contre les avions, ou même de modifier les pensées des gens à distance.

a Générateurs continus
b Générateurs de vibrations
c Bâtiment de contrôle
d Emetteurs
e Guide d'ondes

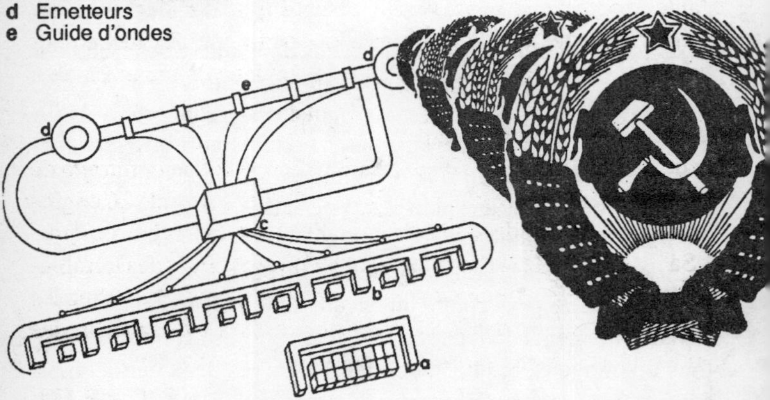

PSYCHOTRONIQUE

Ce terme relativement récent signifie "relatif au psychisme". Il est utilisé pour décrire toute application pratique de phénomènes psychiques.

La guerre psychotronique

En décembre 1980, la Military Review, la revue professionnelle de l'Armée américaine publiait un long article. Cet article était le résultat des recherches d'un certain Lieutenant Colonel J.B. Alexander, auteur et détenteur outre de son titre militaire, de plusieurs diplômes universitaires.

L'article, qui s'intitulait "Le nouveau champ de bataille psychologique", portait le sous-titre plus léger de "Envoie-moi tes rayons, Spock". Le contenu de l'article n'était cependant pas aussi humoristique. Son auteur prétendait que la recherche psychotronique battait son plein depuis des années et que de nombreux systèmes d'armement opérationnels, ne recourant pas aux explosions, mais au contrôle de l'esprit des êtres humains, existaient.

Certaines de ces armes, affirmait-il, avaient déjà fait l'objet de tests et s'étaient révélées tout à fait aptes à détruire l'esprit d'êtres humains, les transformant en robots vivants au service d'autres. L'auteur se rendait évidemment compte que ses idées seraient jugées farfelues par certains mais demandait que des recherches plus poussées soient effectuées dans le domaine du paranormal.

Les armes psychotroniques

Au début des année 80, Thomas E. Bearden, un officier retraité de l'Armée américaine, affirma qu'il y avait dans le monde 26 engins au moins correspondant à la définition de l'arme psychotronique.

Sa liste reprenait des engins capables de provoquer des tremblements de terre, de dicter une réaction mentale spécifique chez les électeurs, d'émettre des "schémas pathogènes" ou de modifier les conditions atmosphériques.

L'expérience de Bearden s'articulait surtout autour des systèmes de défense aériens, des jeux de stratégie militaire et de l'ingénierie nucléaire. Il était donc normal qu'il cherchât l'explication de ces engins psychotroniques dans la mécanique quantique et la psychologie de Jung. Ses idées, bien que relativement terrifiantes, étaient aussi très plausibles.

Les théories psychotroniques sont-elles plausibles?

Ces théories reposent sur l'hypothèse logique que si une personne peut en influencer une autre, directement ou à distance - fait qui a déjà été prouvé à de nombreuses reprises - il est bien sûr logique de penser que les pouvoirs psychiques collectifs de plusieurs centaines de personnes se concentrant dans une même direction peuvent être considérables.

Ceux qui soutiennent l'existence des engins psychotroniques vont même plus loin : si l'on parvient à mettre au point des procédés mécaniques ou électroniques capables de reproduire cet effet, la première nation à les utiliser disposerait d'un avantage capital sur les autres.

Il semblerait qu'une guerre avec des armes psychiques soit déjà en cours, avec comme enjeu possible, le contrôle à distance de millions de personnes, par des moyens dont ils n'auraient pas conscience.

Qui participe à cette compétition?

D'après Richard Deacon, auteur de romans d'espionnage britannique, Israel s'intéresserait activement à l'espionnage psychique et serait très bien informé sur les méthodes psychotroniques. Deacon est également convaincu que quelle que soit la nation qui serait la première à découvrir comment fabriquer et utiliser des engins psychotroniques efficaces, elle serait supérieure à toutes les autres.

Citant des sources des services secrets israéliens, Deacon prétend que les Soviétiques expérimentent le conditionnement subliminal depuis les années 70. Selon cette théorie, des impulsions de contrôle sur le comportement pourraient être envoyées par télépathie. En 1976, on crut trouver une confirmation de cette information dans l'apparition du signal soviétique "pivert".

Les signaux "pivert"

En 1976, plusieurs nouvelles stations de radio soviétiques se sont mises à émettre. Mais ces émissions étaient limitées à un martèlement d'ondes courtes, devenues célèbres sous le nom de signaux "pivert". Ces signaux entraînaient des interférences dans les télécommunications et les transmissions radio, et de nombreuses plaintes furent déposées.

En 1977, Andrija Puharich, un chercheur américain dans le domaine psychique, affirma avoir fait des observations indiquant que cette installation avait été mise sur pied non pas pour provoquer des interférences avec les lignes téléphoniques, mais pour influencer les esprits.

Il prétendit que la transmission pivert propageait des signaux à basse fréquence de 4 à 15 pulsations par seconde, de la même amplitude que les ondes thêta et alpha du cerveau.

Dans ses recherches en laboratoire, il avait découvert que le rythme cérébral pouvait s'aligner sur toutes les fréquences qu'il utilisait provoquant migraines et engourdissement, tout en laissant les êtres réceptifs aux suggestions mentales. Puharich suggéra que les signaux "pivert" étaient en fait des expériences de contrôle de l'esprit dirigées vers le Canada. Il n'y avait aucune preuve, uniquement des spéculations, et il semblait peu probable que les Soviétiques essaient d'influencer des personnes dont ils ne pouvaient pas observer les réactions.

La possibilité de contrôler la pensée des masses, de dominer l'esprit de plusieurs millions d'individus reste une question sans réponse. Plusieurs scientifiques très respectés ne s'opposent plus à cette idée aussi catégoriquement qu'auparavant.

Choisir le bon moment

La Terre et le corps humain sont soumis à des cycles naturels qui présentent des périodes basses, dites de repos et des périodes hautes, dites actives. En exploitant les pouvoirs de son esprit au moment où les modifications cycliques sont en hausse plutôt qu'en baisse, l'individu peut en tirer un bénéfice optimal.

Les cycles naturels

Plusieurs changements périodiques réguliers peuvent être pris en considération; le cycle sommeil-éveil est probablement le plus important, d'entre eux.

De combien d'heures de sommeil régulier avez-vous besoin pour être au meilleur de votre forme? Une moyenne de huit heures peut être trop élevée ou insuffisante. A quel moment êtes-vous le plus éveillé? Etes-vous un "matinal" ou vous sentez-vous mieux plus tard dans la journée? Le rythme de deux périodes de sommeil est largement répandu dans les pays chauds, et nombreux sont ceux qui préfèrent ce type de cycle.

VOS BIORYTHMES

Il y a trois types de rythmes : le rythme intellectuel, le rythme émotionnel et le rythme physique. Tous trois commencent à la naissance et se renouvellent respectivement tous les 33, 28 et 23 jours. Leur position exacte de départ ne se répète que tous les 58,6 ans. Des tables et des programmes pour ordinateurs personnels permettent de calculer les biorythmes combinés.

Comment calculer votre cycle intellectuel

Les pouvoirs de l'esprit sont liés au biorythme intellectuel, bien que ce dernier n'en soit pas l'unique paramètre. Afin de déterminer votre cycle intellectuel, calculez d'abord le nombre de jours qui se sont écoulés depuis votre naissance, en tenant compte du fait qu'une année normale compte 365 jours et une année bissextile, 366. Les années bissextiles sont les années divisibles par quatre.

Divisez ensuite ce nombre par 33. Le reste de cette division vous permet de voir à quel stade vous êtes de votre cycle actuel.

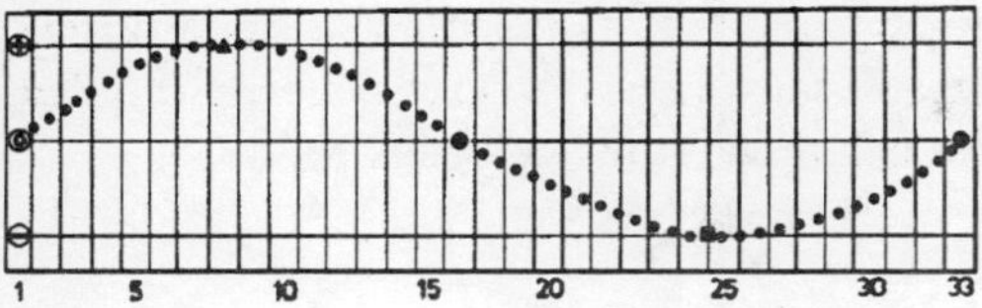

Le cycle intellectuel
Les jours les plus hauts: les 7e, 8e et 9e jours constituent la période la plus propice du cycle.
Les jours les plus bas: le 24e et le 25e jour, il vaut mieux se reposer.
Les jours critiques: le 16e et le 33e jour, au moment où le cycle croise la ligne médiane et passe de la partie positive à la partie négative et vice-versa. Il faut être très prudent à ces moments-là.

LES DOUZE SIGNES DU ZODIAQUE

Ce diagramme vous permet de voir quel signe est opposé au vôtre. Si vous ne connaissez pas votre signe solaire, référez-vous aux TABLES DES SIGNES SOLAIRES à la fin de cet ouvrage.

Les cycles des planètes lourdes

Etant donné que Jupiter, Saturne, Neptune, Uranus et Pluton traversent les signes du zodiaque, on pense qu'ils influencent la plupart des personnes dont la date de naissance tombe dans un de ces signes.

Mon signe solaire est ....

Mon signe d'opposition est ....

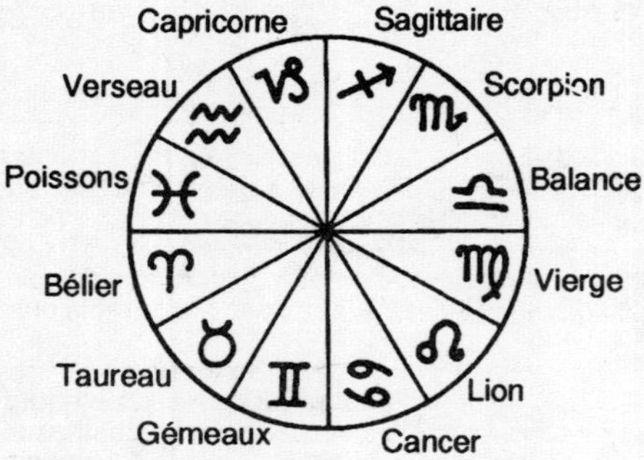

L'influence des planètes lourdes

Référez-vous aux TABLES DES PLANETES LOURDES à la fin de cet ouvrage pour déterminer si l'une de ces planètes se trouve soit dans votre signe solaire, soit dans votre signe d'opposition, et lisez ensuite les influences qu'elles peuvent avoir sur votre vie au cours de cette période.

JUPITER vous offre des ouvertures, des occasions, et vous apporte la prévoyance et la chance. Lorsque Jupiter entre dans votre signe, c'est le moment d'élargir vos horizons et d'entrer en contact avec le monde extérieur. Jupiter peut être légèrement arrogant, évitez dès lors de vous vanter trop ou d'exagérer, sinon vous risquez de dépasser les bornes.

SATURNE peut apporter la structure, la maturité et la sagesse pour ceux qui saisissent cette occasion de s'améliorer. Sobre et travailleuse, la plus belle des planètes avec ses nombreux anneaux, Saturne est associée à la discipline, à la prudence, à la solitude, à la souffrance, au destin et au rythme. Les astrologues l'appellent le grand professeur.

URANUS sort du rythme, choque et est étrangement rafraîchissant. Unique et honnête à en devenir embarrassant, Uranus est associé aux changements fondamentaux de la pensée sociale. Il peut s'agir aussi bien d'une attitude envers une personne que d'une philosophie entièrement nouvelle vis-à-vis du monde entier, de la manière dont il devrait se développer et de qui devrait y contribuer.

NEPTUNE est le dieu tout-puissant de la mer où il joue avec les lumières bleues et a le temps d'aller où il le désire, au gré des courants porteurs. Neptune est associé au mystère, aux illusions, à l'imagination, aux rêves, à l'extase, à la fascination et à la compassion spirituelle. Il peut décevoir aussi, évitez donc les désillusions.

PLUTON a la spécialité de révéler au grand jour des secrets longtemps cachés. Pluton, le dieu des enfers, fait remonter à la surface les faits enfouis : les désirs psychologiques ou les pouvoirs cachés. Pluton vous donne l'occasion de vous transformer lentement mais sûrement par une métamorphose complète.

LES CYCLES DES MAREES ET LES PHASES DE LA LUNE

Les marées résultent des phénomènes d'élévation et d'abaissement du niveau de la mer dus aux forces de gravitation exercées par la lune et le soleil. Les marées hautes interviennent à un intervalle moyen de 12 heures 24 minutes et 30 secondes. Les marées les plus hautes ou marées de vive eau ont lieu aux alentours de ou pendant la pleine lune et la nouvelle lune. Les marées les plus basses ou marées de morte-eau ont lieu pendant le premier et le dernier quartier de lune.

On pense que ce cycle mensuel influence le comportement humain. Pour vérifier si vos périodes d'activité ou de repos correspondent aux phases de la lune, vous pouvez consulter les tables des phases lunaires ou les horaires des marées.

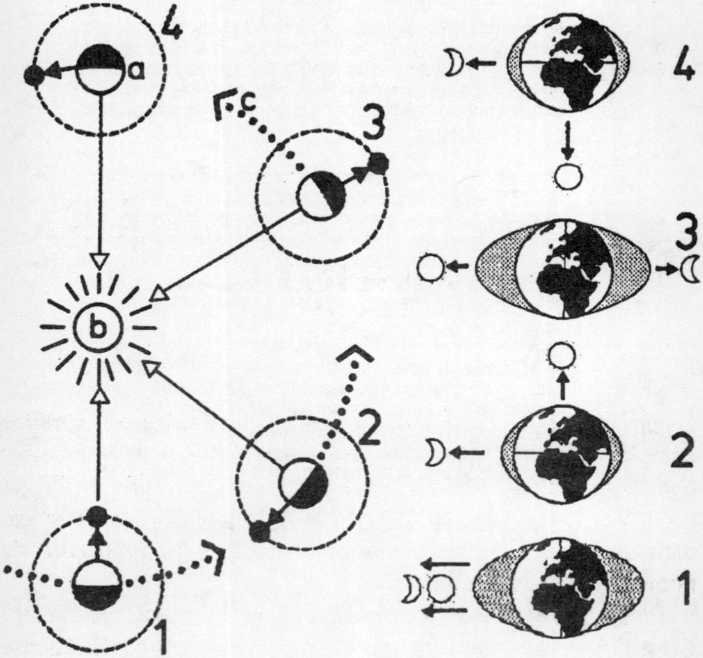

a Terre
b Soleil
c Direction de l'orbite terrestre

Force de gravitation du Soleil

Force de gravitation de la Lune

1 **Marée de vive eau**
Nouvelle lune

2 **Marée de morte-eau**
Premier quartier

3 **Marée de vive eau**
Pleine lune

4 **Marée de morte-eau**
Dernier quartier

CHAPITRE 5

DEVERROUILLEZ VOTRE ESPRIT

Le principe de la victoire de l'esprit sur la matière est une idée complexe. Il existe de nombreuses interprétations de la manière dont nous pouvons utiliser notre esprit pour contrôler et diriger notre vie. Le cerveau et l'esprit sont certainement inséparables; dans quelles proportions, telle est la question qui préoccupe de nombreux chercheurs modernes.

L'esprit et le corps sont-ils séparés ou du moins séparables? C'est là une autre question qui n'a pas encore trouvé de réponse mais il semble plus que probable que notre esprit influence notre corps.

Les esprits sains n'habitent pas toujours des corps sains et de nombreuses personnes ayant un corps sain n'ont pas un esprit sain... Peut-on, dans ce cas, véritablement parler de la victoire de l'esprit sur la matière?

Quelles que soient les conclusions auxquelles on aboutira à l'avenir, il est d'ores et déjà certain qu'il existe encore de nombreuses et merveilleuses manières d'utiliser notre esprit, ou notre corps-esprit, pour accomplir des choses remarquables ébauchées jusqu'ici au cours de quelques épisodes miraculeux disséminés dans l'histoire.

La vue, l'ouïe, l'odorat, le goût et le toucher sont nos sens normaux. Nos sens paranormaux constituent un monde encore à exploiter, enfoui quelque part au fond des pouvoirs de notre esprit.

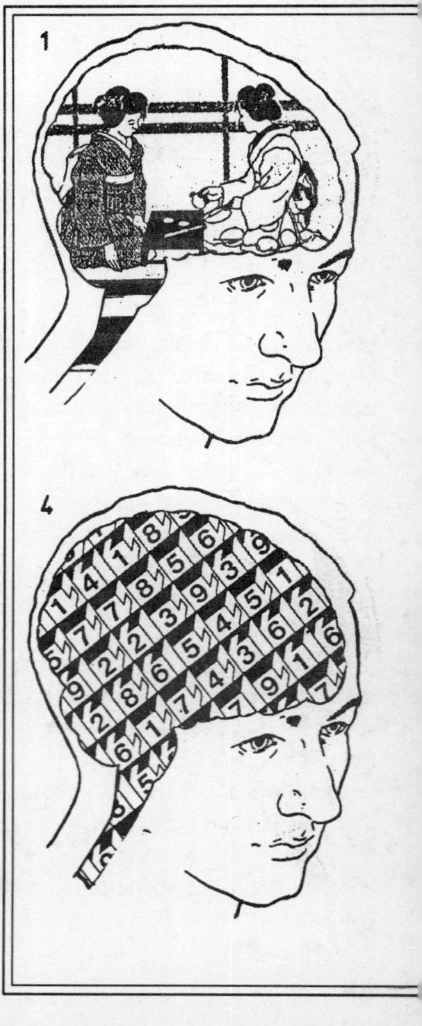

Vous pouvez utiliser le pouvoir de votre cerveau pour arriver à une meilleure confiance en vous-même et à votre auto-amélioration par :

1 l'apprentissage des langues et la compréhension d'autres cultures
2 l'acquisition de biens et l'amélioration de votre statut social
3 la mémorisation de faits
4 la compréhension de concepts
5 la résolution de relations personnelles
6 en s'adonnant à son imagination

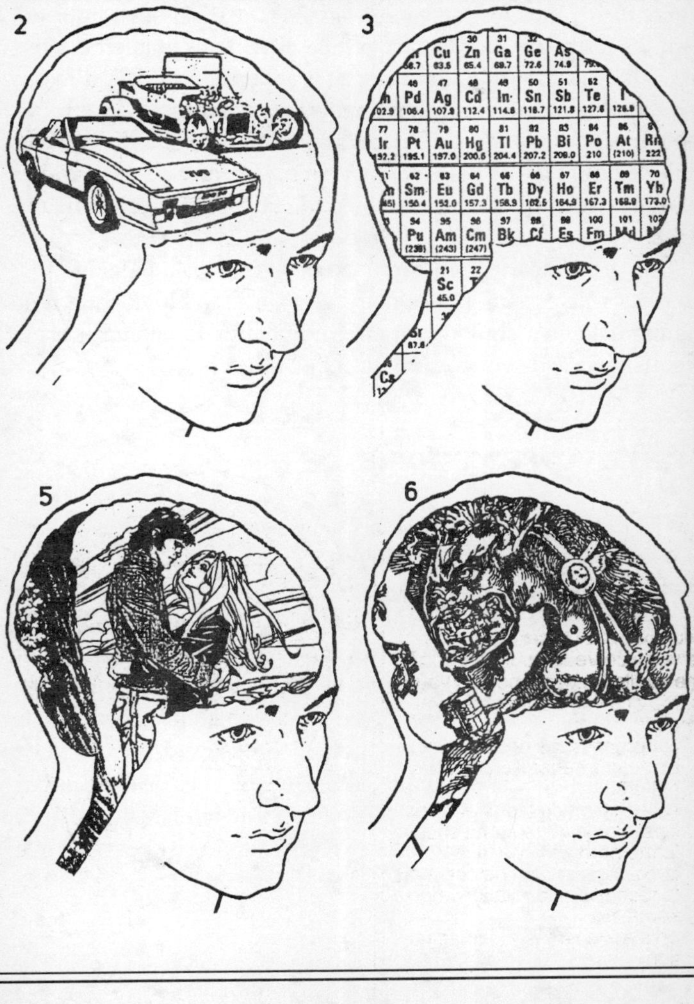
2
3
Cu Zn Ga Ge As
Pd Ag Cd In Sn Sb Te
Ir Pt Au Hg Tl Pb Bi Po At
Sm Eu Gd Tb Dy Ho Er Tm Yb
Pu Am Cm Bk
Sc
5
6

Trouver la clé

Sur la page ci-contre, vous trouverez les reproductions de 22 personnages illustres, auteurs de grandes réalisations et qui ont exploité les pouvoirs de leur esprit de différentes manières. Vous reconnaîtrez certains d'entre eux au premier coup d'oeil, d'autres peuvent vous sembler inconnus, mais tous ont réussi à déverrouiller leur esprit et à tirer parti de leurs pouvoirs. La clé de leur succès était de croire qu'ils pouvaient y arriver. La foi dans vos propres capacités vous permettra également de tirer parti des inévitables erreurs qui se produiront lors du déverrouillage de votre esprit.

Une grande partie de l'esprit est occupée par la mémoire, qui revêt un rôle essentiel dans notre vie. Un individu dépourvu de mémoire devient pratiquement une non-entité. La mémoire est la première porte de votre esprit qu'il faut ouvrir.

TESTEZ VOTRE MEMOIRE

Les 22 personnages illustres représentés sur la page ci-contre sont désignés par une lettre allant de A à V. Leurs noms, de même que quelques informations les concernant, sont repris sur une liste. Pouvez-vous replacer correctement chaque lettre dans la case précédant le nom? Pour y arriver, vous devrez faire appel à des connaissances enfouies dans votre mémoire. Pour retrouver le nom des personnages dont vous n'avez jamais entendu parler ou que vous n'avez jamais vus, vous pouvez procéder à une sorte de devinette logique. Par exemple, il se peut que vous ne connaissiez pas l'athlète britannique Daley Thompson, mais, étant donné qu'il est le seul athlète sur cette liste, sa représentation ne peut être que celle correspondant à la lettre L.

Résultats

Accordez-vous un point pour chaque réponse correcte, le score maximum étant de 22 points. Ne tenez pas compte des erreurs. Si vous avez plus de 6 bonnes réponses: bon; plus de 11 bonnes réponses: très bon; plus de 15 bonnes réponses : excellent; plus de 18 bonnes réponses : exceptionnel.

22 personnages illustres

- [ ] Maria Montessori, médecin italien
- [ ] Napoléon Bonaparte, empereur français
- [ ] Joseph Conrad, écrivain et navigateur britannique d'origine polonaise
- [ ] Barbara Cartland, écrivain romantique
- [ ] Sidney Hillman, américain, réformateur de l'Union
- [ ] John D. Rockefeller, américain, magnat du pétrole
- [ ] Andrew Carnegie, américain, magnat de l'acier
- [ ] Marilyn Monroe, actrice de cinéma américaine
- [ ] La Reine Victoria, monarque britannique, épouse et mère
- [ ] Vincent Van Gogh, artiste hollandais du 19e siècle
- [ ] Keri Hulme, écrivain néo-zélandais
- [ ] Georgia O'Keeffe, artiste américaine du 20e siècle
- [ ] Maharishi Mahesh Yogi, gourou hindou
- [ ] Lee Miller, reporter photographe américain
- [ ] Calouste Gulbenkian, magnat du pétrole d'origine arménienne
- [ ] Elvis Presley, star du rock and roll américain
- [ ] Hans Christian Andersen, écrivain danois
- [ ] Martin Luther King, pasteur américain
- [ ] Daley Thompson, athlète britannique
- [ ] Lucrèce Borgia, monarque italien du 16e siècle
- [ ] Winston Churchill, homme d'Etat britannique
- [ ] Placido Domingo, chanteur d'opéra italien

Avez-vous une bonne mémoire?

En avez-vous retrouvé autant que vous l'auriez voulu? Avez-vous éprouvé des difficultés à établir la relation entre les noms et les visages? Voulez-vous savoir comment améliorer les pouvoirs de votre esprit? Le meilleur moyen consiste à commencer par apprendre comment retrouver des informations dans votre mémoire. Pour ce faire, passez immédiatement à la page suivante.

Réponses correctes.
A Gulbenkian; **B** Conrad; **C** Miller;
D Hillman; **E** Cartland; **F** Maharishi;
G Rockefeller; **H** O'Keeffe; **I** Presley;
J Victoria; **K** Monroe; **L** Thompson;
M Carnegie; **N** van Gogh; **O** Churchill;
P Bonaparte; **Q** Hulme; **R** Andersen;
S Domingo; **T** Borgie; **U** Montesorri; **V** King.

De qui vous souvenez-vous?

Avez-vous une bonne mémoire des noms et des visages? Etre capable de retenir les noms des personnes auxquelles vous avez été présentées est un grand atout. Parler avec d'autres personnes est une activité normale, quotidienne, au cours de laquelle vous pouvez exercer le pouvoir de votre esprit en appelant chaque personne par son nom correct.

AVANT DE CONTINUER, VEUILLEZ NOTER que, sur la page précédente, figurent 22 personnages illustres de sexe masculin et féminin ainsi qu'une liste de leurs noms. Si vous avez déjà effectué le test, poursuivez votre lecture. Si vous n'avez pas prêté attention à cette liste, revenez sur la page précédente avant de continuer. MAINTENANT, CONTINUEZ SUR CETTE PAGE-CI.

Apprendre à croire en soi

Si vous savez lire et que vous avez lu la liste de 22 noms inscrits sur la page précédente, vous êtes capable de vous souvenir de ces 22 noms sans les relire. Si vous ne le croyez pas, une simple expérience vous le prouvera. Parcourez la liste de 12 noms cités ci-dessous et écrivez OUI à côté des noms qui faisaient partie de la liste des 22 personnages illustres.

Liste des noms

☐	1	Geldof	☐	7	Windsor
☐	2	Cartland	☐	8	Kelly
☐	3	Thompson	☐	9	Hulme
☐	4	Newman	☐	10	O'Hara
☐	5	Andersen	☐	11	Carter
☐	6	Hillman	☐	12	King

Les noms des personnages illustres correspondaient aux numéros 2, 3, 5, 6, 9, 12. La plupart des gens sélectionnent correctement ces 6 noms. Vous serez peut-être surpris de voir tout ce que vous aurez retenu. En réalité, vous avez les 22 noms en mémoire; pour être capable de se rappeler les 22 noms, il suffit d'apprendre à vous servir des pouvoirs de votre esprit.

Pouvez-vous retrouver des informations?
Sur la page 304, les 22 personnages sont présentés dans un ordre différent. Combien d'entre eux pouvez-vous identifier en étant sûr de ne pas vous tromper? Sans écrire les noms, contentez-vous de compter ceux que vous pouvez identifier avec certitude. Inscrivez votre score dans la case intitulée : PREMIER ESSAI. Recommencez l'expérience une seconde fois.

PREMIER ESSAI

Répétition de l'exercice
Retournez à la page 299 et essayez d'établir un rapport entre les visages et les noms. Plus l'association sera risible, plus il vous sera facile de vous en souvenir. Les associations doivent être visuelles. Un moyen efficace pour retenir l'orthographe des noms, consiste à les noter et à les lire à haute voix.

Les exemples suivants d'associations entre un nom et le visage d'un personnage sont personnels à l'auteur. Vous vous souviendrez plus facilement des noms si vous trouvez vous-même une association visuelle, personnelle et risible entre les noms et les visages.

Exemples d'association de noms et de visages
Montesorri
On s'imagine bien cette vieille dame à l'air sévère tentant de rester implacable pendant que monte sur sa manche une souris (monte-souris).

Domingo
Le brun profond de ses iris contraste avec le blanc de ses yeux comme des dominos et on peut l'imaginer portant un énorme domino dans une course tandis que le public l'encourage en criant : GO, GO, GO!
Churchill
Son air dubitatif porte à croire qu'il cherche quelque chose ... Que cherche-t-il donc, Churchill?

EN VOUS BASANT SUR LA PAGE PRECEDENTE, imaginez vos propres associations pour les noms et les visages dont vous ne vous souvenez pas encore. Lorsque vous aurez terminé, attendez un moment avant de passer à la page suivante et d'y inscrire les noms au bon endroit.

Avez-vous amélioré votre score?
Vérifiez les réponses à l'aide de la liste des noms au bas de la page 300 et inscrivez le nombre de réponses correctes dans la case intitulée DEUXIEME ESSAI. Vous serez peut-être étonné de constater que vous avez répondu correctement partout. 75 % environ des personnes qui ont appris cette technique de mémorisation des noms auront déjà répondu correctement partout au premier essai. Si vous avez commis quelques erreurs, prenez dorénavant un peu plus de temps pour chercher des associations et veillez à ce qu'elles soient personnelles, visuelles et risibles.

Vous aimeriez peut-être mettre à l'essai les pouvoirs de votre esprit dans la vie quotidienne avec les personnes que vous rencontrez. Vous vous souviendrez plus facilement des noms si, au moment où l'on vous présente quelqu'un, vous faites un effort de concentration et si vous lui accordez de l'intérêt. Posez-lui des questions, telles que : "Comment orthographie-t-on votre nom?" et pensez à une association mnémotechnique basée soit sur le visage de la personne ou sur toute autre caractéristique et essayez de rendre l'association personnelle, visuelle et risible.

SECOND ESSAI

Acquérir la confiance en soi

La confiance en soi est une source d'assurance. Une personne confiante en elle rassure les autres car elle sait ce qu'elle fait et contrôle son comportement. Une confiance feinte exercera l'effet inverse de celui qu'elle est censée provoquer. Une personne qui a vraiment confiance en elle est digne de confiance. Trois éléments sont nécessaires dans tout domaine où l'on veut s'essayer :

1 Connaissances et talent dans le domaine choisi
2 Objectifs concrets
3 Feed-back de votre performance

Exemples de feed-back

Rôle	Objectif	Feed-back
Médecin	Améliorer le traitement	Faire venir un patient souffrant de rhumatismes toutes les semaines
Vendeur	Faire mieux que le mois dernier	Contrôler journellement les recettes
Nageur	Apprendre à nager	Demander au professeur de me corriger quand je nage le crawl
Amant(e)	introduire un prélude	Observer la réaction érotique de mon (ma) partenaire et l'interroger ensuite

L'importance du feed-back

Dans tous les cas, c'est le feed-back qui influencera l'utilisation de vos aptitudes par rapport à vos futurs objectifs. C'est pourquoi, lorsque vous essayez de mettre au point la confiance en vous, vous opterez pour les types de feed-backs qui vous fourniront des informations utiles et encourageront vos réussites.

La confiance se construit sur un feed-back positif

Le tir aux canards ressemble à beaucoup d'autres jeux. Il y a un truc car tirer sur ces cibles de fête foraine a un but: les renverser. Tirer sans objectif devient ennuyeux. Si vous avez un objectif, vous avez aussi des raisons d'essayer de l'atteindre, mais la véritable motivation provient du feed-back. Prenez en considération les effets de plusieurs types de feed-backs. Si les feed-backs que vous vous donnez ou que vous recevez d'autres personnes indiquent un échec, la probabilité de réussite la fois suivante sera amoindrie. Si le feed-back fournit des indications positives, même infimes, la probabilité de réussite pour la fois suivante augmente. Le succès engendre le succès, et c'est par le biais du feed-back qu'une tentative peut être vécue comme un succès.

Une vie entière de feed-back positif

La confiance se construit sur des dizaines de petits éléments de feed-back positif. On dit souvent que la confiance est une foi en soi; c'est peut-être le cas, mais la foi en soi ne peut se construire que sur l'expérience. Une enfance au cours de laquelle ont été accumulés des feed-backs négatifs émanant d'adultes, nous apprend à nous attribuer un feed-back négatif et à exprimer des critiques négatives vis-à-vis des autres. Les enfants qui ont eu des feed-backs positifs apprennent, eux, à faire de même envers eux-mêmes et envers les autres.

Si vous manquez de confiance en vous, c'est que vous manquez de feed-back positif. Dans ce cas, nous vous recommandons de commencer par vous donner une grande quantité de feed-backs positifs. Le succès, c'est extraire de vos actions les éléments positifs et utiles. La technique du feed-back positif est simple.

Le tir aux canards

Comment se donner un feed-back positif

Choisissez un domaine dans lequel vous n'êtes pas particulièrement doué et vous verrez que le feed-back positif peut influencer vos aptitudes. Prenez par exemple un jeu des fléchettes. Lancez les fléchettes vers la cible, et, quoiqu'il arrive, ne faites aucun commentaire négatif sur vos résultats. Plus vous serez positif, plus vous serez déterminé et plus vous réussirez.

Le feed-back peut être concret, comme la distance entre la cible et l'endroit touché. Réagir en disant "je ne suis plus qu'à 30 cm de la cible" est un feed-back positif qui transmettra à votre coordination oeil-main les adaptations nécessaires au moment voulu. Dire "Nom d'une pipe, encore raté!" est négatif et ne fournit aucun feed-back utile.

Position de la fléchette	Feed-back
Par terre	Je l'ai lancée à deux mètres
Enfoncée dans le mur	J'ai réussi à la planter dans le mur
Enfoncée sur le bord de la cible	J'ai atteint la cible
La fléchette touche la cible et tombe	J'ai touché la cible
Ma fléchette arrive au centre	En plein dans le mille

Le feed-back d'autres personnes

A chaque fois que vous en avez l'occasion, suggérez des feed-backs positifs; expliquez leur utilité et démontrez-la en les utilisant avec d'autres personnes dans la vie courante. Vous serez étonné de constater que les autres vont réagir et apprécieront ce qu'ils considéreront comme une aide précieuse.

Si vous occupez une fonction dans laquelle vous dépendez de la réaction d'autres personnes, ne laissez passer aucune occasion de leur signaler ce qu'ils ont fait de bien. De cette manière, vous les verrez s'épanouir, s'ouvrir et progressivement révéler leurs talents cachés.

La contribution des erreurs à l'acquisition de la confiance en soi

Les réprimandes relatives à un échec peuvent et doivent être positives. Un bref commentaire sur ce que vous savez avoir été une erreur suffit, accompagné d'une remarque sur la manière de transformer cette erreur en succès.

Les réprimandes ne devraient porter que sur les activités et non pas sur leur auteur. Ce n'est pas parce qu'on n'arrive pas à atteindre un objectif que l'on est soi-même bon à rien. Les réprimandes devraient toujours être immédiates et non pas retardées jusqu'au jour où un trop-plein de ressentiment entraîne un débordement. Après une réprimande, terminez toujours par un commentaire positif sur un autre point.

LA CONFIANCE EN SOI DANS LES RELATIONS SOCIALES

Bob a suivi des cours pour apprendre à réussir sa vie sociale. Lui-même et un autre garçon, Bill, proposent chacun un rendez-vous à Jane. Elle refuse les deux rendez-vous. Bill réagit en se culpabilisant. Bob réagit en se donnant un feed-back utile et positif. Vous aurez remarqué que, non content d'être négatif envers ses capacités, Bill est aussi négatif vis-à-vis de lui-même.

Bob gagne confiance en lui et apprend à améliorer ses relations sociales. Il a également constaté que Jane pourrait avoir d'autres centres d'intérêt, et il a donc élargi ses objectifs pour augmenter ses chances de succès.

La tapisserie de la vie

Le filage, le tissage, les travaux d'aiguille et le tricot ont de tout temps servi de métaphores aux mystères complexes et enchevêtrés de la vie.

Au Moyen-Age, les femmes qui prônaient des idées jugées trop personnelles étaient accusées de jeter des sorts ou d'utiliser des pouvoirs étranges. Un sort est une suite de mots prononcés dans des incantations. Le langage moderne recourt d'ailleurs fréquemment au terme "ensorcelé" pour décrire un état de "transe".

Celle qui détient le fil, contrôle le destin

Les relations mystérieuses entre les femmes en train de tisser et le fil de la vie apparaissent maintes fois dans les mythologies. L'araignée qui tisse et contrôle la toile (roue) du destin sert de lien. L'araignée donne et reprend la vie.

Croyances diverses sur les araignées

Dans les métaphores sur le pouvoir, l'araignée est à la femme ce que le serpent est à l'homme et, depuis la nuit des temps, ces deux animaux se retrouvent dans de nombreuses histoires, partout dans le monde. Dans de nombreuses civilisations, l'araignée est considérée comme un animal domestique et une mascotte, alors que dans d'autres parties du monde, une majorité d'individus les estiment repoussantes ou les craignent.

Ces réactions négatives sont difficiles à expliquer; force nous est pourtant de constater que même les araignées les plus petites et les plus inoffensives peuvent provoquer un hurlement d'effroi ou se faire écraser. Il y a environ 30.000 espèces d'araignées et seules deux d'entre elles sont, dans certaines conditions, mortelles pour l'homme. La majorité d'entre elles vivent au fin fond de la jungle ou dans des régions désertiques. Même la tarentule, dont on croyait la morsure mortelle, faisait l'objet de calomnies. Du XVe au VXIIe siècle, la tarentelle, danse italienne frénétique était dansée, non pas pour sauver les personnes victimes d'une morsure d'araignée mais pour imprimer aux malades et aux paralysés les mouvements rapides et vifs de la tarentule.

L'araignée dans la mythologie

Dans les légendes celtes, la déesse-araignée, Arianrhod, reliait les deux extrémités de la vie, car les Celtes croyaient en un cercle ininterrompu de naissance, vie, mort et réincarnation. Les rois celtes portaient une broche en forme de roue symbolisant la roue du destin.

Dans l'histoire de Rumpelstiltsken, la fille du meunier devait filer de la paille pour en faire de l'or, et dans le conte de la Belle au Bois Dormant, la sorcière grincheuse a jeté un sort pour que la princesse se pique avec son rouet et s'endorme pendant cent ans.

La croyance dans les pouvoirs de l'araignée est à l'origine de divers tabous aussi bien à propos des araignées que de certains des termes qui leur sont associés, tels que fils, filer, pendu, noeuds et ficelle. Dans l'Italie antique, il était interdit aux femmes de filer lorsqu'elles étaient en voyage ou de transporter ostensiblement leurs fuseaux en rue. Dans la plupart des régions boisées, il était interdit aux femmes de filer pendant que leur mari chassait. Une autre pratique, jadis très répandue, consistait à défaire tous les noeuds lorsqu'une femme était en train d'accoucher et à faire des noeuds pour éviter les fausses couches.

La mythologie crétoise considère qu'Ariane, la déesse du filage et Arachné, la déesse-araignée, détiennent, chacune à sa manière, le fil qui assure la cohésion de la roue de la vie.

Ariane, la déesse du filage et du tissage

Le Minotaure, mi-homme, mi-taureau, était le rejeton indésirable du roi Minos de Crète et était détenu prisonnier au centre d'un immense labyrinthe; régulièrement, on lui sacrifiait sept filles et sept garçons.

Un jour, Thésée, un jeune héros, accepta de relever le défi et de tuer le Minotaure pour mettre fin aux sacrifices humains. Ariane, la fille du roi Minos, tomba amoureuse de Thésée et lui proposa, pour lui permettre de retrouver la sortie du labyrinthe, de dérouler sa bobine magique de fil de soie. La métaphore établit le rapport entre le filage et le contrôle du fil dont sa vie dépendait. Malheureusement, Thésée ne put épouser Ariane et elle se pendit. Ariane, qui filait, était le lien entre Thésée (qui avait un frère jumeau) et le Minotaure, le taureau de Minos. En termes d'astrologie, Ariane établit le lien entre les Gémeaux (les jumeaux) et le Taureau.

L'histoire d'Arachné, la déesse-araignée

Du point de vue astrologique, Arachné se trouve également entre le Taureau et les Gémeaux. Arachné fut jadis une tisseuse hors pair, mais comme elle n'était qu'une simple femme, Athéna, la déesse de la guerre, qui apprenait les arts, devint très jalouse de ses dons et la provoqua en duel. L'enjeu de ce défi était de réaliser la tapisserie que les dieux jugeraient la plus riche et la plus raffinée. Arachné fut déclarée victorieuse. Athéna entra dans une rage telle qu'elle transforma Arachné en araignée. Désespérée, Arachné se pendit à son tour. Dans ses Métamorphoses (écrites environ en 9 après Jésus-Christ) le poète latin Ovide décrit la tapisserie réalisée par Arachné. Celle-ci comportait 13 signes du zodiaque:

1 Apollon déguisé en berger (Bélier)
2 Jupiter, en taureau, séduisant Europa (Taureau)
3 Jupiter poursuivant Astérie, le ciel étoilé (Arachné)
4 Jupiter séduisant Léda qui lui donne des jumeaux (Gémeaux)
5 Les enfants de Neptune flottant dans des carapaces de tortue (Cancer)
6 Phoebus revêtu d'une peau de lion (Lion)
7 Erigone la vierge (Vierge)
8 Danaé pesant de l'or dans son giron (Balance)
9 Jupiter en serpent tacheté (Scorpion)
10 La naissance du Centaure, Chiron (Sagittaire)
11 Neptune, un monstre marin à cornes (Capricorne)
12 Jupiter séduisant la déesse de la rivière (Verseau)
13 Neptune déguisé en dauphin (Poissons)

Arachné se voyait comme une constellation d'étoiles, ou de points de lumière qui rassemblait et contrôlait la roue du zodiaque.

LE ZODIAQUE PSYCHIQUE

De nombreux chercheurs affirment que le 13e signe du zodiaque représente l'horoscope psychique, celui qui indique comment un individu peut tirer le meilleur parti de ses pouvoirs psychiques. D'après certains spécialistes de l'occultisme, un des anciens calendriers druidiques présentait 13 "mois" et les indiens Sioux ont défini 13 phases de la lune au cours de l'année, et baptisé la 13e phase, celle de "la lune perdue".

Tables des dates du zodiaque psychique

Il s'agit des dates utilisées dans un calendrier druidique de 13 mois indiquant le moment où, d'après ce calendrier, le soleil se déplace dans chaque signe du zodiaque. La présence du soleil dans le signe du serpentaire, entre le 16 mai et le 12 juin, est plus probablement due à des circonstances astronomiques.

Les programmes de recherches menés jusqu'à présent semblent indiquer que le nombre de naissances de personnes ayant des pouvoirs psychiques est plus élevé quand le soleil est dans le serpentaire que dans d'autres signes.

Déterminez la période au cours de laquelle se situe votre anniversaire sur le tableau ci-contre et vous trouverez votre signe du zodiaque psychique. Certains astrologues affirment que c'est dans votre signe psychique notamment que vous êtes le mieux à même d'exploiter vos pouvoirs psychiques.

Dates du zodiaque psychique

1	Bélier	18 mars - 14 avril
2	Taureau	15 avril - 12 mai
3	Serpentaire	13 mai - 9 juin
4	Gémeaux	10 juin - 8 juillet
5	Cancer	9 juillet - 4 août
6	Lion	5 août - 1er sept.
7	Vierge	2 sept - 29 sept
8	Balance	30 sept - 27 oct
9	Scorpion	28 oct - 24 nov
10	Sagittaire	25 nov - 23 déc
11	Capricorne	24 déc - 20 janv
12	Verseau	21 janv - 17 fév
13	Poissons	18 fév - 17 mars

Qualités psychiques des signes

1	Les Béliers agissent de manière intuitive
2	Les Taureaux transforment en touchant
3	Les Serpentaires ont une vue d'ensemble
4	Les Gémeaux anticipent les communications
5	Les Cancers ressentent le danger
6	Les Lions maîtrisent divers éléments
7	Les Vierges synthétisent divers éléments
8	Les Balances harmonisent diverses pensées
9	Les Scorpions perçoivent des secrets
10	Les Sagittaires agissent de bonne foi
11	Les Capricornes transforment par leur concentration
12	Les Verseaux communiquent de manière inhabituelle
13	Les Poissons guérissent par la compassion

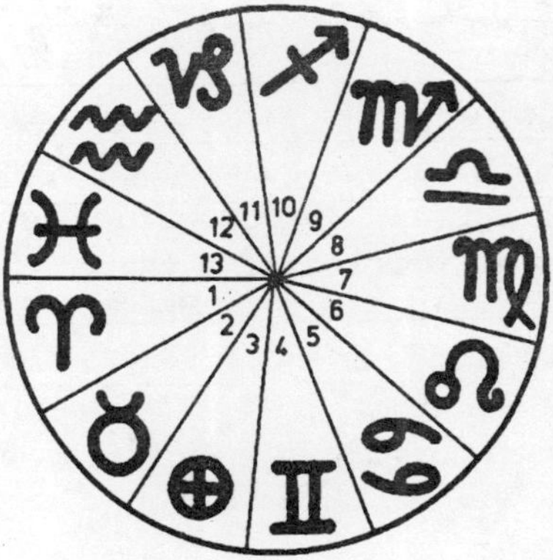

Comment vous faire aimer

D'aucuns ont affirmé que l'éducation est l'aptitude à faire face aux situations de la vie; parmi les plus importantes de ces situations figurent la communication et le travail avec les autres. On estime que dans le domaine des affaires, 85 % de la réussite dépend de la capacité à traiter avec les gens et 15 % seulement des connaissances techniques.

Tout le monde a envie d'être remarqué et apprécié. Chacun de nous est avide de l'attention des autres; chacun de nous veut se sentir aimé par une partie de son entourage. En présence d'une personne qui vous apprécie, les rapports sont beaucoup plus faciles qu'en présence d'une personne qui ne vous apprécie pas ou à qui vous êtes indifférent.

Le besoin d'amour, d'attention ou d'une bonne réputation est un besoin fondamental ressenti par la majorité des gens. Certains individus y attachent une importance telle qu'ils estiment que n'importe quel type d'intérêt vaut mieux que pas d'intérêt du tout. Réfléchissez et déterminez le nombre de personnes dont vous souhaitez l'estime et à quel degré voulez-vous être aimé pour vous-même, pour vos revenus, votre physique ou vos talents culinaires?

La considération de vos égaux et de votre patron est-elle importante à vos yeux? Désirez-vous que vos parents, votre conjoint(e), vos enfants ou d'autres membres de votre famille vous manifestent leur attachement en vous consacrant leur attention? Comment aimeriez-vous être considéré par vos voisins et autres personnes du quartier? Chez qui désirez-vous susciter le respect?

Comment se faire aimer? Il s'agit d'un des principaux problèmes relationnels auxquels est confrontée la majorité d'entre nous.

Comment attirer l'attention

Qu'est-ce qui, véritablement, attire l'attention des autres et suscite leur estime? Non, ce n'est pas l'argent, ni l'attirance sexuelle, ni le genre de voiture que vous possédez, ni les délicieux repas que vous mijotez pas plus que votre statut social. La réponse est toute simple: c'est parce que vous leur donnez l'impression qu'ils sont importants. Pour recevoir, il faut en effet savoir donner.

QUATRE MANIERES D'ACCORDER L'ATTENTION

1. Intéressez-vous aux autres

Mary Evans a soigné son mari pendant 10 ans et était âgée de 75 ans lorsqu'il mourut, 18 mois plus tard, elle décida de déménager pour s'installer dans un quartier où vivait un membre de sa famille. Ce parent, mis à part elle ne connaissait personne dans le quartier.

Malgré des problèmes de marche dus à de l'arthrite, elle décida de se faire membre de toutes les associations possibles. Elle se rendit à l'église de son quartier, adhéra à plusieurs organisations féminines, participa aux activités du Club du troisième âge et s'inscrivit à deux cours pour adultes.

Toutes ces activités lui permirent d'entrer en contact avec d'autres personnes. Elle décida ensuite d'apprendre à connaître chaque personne individuellement. Elle apprit leur nom et se renseigna sur leur vie. Elle le fit sans être indiscrète mais en s'intéressant à ce que chacun faisait, où il habitait, qui faisait partie de sa famille, etc.

En dépit de son âge, elle avait 77 ans au moment où elle commença sa nouvelle vie, elle s'efforça de retenir les noms et les éléments d'information qu'elle récoltait. Elle oubliait souvent où elle avait laissé ses lunettes, mais jamais elle n'oubliait un nom. Peut-être était-ce parce qu'elle s'intéressait plus aux gens qu'à ses lunettes de lecture. Elle donnait aussi volontiers des détails sur sa propre vie lorsqu'on lui en demandait.

Au fil du temps, de nombreuses personnes vinrent se confier à elle car elle avait la réputation d'être à l'écoute et de ne jamais divulguer un secret qui lui avait été confié. Lorsqu'elle prit de l'âge et dut, de ce fait, restreindre ses sorties, elle se mit à écrire des lettres et à téléphoner pour rester en contact et s'enquérir du bien-être des autres.

Au cours des 12 dernières années de sa vie, elle se forgea une toute nouvelle existence et se fit de nombreux nouveaux amis. Ses amis lui téléphonaient pour prendre de ses nouvelles, lui envoyaient des cartes d'anniversaire et l'aidèrent lorsqu'elle tomba malade. Même pendant la phase terminale de sa maladie, elle se préoccupait encore des autres. A son enterrement, le pasteur la décrivit comme "un membre très apprécié de notre communauté et qui serait très regretté".

Ce que ses amis allaient regretter, c'était l'intérêt qu'elle portait aux autres, à leur famille et à sa communauté. Qu'a retiré Mary Evans de son approche des autres? Son intérêt pour les autres suscita leur intérêt pour elle. Par l'intérêt véritable qu'elle portait aux autres, elle gagna leur amitié et accomplit ce que beaucoup trouvent difficile à accomplir quel que soit leur âge : se construire une nouvelle vie.

2. Saluez les autres avec plaisir

Si vous avez souvent affaire à de jeunes enfants ou si vous aimez les chiens, vous savez comment les uns et les autres manifestent le plaisir avec lequel ils saluent les personnes qu'ils aiment. Et lorsqu'on vous réserve un tel accueil, il ne fait aucun doute que vous êtes le bienvenu.

Les personnes souriantes font tout avec plus d'efficacité que celles qui ne sourient jamais ... mais il faut que ce sourire soit profondément vrai. Les sourires que l'on ne voit pas, au téléphone par exemple, peuvent se révéler tout aussi efficaces.

Beaucoup de sociétés ne se rendent pas compte que le premier contact qu'elles établissent avec leurs prospects est un moment capital. Etant donné que nous avons tous tendance à nous forger une opinion sur les personnes et les sociétés en nous basant sur nos premières impressions, l'accueil que réserve une société à ses nouveaux visiteurs est primordial. Des visages revêches, rébarbatifs ou préoccupés détruisent toute chance d'établir de bonnes relations. Une attitude courtoise et intéressée suscite une réaction similaire.

Dans une entreprise, il faut que la première personne qui établit le contact sache manifester de l'intérêt pour son interlocuteur, qu'elle soit ou non au service de l'entreprise depuis longtemps. Quelle est à votre avis la meilleure manière d'inculquer ce principe fondamental? Quelle méthode choisiriez-vous : un cycle de formation ou l'expérience personnelle de faire l'objet de l'attention de ses supérieurs, notamment du directeur, par exemple être salué le matin avec le sourire et par son nom?

Souriez s'il vous plaît

Si vous éprouvez des difficultés à sourire ou à transmettre votre joie lorsque vous rencontrez d'autres personnes, essayez d'abord de vous intéresser à elles. Il sera plus facile ensuite de sourire, et ce sourire sera vrai.

Peut-être aimeriez-vous savoir si vous êtes plutôt agréable ou plutôt maussade. Fixez-vous un objectif, par exemple : "Je vais faire plaisir à au moins dix personnes dans la demi-heure". Faites alors un tour dans l'entreprise où vous travaillez ou dans la rue principale de votre quartier. Souriez et saluez toutes les personnes que vous rencontrez, en les regardant brièvement droit dans les yeux et en vous arrêtant pour bavarder si la personne engage la conversation. Ne vous moquez pas des gens, et ne flirtez pas. Contentez-vous de saluer avec plaisir d'autres personnes. Vous serez étonnés de la réaction que suscitera la joie que vous procurez aux autres et vous vous sentirez mieux pendant toute la journée.

3. Apprenez à écouter en encourageant les autres à parler
Le plus grand plaisir que vous puissiez faire à quelqu'un, c'est d'écouter attentivement ce qu'il a à dire. Pourquoi certains individus de tous âges ont-ils des notes de téléphone aussi élevées? C'est parce qu'ils veulent parler à quelqu'un, être écoutés.

Ecouter les autres est un acte qui a sauvé de nombreuses vies et résolu de nombreux problèmes. Les Samaritains, les Alcooliques Anonymes, S.O.S Suicide, S.O.S Cancer et de nombreuses autres organisations de ce type fournissent cette oreille attentive et attentionnée dont ont tant besoin beaucoup d'entre nous. Pour être efficace, l'écoute doit être attentive.

L'écoute est un processus bénéfique. Parler à quelqu'un qui vous écoute attentivement développe l'ego, apporte une certaine satisfaction et donne l'impression à celui qui écoute qu'il est important.

L'écoute est également une très bonne thérapeutique. Le Dr. Sigmund Freud, le père de la psychanalyse a été décrit par nombre de ses patients comme un homme qui leur consacrait une attention concentrée. Sa voix était agréable et aimable, son regard était gentil et préoccupé et son corps entier semblait être à l'écoute de l'interlocuteur. Etre écouté avec une compassion aussi marquée est déjà en soi une thérapie.

Le Dr. R. D. Laing, un psychiatre écossais, affirme qu'écouter quelqu'un implique aussi l'acceptation de ce qu'il dit comme la perception de la réalité.

Si vous voulez être aimé et susciter l'intérêt des autres à votre égard, il vous faut trouver ce qui les intéresse. Lorsque vous aurez déterminé les intérêts de l'autre, votre relation pourra progresser.

Susciter l'attention des autres est facile: il vous suffit de les questionner sur eux-mêmes. Trouvez le sujet qui leur est cher et même la personne la plus timide en parlera avec plaisir pendant des heures. Après, il vous décrira probablement comme un bon interlocuteur, une personne avec laquelle il est très intéressant de parler, même si votre rôle se sera sans doute limité à quelques paroles, principalement d'encouragement, pour votre interlocuteur.

4. Se rappeler les noms

Le fait d'être appelé par son nom confère à l'individu une importance toute particulière.

Une enseignante a été chargée de donner un cours de 3 heures à 45 adultes à raison d'une fois par semaine. En procédant à l'introduction sur les aptitudes requises, elle mémorisait les noms et les utilisait. Elle s'était fixé l'objectif d'appeler chaque personne au moins une fois par son nom au cours de la première séance de cours. Pour expliquer le travail à réaliser, elle forma de petits groupes dans lesquels les étudiants devaient s'adresser les uns aux autres en utilisant leurs prénoms. Après une heure et demie, elle fit une pause pour permettre aux étudiants de bavarder et adressa elle-même la parole à ceux qui s'étaient isolés.

A la fin de la première heure déjà, la majorité des étudiants l'avait adoptée. Elle les avait tous identifiés personnellement et avait jeté les bases du cours. Les talents qu'elle avait mis en oeuvre étaient ceux nécessaires à tout professeur; elle savait comment donner à ses étudiants l'envie d'apprendre. Ils étaient tous d'avis qu'elle était un bon professeur et qu'elle connaissait la matière, ..., en fait uniquement parce qu'elle s'était intéressée à eux, les avait salués avec joie et les avait appelés par leur nom.

SI VOUS SUIVEZ CES INSTRUCTIONS, VOUS OBTIENDREZ L'ATTENTION ENTHOUSIASTE DE N'IMPORTE QUI, SIMPLEMENT EN LUI ACCORDANT VOTRE ATTENTION.

Aimer les autres et s'aimer soi-même

Si vous voulez être aimé, il faut d'abord que vous vous aimiez vous-même. Faites preuve de compassion à votre égard et vous serez capable d'en faire preuve à l'égard des autres. Si vous semez l'amour, vous en récolterez. Les relations humaines sont de véritables cercles, rien ne se perd.

Laissez-vous emporter par votre imagination

L'imagination, c'est le rêve; la réalité, c'est le réveil. C'est souvent au cours de l'enfance que nous viennent des idées fantasques, qui évoluent et se développent au fur et à mesure que nous grandissons. Les rêveries extravagantes que nous faisons sur la vie que nous aimerions avoir ne se concrétisent jamais, parce que la réalité a pour habitude de changer notre manière de percevoir les choses et de nous ramener sur terre, même si nous atteignons nos objectifs les plus fous.

Inventions bizarres, perversions grotesques, fabulations romantiques et conquêtes héroïques. Voilà bien des produits de notre imagination, qui, pour la plupart, restent du domaine de l'imaginaire. Ils représentent nos envies, nos craintes, nos espoirs, nos rêves et nos désirs les plus excentriques.

Exprimez vos fantasmes

Les idées fantasques qui ne sont jamais exploitées sont susceptibles de déformer la réalité et de faire de la vie un véritable cauchemar. L'imagination, lorsqu'on en profite, que l'on s'en rend maître et

qu'on lui lâche un peu la bride, peut être un outil précieux pour l'esprit, stimuler notre sens de l'humour et nous aider à accomplir des changements auxquels nous n'aurions osé croire.

Il existe plusieurs manières de laisser parler son imagination, comme par exemple écrire une histoire, dessiner, aménager un jardin, jouer dans une pièce de théâtre, un film ou une vidéo, chanter et danser, créer une mode originale ou un déguisement, jouer à des jeux d'imagination avec un partenaire intime, profiter d'occasions particulières pour s'habiller selon sa fantaisie.

LES VOYAGES DANS L'IMAGINAIRE

On peut très bien s'amuser à de telles activités tout en les prenant très au sérieux. On peut les vivre entièrement dans l'imaginaire ou les concrétiser dans sa vie quotidienne. Pour exploiter au mieux votre imagination, évitez les interférences avec la vie d'autres personnes. Que vos voyages dans l'imaginaire soient réservés à votre amusement personnel.

1. Créer sa chambre idéale.

Relaxez-vous pendant environ une demi-heure, à un moment où vous savez que vous ne serez pas dérangé. Fermez les yeux et imaginez que vous pénétrez dans une vaste zone déserte et que vous voyez à la limite de cette zone de nombreux chemins colorés qui mènent tous vers des directions différentes.

Choisissez la couleur que vous préférez et suivez ce chemin. Laissez votre imagination vous guider sur ce chemin jusqu'à ce que vous atteigniez une rangée de portes. Choisissez la porte sur laquelle est écrit votre nom et ouvrez-la.

La porte s'ouvre sur une chambre. Au moment où vous entrez dans la chambre, elle est vide. Il n'y a qu'une baguette magique avec, à son extrémité, une étoile scintillante. Vous ramassez la baguette magique et vous commencez à créer votre chambre idéale. Touchez d'abord un mur et observez sa transformation, puis touchez-en un autre, et ainsi de suite jusqu'à ce que la pièce soit comme vous la voulez. Ensuite, installez-vous dans la pièce et profitez de votre création.

Lorsque vous êtes prêt à partir, fermez et verrouillez la porte derrière vous. Revenez sur vos pas jusqu'à la zone déserte avant d'ouvrir les yeux.

A n'importe quel moment, vous pouvez retourner au parfait havre de paix que vous avez créé pour vous-même et y changer tout ce que vous voulez. En utilisant votre imagination de cette manière, vous découvrirez à votre propos beaucoup de choses que vous ignoriez auparavant. Vous pourriez même avoir envie de concrétiser cette chambre pour vous-même.

2. Se créer une nouvelle apparence

Se parer d'atours est une activité aussi vieille que la race humaine. Depuis que le monde est monde, les hommes se sont maquillés, ont revêtu une variété incroyable de vêtements et y ont ajouté des bijoux et des symboles de leur identité.

S'habiller pour jouer nos nombreux rôles professionnels et culturels fait partie de la vie quotidienne. Nous endossons des uniformes, des vêtements professionnels, nous adoptons la mode d'un groupe social. On peut s'amuser à se déguiser en privé, avec quelques membres de la famille ou entre amis. Si vous vous aventurez au-dehors dans votre nouveau déguisement, vous devez vous attendre à des réactions diverses. Vous pouvez en apprendre beaucoup sur la manière de vous présenter en essayant différents styles de vêtements.

Vous pouvez avoir envie de choisir un mode d'habillement existant ou d'inventer le vôtre. Vous pouvez glaner des idées dans des magazines, en voyant d'autres personnes dans la rue, dans des musées, en observant des personnages de cire, dans des pièces de théâtre, des films, des vidéos et à la télévision.

Modifier votre apparence peut renforcer votre confiance en vous et stimuler de nouvelles idées sur votre présentation ainsi que l'effet que vous produisez sur les autres. L'important, c'est de s'amuser.

Comment "propulser votre esprit"

Les expériences psychédéliques ne sont pas un phénomène nouveau, quoique cette terminologie pourrait donner l'impression qu'elles n'ont commencé que dans les années 50 et 60.

Le psychédélisme signifie se placer dans un état qui modifie la perception sensorielle. Cet état peut varier en intensité; cela va de l'accès à la connaissance universelle à des hallucinations débridées; dans certains cas, le corps fait quelque chose qui défie la logique de l'esprit, comme marcher sur des charbons ardents.

Le fait de voir les choses d'un point de vue tout à fait nouveau est souvent qualifié de psychédélique et peut être rapproché de la vieille expression anglo-saxonne "Take a breath of fresh air and blow the cobwebs away" (respire bien fort et disperse les toiles d'araignée, autrement dit : fais table rase). Pour la plupart des gens, le fait d'être légèrement ivre, de marcher à grands pas ou de passer une bonne nuit d'amour suffit.

Ces toiles d'araignée de l'expression anglo-saxonne sont une métaphore pour désigner le bric-à-brac qui règne dans notre cerveau. Des attitudes figées, des croyances affectées, de vieilles présomptions et des informations dépassées peuvent être rafraîchies lorsque nous prenons part à une activité qui "propulse notre esprit".

L'état psychédélique dans lequel nous nous trouvons peut être idyllique ou tout à fait terrifiant. Des transformations de la perception sensorielle peuvent être une bonne ou une mauvaise chose, et changer son point de vue ne signifie pas que l'on ait accès à une plus grande partie de la vérité qu'auparavant.

"PROPULSER SON ESPRIT"

Vous utilisiez peut-être déjà certaines de ces méthodes. Certaines d'entre elles sont temporaires, d'autres produisent un bouleversement plus marquant dans la manière de voir les choses. Quoi que vous décidiez de faire, sachez que vous ferez quelque chose qui modifiera l'équilibre biochimique de votre cerveau et que celui-ci influence votre comportement. Certaines de ces méthodes comportent un danger d'accoutumance et provoquent des perturbations de l'état de santé et du bien-être du sujet.

1. L'adaptation culturelle

Toute personne vivant un certain temps dans une culture ou un groupe différent du sien se rend compte que cette expérience modifie sa façon de penser et la désoriente légèrement lorsqu'elle cherche à s'adapter. Connu sous le nom de "choc culturel", l'effet provoqué par le fait de se trouver dans un groupe de gens obéissant à des règles différentes peut transformer la façon de voir les choses chez un individu et être une expérience passionnante.

Une façon de commencer à s'adapter à une culture différente est d'en adopter les habitudes vestimentaires. Imaginez les changements de comportement et d'opinions qui devraient se produire si les personnes suivantes échangeaient leurs vêtements et leurs rôles.

- Une star du rock et un homme/une femme d'affaires sikh.
- Une princesse indienne et un supporter de base-ball américain.
- Un cadre de race blanche et un chômeur de couleur.
- Un officier de l'armée et un membre de la secte d'extrême droite.

2. L'entraînement physique

Pour parvenir à un état psychédélique, il faut suivre un entraînement régulier d'exercices physiques, en commençant par des activités simples qui deviennent petit à petit plus complexes. Des cours ou des centres de méditation devraient pouvoir vous aider.

Nous pouvons aussi produire notre propre analgésique à effet sédatif, l'endorphine, qui se diffuse dans le cerveau lors d'un exercice physique ou d'un massage.

- La bioénergie pour catalyser les tensions.
- Les exercices de gymnastique prénatale pour se préparer à surmonter les douleurs de l'accouchement.
- Le hatha yoga pour ouvrir les chakras (centres de l'énergie).
- L'aérobic pour augmenter l'apport en oxygène dans le sang.

3. Les thérapies

De nombreux processus thérapeutiques ont un effet psychédélique. En fait, si votre manière de percevoir les choses ne s'est pas modifiée, la thérapie n'a pas servi à grand-chose. Il existe de nombreuses thérapies; aucune ne doit être entreprise sans thérapeute qualifié.

a les psychanalystes freudiens examinent vos relations avec autrui et votre perception des personnages autoritaires.

b les thérapeutes adeptes des "encounter groups" lèvent les obstacles émotionnels rencontrés dans les relations du sujet avec ses pairs.

c les spécialistes de la Gestalt-thérapie identifient et unissent votre sur-moi et votre sous-moi.

d les psychologues agissent de manière impartiale, écoutent le sujet exprimer ses pensées et ses sentiments dans le but de l'aider à se libérer de ses angoisses.

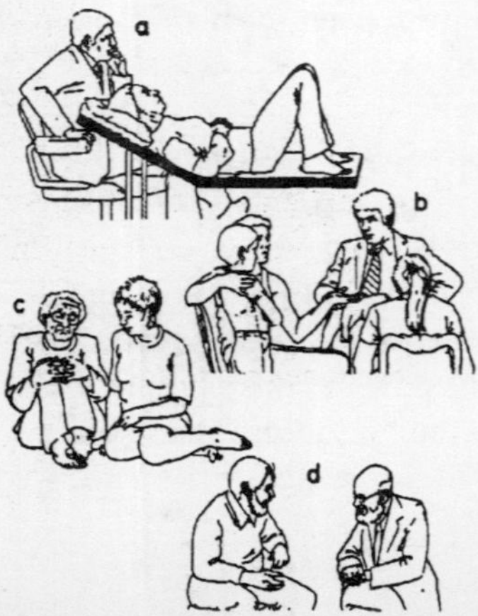

4. Les boissons alcoolisées

L'alcool éthylique, un liquide incolore, est à la base de toutes les boissons alcoolisées courantes, comme le vin, le sherry, la bière et les spiritueux. En petite quantité, l'alcool lève les inhibitions et peut provoquer une perte du contrôle de soi. Il rend certaines personnes guillerettes et d'autres violentes. Il entraîne une dépendance et peut endommager l'oesophage, l'estomac et le foie. Consommé avec modération, il peut rendre l'esprit plus léger. Une grande quantité d'alcool dans le sang est mortelle. En raison de ses effets sur le cerveau et des actions commises par certaines personnes sous l'emprise de l'alcool, certaines religions et sociétés considèrent que l'alcool est un mal. La plupart des sociétés ont des lois fixant l'âge minimum pour la consommation d'alcool.

Concentration d'alcool dans le sang

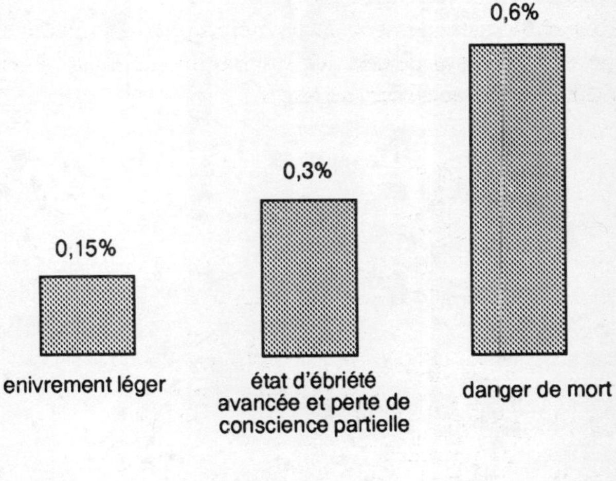

5 . Les drogues

Tout composé chimique qui peut avoir un impact sur le fonctionnement du corps est une drogue. Les drogues devraient être réservées à l'usage médical. La toxicomanie désigne l'utilisation de drogues à des fins autres que médicales. L'un des principaux dégâts occasionnés par la prise de drogue est l'effet de dépendance qu'elle entraîne et qui s'exerce sur les besoins physiques du corps.

Augmentation de l'effet de stimulation provoqué par différents types de drogues

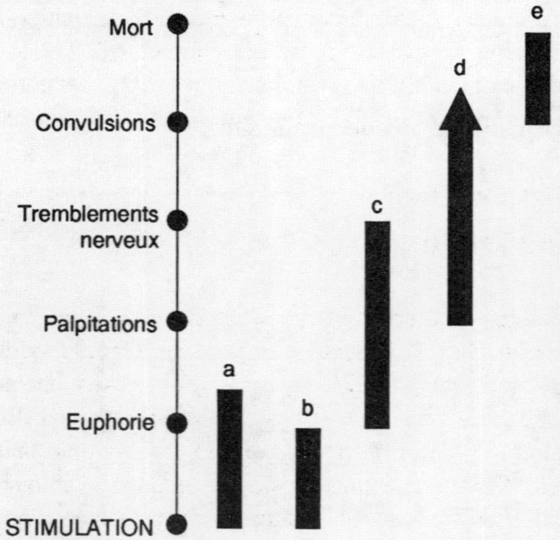

a Hallucinogènes
b Marijuana
c Antidépresseurs
d Amphétamines
e Strychnine

Planer

De nombreuses activités humaines donnent l'impression de "planer", de voler. Certaines personnes planent avec des drogues ou du café, d'autres par le sexe ou la danse. La vue de hautes chaînes de montagnes, d'un magnifique coucher de soleil ou une musique profonde provoque un bien-être chez beaucoup d'individus. Certains s'éclatent en faisant des collections, en faisant de la voile, en élevant des chats ou en s'habillant à la dernière mode. Mais planer, ce n'est pas la même chose qu'être capable de décoller du sol grâce à des pouvoirs apparemment surnaturels. La lévitation est le pouvoir de soulever le corps du sol sans appui. En 1977, le Maharishi Mahesh Yogi affirmait qu'il pouvait soulever son corps du sol et enseigner à d'autres sa technique de "méditation transcendantale" (MT).

LA LEVITATION

La lévitation : un des grands siddhis

Dans la tradition yogique, il existe huit Grands siddhis ou accomplissements. Il s'agit de pouvoirs qui forment une progression graduelle vers l'état de conscience suprême appelé l'illumination.

Selon le Maharishi, il y a dans le corps humain huit canaux à travers lesquels chacun des siddhis peut se manifester, ce qui conduit à un total de 64 canaux de connaissance. Parmi les huit Grands siddhis, le Maharishi considère que la Force, la Gentillesse, l'Omniscience, l'Invisibilité et la Lévitation sont les plus bénéfiques.

Les pouvoirs de la méditation

Aux premiers jours de l'entraînement à la méditation transcendantale, beaucoup de fervents pratiquants de ces techniques ont fait état d'étranges expériences telles que des visions, la sensation d'être invisible et de voir à travers d'autres personnes.

Certains ont raconté qu'ils avaient l'impression de flotter, presque comme l'air lui-même. Il leur semblait qu'ils se dilataient et remplissaient l'univers. Ils perdaient ainsi le sens de leur identité. Ces expériences étaient-elles réelles ou imaginaires?

Des hallucinations

Parmi les expériences les plus étranges que l'esprit humain puisse créer pour nous, on trouve des illusions connues sous le nom d'hallucinations. On sait qu'elles ont lieu dans des conditions bien particulières, par exemple dans des périodes de privation sensorielle. Lorsque le cerveau est privé de stimulation, il semble qu'il crée ses propres diversions sous forme d'hallucinations.

Les hallucinations les plus communes sont visuelles, mais les autres hallucinations sont assez fréquentes (hallucinations auditives, tactiles et gustatives). L'hallucination la plus troublante est peut-être la sensation d'être touché, par exemple par des insectes qui grouillent sur la peau.

La méditation supprime efficacement l'arrivée au cerveau des messages externes et diminue le nombre de messages en provenance de l'intérieur du corps reçus par le cerveau. Les scientifiques ont posé l'hypothèse que les gens qui méditent régulièrement pendant de longues périodes créent leurs propres "siddhis" hallucinatoires par privation sensorielle.

L'Université européenne de Recherche du Maharishi

Le Maharishi a voulu connaître la vérité. Les adeptes chevronnés de la méditation faisaient-ils l'expérience des siddhis ou étaient-ils seulement victimes d'hallucinations? En 1975, le Maharishi créa son université de méditation à Seelisberg, petite ville suisse à proximité du lac des Quatre-Cantons.

Des programmes de méditation transcendantale furent organisés pour des personnes qui avaient déjà une expérience de cette pratique. En 1976 commença la recherche sur les siddhis. On choisit comme sujet de recherche des siddhis objectifs comme la lévitation, étant donné que ceux-ci pouvaient être observés (la lévitation d'une personne en état de méditation ne pouvait en aucun cas être une hallucination de sa part).

Au départ, des personnes pratiquant la méditation depuis 15 à 20 ans furent choisies pour suivre un programme d'exercices simples destinés à libérer les siddhis. Ce programme était construit autour des yoga-sûtras de Patanjali et les participants ne savaient pas à quoi ils devaient s'attendre.

Beaucoup de ces personnes ont rapporté avoir vécu des expériences dépassant tout ce qu'elles auraient pu imaginer et certaines ont certifié avoir franchi les frontières de l'existence normale.

En décembre 1976 eut lieu à Seelisberg un rassemblement de quelque 900 professeurs de MT venus du monde entier. Tous participèrent à un stage intensif de six mois et, selon les rapports de cette conférence, 40 % parvinrent à la lévitation et quelques-uns réussirent à se rendre invisibles.

Dans les anciennes Védas (Ecritures hindoues), on trouve le récit d'expériences de lévitation vécues par des personnes qui avaient atteint l'indispensable combinaison harmonieuse du corps et de l'esprit. A l'issue de son programme de recherche, le Maharishi affirma que ceux qui pratiquaient la MT pouvaient obtenir la combinaison corps-esprit permettant de libérer le siddhi de la lévitation.

Un défi du Swâmi Vishnu Devanada

Le Swâmi Vishnu, fondateur des centres internationaux Sivanada Yoga Vedânta, dont le siège se trouve à Québec, au Canada, est l'auteur de plusieurs livres sur la méditation; il est lui-même un excellent yogi. Il a exprimé des doutes quant aux déclarations du Maharishi et a affirmé que la lévitation pouvait être simulée par des sautillements qui, selon lui, pouvaient être effectués en position de lotus.

Des membres du Centre Vedanta ont fait la démonstration de ces techniques de sautillement en position de lotus.

Sur les photographies de ces yogis, on peut voir la tension nécessaire pour effectuer les sautillements. Or, sur les photographies de lévitation publiées par le Maharishi au fil des ans, les sujets sont relâchés et leurs mains reposent dans leur giron.

Le Swâmi Vishnu ne discrédite pas la lévitation; selon lui, il est possible d'y parvenir, mais après avoir pratiqué pendant de longues années des exercices respiratoires et un régime sévère, et non en suivant un stage de courte durée.

LE PHENOMENE DE LA LEVITATION

La tradition des yogis dit que le corps peut se transformer suivant le stade de conscience dans lequel se trouve une personne. C'est pourquoi la lévitation ne peut avoir lieu que dans un état de conscience particulier.

Stades de conscience	Manifestation physique
Etat de veille ordinaire	Corps physique normal
Sommeil avec rêves	Corps subtil ou astral. En sanskrit (langue indienne ancienne), il est connu sous le nom de linga sharira et se compose de trois enveloppes : jiva, la force vitale; les manas, l'esprit; le buddhi, la compréhension.
Sommeil sans rêves	Le jivatman : le corps volitif ou causal
Etat cataleptique	Le corps invisible
Conscience indifférenciée de la béatitude	Le corps universel

Stades de conscience des yogis

Ces différents stades sont atteints grâce à des exercices de respiration connus sous le nom de pranayama, qui ne doivent jamais être entrepris sans guide. Selon la tradition des yogis, chacun d'entre nous passe par tous ces stades au cours d'une journée, sans en être conscient.

Chaque stade de conscience est aussi caractérisé par un type de respiration différent appelé état pranique. Dans le Sivagama, un livre ancien de yoga, il est écrit que l'aura humaine traduit le stade de respiration ou prana dans lequel on se trouve. Normalement, l'aura entoure le corps sur une distance d'environ 12 doigts. Ces dimensions changent selon le type d'activité et de respiration.

Lorsqu'une personne est au repos, la taille de l'aura indiquerait le type de personne auquel elle correspond. Selon le livre ancien de Sivagama, les types d'aura se mesurent, de nouveau, en largeur de doigts.

Au fur et à mesure que la longueur diminue, on obtient des résultats de plus en plus extraordinaires. Grâce au tableau ci-dessous, vous pourrez voir où vous vous trouvez. Si vous êtes un réel poète, par exemple, vous avez plus de chances de réussir une lévitation qu'une personne ordinaire.

Type de personne	Taille de l'aura
Personne ordinaire	12
Personne libre de tout désir	11
Personne agréable possédant le sens de l'humour	10
Poète	9
Grand orateur	8
Personne possédant le don de double vue	7
Adepte de la lévitation	6
Personne possédant une allure surnaturelle	5
Personne possédant les 8 siddhis	4

La relation entre l'esprit et la respiration

La respiration porte le nom de prana dans la tradition yogique. En aïkido (l'art martial japonais), prana est commandé par la visualisation. Il existe de nombreux exercices d'aïkido habituant l'esprit à commander la respiration. L'aïkido a pour principe d'utiliser l'énergie de l'agresseur en la retournant contre lui.

Tous les sportifs chevronnés, les danseurs et autres artistes savent qu'une respiration correcte est essentielle au succès : beaucoup savent aussi que visualiser l'énergie respiratoire qui se propage à travers le corps rend l'activité plus aisée.

Le pouvoir de l'émotion

La capacité d'être ouvert et de vivre des émotions inexplicablement profondes et bouleversantes est un signe de disponibilité à la vie: vous êtes capable d'exprimer et de vivre pleinement votre vie. Le mot émotion...E-MOTION signifie mouvement vers l'extérieur. L'émotion apporte vigueur, force et adaptabilité du coeur, de l'esprit et du corps. Nous donnons des noms à nos sentiments, mais ils proviennent tous de la même source intérieure.

Quelques émotions et leur contenu

- Le rire exprime l'humour et le plaisir. Les sarcasmes les rejettent.
- L'amour exprime la compassion et la sexualité. La haine les rejette.
- La colère exprime l'agression et les outrages. L'hostilité les rejette.
- Le chagrin exprime une perte et un regret. L'indifférence les rejette.
- La crainte exprime la vulnérabilité et l'incertitude. La bravade les rejette.

CYCLES DE VIE

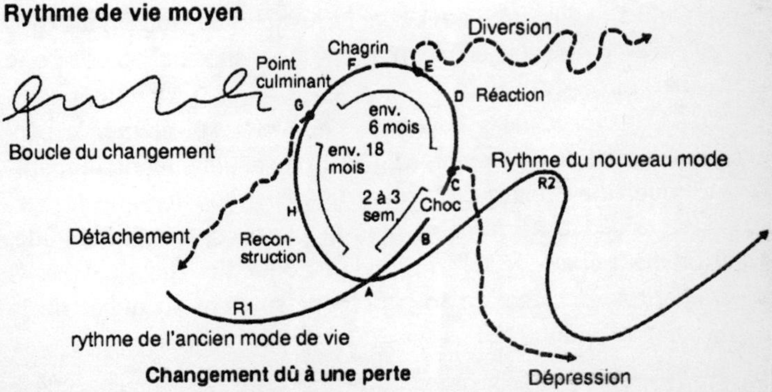

Les étapes naturelles du chagrin

R1Ancien mode de vie: La vie s'écoule selon son rythme habituel jusqu'à une perte soudaine ou prévue.

A. **La perte,** due à: la mort d'un proche, une maladie, une fausse couche, un vol, une agression, une séparation, un divorce, une disparition, un accident, un échec, une mise à la retraite, une mise en chômage, etc.

B. **Le choc:** Etat d'engourdissement ou de torpeur temporaire et naturel au cours duquel la personne qui a reçu le choc semble continuer à vivre normalement. La réponse immédiate de la plupart des gens à un choc important est l'incrédulité totale. Certains deviennent plus efficaces et organisés, d'autres plus rêveurs et détendus. Tout au long de la période de choc, des manifestations soudaines d'émotion peuvent avoir lieu. Parfois, une personne sera en état de choc pendant une période plus longue que les deux à trois semaines habituelles, prendra ses distances par rapport à l'événement et refusera de parler de la personne décédée ou ne permettra à personne de prononcer son nom. Une dépression peut s'installer et même empêcher que la période de deuil commence normalement. Il peut y avoir deux chocs : un premier lorsque, par exemple, on apprend qu'une maladie est mortelle ou qu'un accident grave a eu lieu et un second lorsque la personne meurt.

C. **Le déclenchement de la réaction:** Réagir à la perte ou sortir du cycle de deuil en étouffant toute émotion. Parfois, survient une maladie physique qui permet d'évacuer le chagrin inexprimé, ou bien on constate un comportement anormal ou une perte de mémoire.

D **REACTION:** Colère envers la vie, Dieu, soi-même, la personne décédée; isolement, sentiment de soulagement, culpabilité, question "pourquoi?", rêverie, déception lorsque la personne décédée ne franchit plus la porte comme d'habitude, étiolement et un "NON" du fond du coeur à ce qui s'est passé. La période de réaction se superpose souvent au début de la période de deuil.

E. Déclenchement de la période de deuil : C'est ici qu'apparaissent les plus fortes émotions et que le sens de la réalité de la perte est le plus aigu. On peut soit plonger dans cette période de deuil ou sortir du cycle. Ceux qui choisissent cette solution s'occupent à mille et une diversions, se contraignent à avoir des relations sexuelles, à travailler, à faire du sport, à courir les aventures, à déménager, à manger, à boire, à fumer ou à prendre de la drogue, ce qui épuise l'énergie émotionnelle mais n'est pas un exutoire pour le chagrin... et peut durer des années. Certaines personnes perdent soudain tout intérêt pour ces tâches contraignantes.

F. DEUIL: Pour vivre complètement son chagrin, il faut sangloter de tout son coeur et ressentir une douleur physique jusqu'à l'apaisement, moment où l'on éprouve un grand soulagement et du plaisir. Comme rire de bon coeur, sangloter à chaudes larmes fait mal, mais une fois la crise passée, on ressent du bien-être. Les amis qui se contentent d'être là donnent de la force et aident la personne à garder les pieds sur terre. Il ne faut jamais demander à une personne en deuil de se contrôler, mais lui offrir une protection face aux coups durs et une possibilité de s'épancher.

G. POINT CULMINANT du changement: Les gens se souviennent souvent du moment exact où il survient; le moment où ils se rendent compte de la perte subie et où la possibilité de continuer à vivre devient aussi une réalité. Environ six mois après la perte, la personne oeuvre à sa "reconstruction" et à se forger une vie nouvelle ou alors plonge dans l'indifférence et commence à ressasser des souvenirs. Ce détachement peut provoquer une catastrophe et détériorer son état de santé.

H. RECONSTRUCTION: Peut commencer au cours de la période de deuil, mais repousse les décisions capitales et irréversibles à six mois environ après un profond changement dans la vie du sujet.

A. Continuer à vivre: Au cours de la période de reconstruction, le sujet devient pleinement conscient de la perte et l'enfouit parmi les événements du passé. Petit à petit, les références à la personne disparue susciteront des souvenirs heureux et positifs, que le sujet appréciera sans regret. En même temps qu'un nouveau mode de vie s'organise, le sujet retrouve le rythme naturel de la vie.

R2Nouveau mode de vie: Généralement parfaitement acquis deux ans après la perte. De nouvelles personnes ne remplacent pas le (la) disparu(e); elles ont chacune leur place propre dans l'ordre des choses.

Ce cycle du chagrin vaut pour toutes les sortes de pertes. Il peut comporter une double boucle, par exemple pour les gens qui soutiennent un conjoint, un parent ou un ami subissant lui-même les changements provoqués par une maladie incurable.

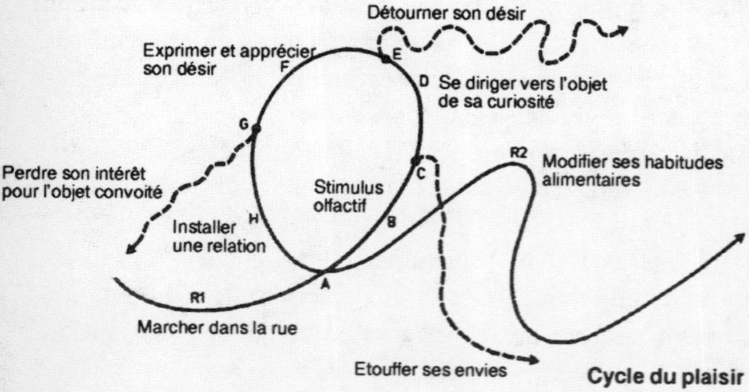

Le cycle du plaisir

Ce cycle comporte des étapes similaires et intervient lorsque de grands changements ont lieu. Même une période de vacances de deux semaines comporte tous les stades d'un cycle de plaisir.

Un simple plaisir

R1Marcher dans la rue

A L'odeur de pain frais

B L'odeur me donne l'eau à la bouche.

C Choix entre trouver la boulangerie ou étouffer l'envie générée par la délicieuse odeur.

D Trouver la boulangerie.

E Choix entre profiter pleinement de l'expérience ou détourner ailleurs son intérêt.

F1 Humer la délicieuse odeur à la porte de la boulangerie.

G Choix : prendre une décision ou, par exemple, se convaincre de ne pas agir pour une raison ou une autre.

H Se décider à acheter du pain frais pour le goûter à la maison. (Toutes sortes de possibilités, comme acheter plus tard, goûter, manger, rejeter le goût, décider de ne pas acheter de ce pain, se contenter d'humer la bonne odeur et d'observer un moment avant de poursuivre son chemin, etc.)

A Se livrer à cette nouvelle expérience.

R2 Changer ses habitudes alimentaires et apprécier ce nouveau pain

Le principe du plaisir

Au 19ème siècle, la plupart des gens connaisssaient peu de choses que nous aurions qualifiées d'agréables. Le travail était ardu, les salaires bas et les conditions qui règnaient dans la mine et les usines étaient inhumaines. Même dans les classes aisées, les enfants étaient "vus mais pas entendus", les hommes étaient censés adhérer (publiquement, du moins) à des codes stricts de comportement et la mode obligeait les femmes à porter des corsets. On fronçait les sourcils sur quiconque riait, se divertissait ou dansait en s'abandonnant simplement à sa joie. Dans l'ensemble, le plaisir était considéré, tout comme le sexe, comme parfaitement immoral.

Le travail, l'étude et le comportement social étaient des activités très sérieuses. Même aujourd'hui, beaucoup de gens ne perçoivent pas la grande valeur du plaisir, en particulier au cours d'une entreprise sérieuse et importante. Il s'est trouvé, tout au long du XXème siècle, des personnes pour reconnaître que le rire, la spontanéité et une joie franche étaient des attitudes très productives. L'une de ces personnes était le docteur Georgi Lozanov.

SI L'AMOUR VIT DE MUSIQUE...

En 1988, l'Orchestre symphonique de Londres (LSO) proposa à Michael Tilson Thomas, de devenir son premier chef d'orchestre. Tilson Thomas accepta le poste avec grand plaisir. Il considère l'orchestre comme un fantastique talent collectif qui ne cesse de l'étonner. Mais pourquoi cet orchestre exceptionnel, de réputation internationale, a-t-il choisi Michael Tilson Thomas?

Tilson Thomas, en plus de maîtriser tous les secrets de son art, pense que l'objectif principal d'un (une) artiste est de trouver la part de lui-même ou d'elle-même qui s'identifie au mieux avec l'oeuvre interprétée. Afin de mettre lui-même ce principe en pratique, il se fie à ses instincts de base et réagit à la musique.

Michael Tilson Thomas affirme que l'on doit laisser son coeur dicter la manière de jouer et que tout le reste suit. Il est d'avis qu'un orchestre de virtuoses doit créer un son caractéristique, qui lui est propre, et qu'il doit être capable de produire le son approprié à chaque compositeur et à chaque âge de la musique.

Tilson Thomas semble donner au LSO l'inspiration nécessaire pour atteindre ces objectifs remarquables tout en préservant le plaisir à l'état pur. Il aime le travail ardu, il apprécie chaque membre de l'orchestre et il aime la musique. Il n'est pas moins enthousiaste à propos de son travail en tant que conseiller artistique de l'American New World Symphony, un orchestre de jeunes comparable à l'Orchestre des Jeunes de la Communauté européenne.

Comment Tilson Thomas arrive à combiner exactitude technique et interprétation spontanée et expressive peut sembler un mystère. Peut-être son étonnante vitalité s'explique-t-elle par son expérience théâtrale, son flair pour la composition et l'écriture de chansons et son intérêt avide pour les arts, l'artisanat et les vêtements exotiques.

LA METHODE D'ENSEIGNEMENT LOZANOV

Lozanov, physicien et psychothérapeute bulgare, cherchait à rendre l'étude simple et efficace.

Son principe de base était simple : on a intérêt à faire quelque chose pour le plaisir, parce que dans ce cas, il n'y a rien à perdre; faire quelque chose dans un but précis comporte des désavantages, étant donné qu'alors, il y a beaucoup à perdre.

Lozanov disait que la crainte de l'échec réduit notre efficacité dans tout ce que nous entreprenons. C'est ainsi qu'il mit au point des cours de langues dans lesquels il introduisit la notion de PLAISIR.

Il appela sa méthode "suggestopédie". Les cours étaient organisés en cycles suggestopédiques de quatre heures, au cours desquels l'influence inconsciente et stimulante du plaisir diminuait les craintes et les anxiétés, et facilitait le débit oratoire.

L'enseignement des langues par Lozanov

Il s'agit d'un ensemble de méthodes mises au point par Lozanov en Bulgarie au cours des années 50 et 60 afin d'enseigner une deuxième langue telle que l'anglais, le français, l'allemand et l'espagnol.

La pièce était agréable et gaie, avec un éclairage doux. Le sol était recouvert d'un tapis et les sièges étaient confortables, les fauteuils disposés en demi-cercle.

Les professeurs parlaient non seulement couramment la langue à enseigner, mais avaient également suivi des cours de psychologie et d'art théâtral, de sorte qu'ils pouvaient suggérer la signification d'un mot par le geste et l'intonation.

Les étudiants suivaient les cours par classes de six femmes et six hommes, quatre heures par jour et six jours par semaine.

Le cycle suggestopédique de quatre heures

1. **REVISION** du travail de la veille par la méthode directe. Par exemple, conversation, sketches, jeux, etc. Chaque étudiant jouait également un rôle dans la langue étrangère avec un nom, une adresse, un métier, une famille, etc.
2. **LA NOUVELLE MATIERE** était incorporée dans des dialogues de tous les jours, relatant des situations familières pour les étudiants et comportant un contenu émotionnel fort, d'où motivant. Un livre de cours faisait le pendant aux dialogues parlés.
3. **LA SEANCE** (ou session) constituait une répétition de la nouvelle matière au niveau de l'inconscient. Cette session durait une heure.

   Pour cette session, les étudiants se relaxaient dans les fauteuils, probablement dans une posture de yoga, le savana. On apprenait aux étudiants à respirer d'une manière régulière tout au long de la session.

   Mode de respiration:

   2 secondes d'inspiration
   4 secondes d'apnée
   2 secondes d'expiration

Ce rythme de respiration était combiné à deux autres rythmes utilisés au cours de la session:

- le rythme de lecture du professeur au cours de la partie active et passive de la session,
- le rythme lent de la musique baroque en arrière-plan.

La période active de la séance (20 à 25 minutes)
Les étudiants suivent le programme de langues dans leur manuel tandis que le professeur lit l'expression ou la phrase sur un rythme de 2:4:2 secondes comme suit :

2 : traduction dans la langue maternelle de l'expression lue sur un ton monocorde et bas.

4 : Lecture à voix haute de l'expression. Chaque étudiant la répète mentalement.

2 : Pause.

La matière est divisée en groupes de trois, A, B et C, de sorte que le rythme est le suivant :

A : 2:4:2

B : 2:4:2

C : 2:4:2 et ainsi de suite jusqu'à la fin du texte.

Les trois expressions/phrases A, B et C n'ont aucun rapport entre elles et, à ce stade, le professeur ne donne aucune émotion au message, se contentant de faire varier l'intensité de la voix à chaque fois, par exemple, A: murmure, B: ton normal et C: voix haute.

La période passive de la séance (20 à 25 minutes)
Au cours de cette période une attention passive est accordée à la langue, afin que l'intériorisation puisse avoir lieu.

- Introduction, 2 minutes. Tandis qu'une musique est jouée, tous écoutent - par exemple, la sarabande des variations Goldberg de Bach.
- Intériorisation, environ 20 minutes. La musique, sur une mesure 2/4 ou 4/4 à 60 temps/minute et une mélodie soutenue sur les cordes, est jouée doucement, par exemple, des concerti grossi du XVIIIème siècle. Des oeuvres

de Handel, Bach, Vivaldi, Corelli ou Telemann se prêtent bien à cette séquence.

Au cours de l'intériorisation, le professeur interprète en acteur le dialogue de toute la nouvelle matière, en utilisant des émotions agréables et beaucoup d'intonation artistique. Les étudiants écoutent, les yeux fermés, et sont également encouragés à méditer sur le texte.

- Réveil, 2 minutes. Un morceau de musique joyeuse, vive, comme de la flûte, sort les étudiants de leur relaxation.

On pense que cette période passive génère une sorte d'auto-hypnose; il est sûr qu'elle augmente le rythme alpha sur un électroencéphalogramme des ondes du cerveau, ce qui est favorable à un apprentissage dans le plaisir.

La méthode Lozanov a fait l'objet d'adaptations dans de nombreux pays et est utilisée avec fruit pour l'apprentissage accéléré de diverses matières. Elle est appréciée des élèves, qu'ils soient adultes ou enfants, et a remporté un franc succès auprès de personnes qui éprouvaient auparavant des difficultés à l'étude.

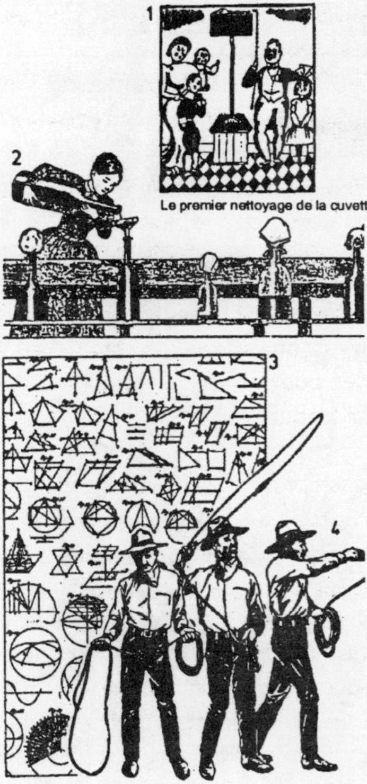

Les pouvoirs du cerveau peuvent être appliqués à l'étude via de nombreuses méthodes:

1 Par l'observation d'une démonstration (nettoyage hygiénique des toilettes)
2 En agissant comme un réceptacle des connaissances (caricature française d'élèves absorbant le savoir comme un médicament)
3 Par une étude et des efforts personnels (illustration de principes géométriques dans une encyclopédie du XIXème siècle)
4 Par la pratique (apprendre à menier un lasso)

Entraînement du cerveau

Les millions de neurones du cerveau peuvent réaliser jusqu'à 10.000 connexions dans le réseau d'activité psychique. Ces connexions couvrent notamment tout le travail automatique effectué pour garder le corps en vie, maintenir l'intelligence, la mémoire, les capacités amoureuses et des dizaines d'autres activités.

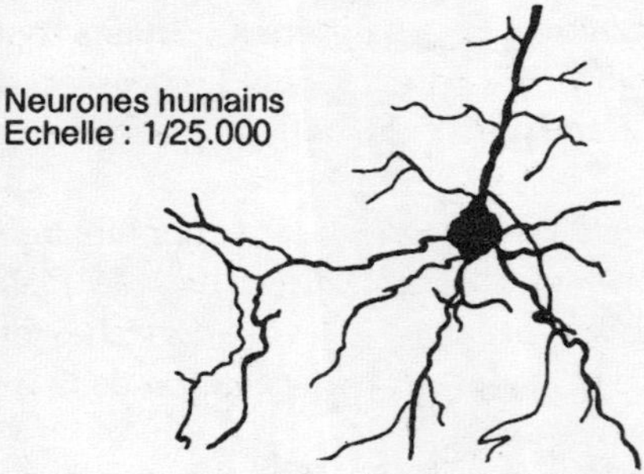

Il existe une multitude de manières d'exercer le cerveau à apprendre, se souvenir, etc. La plupart des méthodes à succès impliquent la pensée, et de nombreuses personnes commencent à se rendre compte qu'apprendre aux gens à penser constitue une partie importante de leur éducation.

L'exercice cérébral peut être effectué autrement que par la pensée. L'utilisation du son et de la musique est une des méthodes utilisées depuis la nuit des temps et elle fait toujours l'objet de recherches.

Captage

Si vous pouvez libérer votre voix, vous pouvez libérer votre moi. La parole, la voix et la respiration sont intimement liées. Avec le son, vous pouvez clarifier votre esprit et transformer votre façon de voir les choses.

En captant des sons appropriés, votre cerveau produit une réponse biochimique, modifie le rythme des ondes cervicales et rejette les schémas arythmiques perturbateurs. Des sons inappropriés produiront l'effet opposé.

La combinaison d'un chant rythmé, de mouvements rythmés du corps et d'une respiration rythmée peut induire un état de félicité mentale et balayer les soucis, les rancunes, les passions et tout ce qui bloque votre choix de points de vue intellectuels.

Les mantras sont des sons sacrés conservés dans les langues anciennes. Chaque mantra a un but différent; certains sont appliqués contre des maladies, d'autres clarifient les pensées, d'autres encore préparent à l'étude ou permettent l'adaptation au mode de pensée d'autrui.

Les mantras sont utilisés dans le monde entier, notamment en Inde et au Tibet. Les sufis sont les mystiques de l'islam. Ils combinent respiration, son et mouvement. Les derviches tourneurs prient en effectuant des rotations sur place au son de la flûte, qui est très proche de la voix humaine.

La plupart des liturgies sont psalmodiées ou chantées, et dans les églises chrétiennes, les psaumes et les hymnes sont chantés. Lorsque nous psalmodions, chantons, musons ou dansons ensemble, nous adoptons des ondes communes. Lorsque la respiration est adaptée à ces rythmes, nous pouvons transcender les expériences ordinaires et participer à ce que l'on appelle universellement des expériences spirituelles.

Le chant harmonique est un moyen utilisé pour révéler le coeur même du son, qui a un effet magique. L'utilisation de la langue et des poumons de manière inhabituelle pour parvenir à cet effet active des prolongements neuraux souvent inutilisés et stimule le cerveau.

Pour se forger une idée du pouvoir du son, il suffit de se joindre à une chorale. De l'opéra au jazz, des hymnes religieux à la musique pop, toutes les formes de chant aident à se mettre en harmonie avec le monde qui nous entoure. Respirez plus profondément, laissez votre corps se mouvoir en rythme et votre vie toute entière peut devenir une révélation. La musique peut avoir un effet réparateur et thérapeutique.

Etre en bonne santé signifie être sain de corps et d'esprit. Lorsque nous chantons ensemble, nous nous unissons et résonnons ensemble. Chacun a un son qui lui est propre. Il est possible de trouver ce son en apprenant à respirer profondément et en émettant des sons continus. En écoutant ces sons intérieurement, il est possible de mettre son être tout entier en résonance lorsque le registre vocal baisse et s'enrichit et que tout le corps vibre au cours de l'élocution. Pour éviter les tensions, ce type de développement nécessite le conseil de spécialistes pour éviter les tensions.

Echelle du son
L'échelle logarithmique hertzienne (ci-dessous) montre la vaste gamme des fréquences de l'oreille humaine (barre blanche) et l'éventail encore très considérable de la voix humaine (barre noire) par rapport à celle du chien, qui a de grandes capacités auditives mais une gamme vocale limitée.

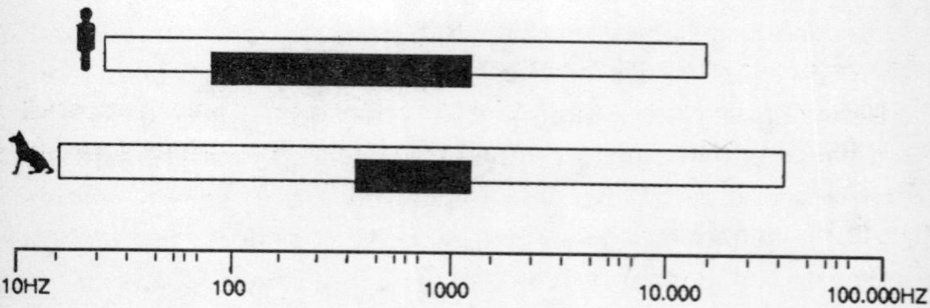

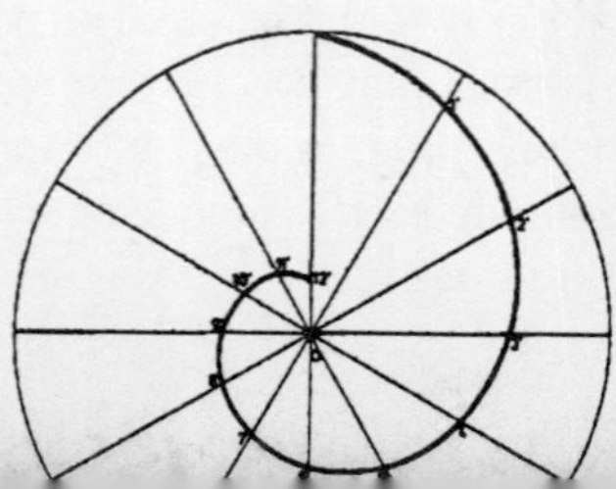

LE SON PEUT-IL AVOIR UN IMPACT SUR LA MATIERE?

Hans Jenny, un ingénieur et docteur suisse influencé par l'oeuvre de Rudolph Steiner, étudia toute sa vie la manière dont le son influence la matière. Il faisait vibrer, à l'aide de différentes longueurs d'ondes, des substances telles que des liquides, des poudres et des métaux finement moulus. Les sons modelaient ces substances selon des modèles présents dans la nature. Lorsque le son s'intensifiait, les modèles se précisaient.

Lawrence Ball, musicien et mathématicien anglais, s'est livré à des expériences avec des sons à haute fréquence introduits dans des ordinateurs pour en faire des images acoustiques. Avec Isobel McGilvray, un guérisseur expérimenté, il a enregistré sur bande magnétique une série de sons qui produisent diverses formes. Ces sons rétabliraient en douceur les résonances internes de l'individu, en créant un sentiment puissant de bien-être. Leurs harmonies seraient non seulement musicales, mais aussi psychologiques.

Il existe sept de ces "Shapetapes" (bandes sonores induisant des formes), que Ball et McGilvray relient aux sept chakras du corps. "Chakra" est l'ancien nom donné aux positions du corps subtil à travers lequel la force vitale, ou énergie kundalini, se répand.

La spirale mystique *(ci-contre)*

Il est intéressant de noter que la spirale logarithmique n'apparaît pas (encore) dans ce travail comme l'une des formes-sons, et pourtant cette forme se retrouve partout dans le monde naturel, come Jill Purce l'a montré dans son livre.

Les chakras et les formes-sons

Les correspondances ont été établies sur base du travail de Lawrence Ball et d'Isobel McGilvray à Londres.

Chakra	**But**	**Forme-son**	**Effet de la forme-son**	**Forme générée par l'ordinateur**
Couronne	Illumination	Lignes	Clarifie et concentre l'esprit	
Troisième oeil	Pouvoirs de l'esprit	Hélice	Stimule l'excitation et l'agitation	
Gorge	Communication	Rose	Apaisement et sensibilisation	
Coeur	Amour et affection	Trèfle à quatre feuilles	Expansion et centrage	
Nombril/ plexus solaire	Emotion pure	Triangles	Stimule la créativité	
Splénique/ sacral	Pulsions sexuelles	Cercles	Relaxation et nourriture	
Racine	Survie primitive	Carrés	Rassure et rend serein	

Croyances profondes

La foi est une force d'une puissance extraordinaire. Certains sont morts pour leur foi. Certains ont tout abandonné et d'autres tout amassé rien qu'à cause de la foi. Derrière tous les types de comportement, on trouve toutes sortes de croyances.

A quoi croyez-vous? En quoi placez-vous votre foi et votre confiance? Vers quelle orientation vous poussent vos croyances?

Etes-vous certain de savoir quelles croyances déterminent votre comportement? En page 355, vous trouverez une sélection de croyances. Il peut être intéressant de vérifier quelles sont les vôtres et d'ajouter des détails plus personnels. Ensuite, vous pourrez examiner votre comportement et voir si vous avez omis certains points de votre credo ou si vous avez pointé erronément certaines croyances.

Croyances personnelles

Certaines personnes que nous voyons à la télévision, qui font partie de l'Histoire ou que nous rencontrons dans la rue expriment des croyances profondes :

- Victor Kiam choisit de croire qu'il pouvait faire de la société Remington, qu'il venait d'acheter, une société performante. C'est pourquoi il apparut lui-même dans les publicités.
- Le Duc de Windsor croyait en l'amour, et abandonna le trône d'Angleterre pour épouser Mme Simpson.
- Bob Geldof croyait en la compassion et utilisa ses ressources pour aider les Ethiopiens.
- Margaret Thatcher croyait en sa politique et remporta un troisième mandat comme Premier Ministre britannique.
- L'actrice Cher croit en la glorification de son moi et utilise son charme à son avantage.
- Un chauffeur de camion américain qui a transformé lui-même son véhicule croit évidemment en lui-même.

Croire profondément ses propres idées, qu'elles soient empruntées à d'autres ou qu'elles soient le fruit d'une réflexion personnelle, peut se manifester sous diverses formes:
1 Religion
2 Affaires
3 Amour
4 Compassion
5 Politique
6 Art
7 Personnel

LES CHARIOTS DE FEU

Ce film britannique tourné en 1981 remporta un succès extraordinaire. Situé dans les années 20, il relate l'histoire véridique de deux champions dont la foi en leur pays, leur religion et en eux-mêmes est éprouvée lors des Jeux olympiques de Paris, en 1924.

Harold Abrahams était un juif de Lithuanie et le meilleur coureur de l'Université de Cambridge. Eric Liddell était un chrétien d'Ecosse qui faisait des études afin de devenir missionnaire en Chine, comme son père. Il avait été le meilleur athlète aux Jeux des Highlands.

Les deux hommes s'entraînèrent durement pour les cent mètres des Jeux olympiques de 1924. Lorsque Liddell apprit que les éliminatoires auraient lieu un dimanche, il déclara forfait pour motifs religieux. Lord Lindsey lui offrit sa place dans le 400 m.

Abrahams remporta la médaille d'or du 100 m, prenant ainsi sa revanche sur toutes les injustices subies à cause de ses origines juives et de son entraîneur, Sam Mussabini, qui avait des méthodes peu orthodoxes.

Liddell gagna la médaille d'or du 400 m : inspiré par sa religion, il croyait courir pour Dieu.

Ce film reflète l'éthique des années 20. Le nationalisme et les règles du fair play règnent en maître, notamment l'esprit britannique traditionnel.

Liddell mourut en 1945 dans un camp d'internement japonais et Abrahams, en 1978.

CE QUE JE CROIS

Quelques croyances	Ma croyance	Conséquences de la croyance
La Foi		
Mon pays		
Ma religion		
Mon groupe social		
Ma famille		
Mon métier		
Mes opinions politiques		
L'égalité des chances		
Se battre pour son propre profit		
L'aide charitable		
Etre payé pour son travail		
Liberté d'expression		
Droit de l'Homme		
Gagner de l'argent		
Survie du plus fort		
Ma liberté de choix		

La liberté de choix des autres		
L'honnêteté		
La monogamie		
La polygamie		
La vie		
La fidèlité sexuelle		
Plusieurs partenaires sexuels		
L'homosexualité		
La femme en tant que parent principal		
L'homme en tant que père nourricier		
Avortement délibéré		
Euthanasie délibérée		
Responsabilté écologique		
Responsabilité de citoyen		
Moi en tant que battant		
Moi qui échoue		
Moi qui réussis		
Moi en tant qu'amant(e)		
Moi en tant que travailleur(se)		
Moi en tant que partenaire/conjoint		
Moi en tant que parent		
Moi en tant qu'ami		
Mon charme personnel		
Mes talents		
Ma personnalité		
Ma détermination		
Ma confiance en moi		
L'aptitude à la survie		

Endroits mystiques

Le pouvoir de l'esprit sur la matière est la capacité qu'a le cerveau d'organiser, de commander et de superviser les attitudes et les comportements de la personne qui est ce cerveau.

Il ne fait aucun doute qu'une personne peut utiliser son cerveau pour influencer un autre être vivant, un animal ou une plante. Peut-on également utiliser le pouvoir de l'esprit pour influencer des objets, le temps, les éléments ou pour laisser son empreinte dans certains lieux? Peut-on aller plus loin et se demander si l'esprit peut quitter la matière, le corps, et se mouvoir seul de par le monde, emportant des messages, hantant de vieux repaires?

Ces questions ont fait l'objet d'investigations tout au long de ce livre, mais il n'existe pas de réponses exactes et précises. Tandis que les preuves s'accumulent, indiquant qu'il y a plus de mystère dans cette vie que nous aurions osé l'imaginer, ces vieux mystères continuent à fasciner notre imagination.

Des esprits planent-ils sur certains endroits?

Il existe sur cette terre de nombreux endroits mystiques qui inspirent l'âme et peuvent nous procurer une indéfinissable sensation de paix, de contentement et de sécurité. Ces endroits ont été explorés et visités par des milliers de personnes depuis la nuit des temps.

Ces lieux retiennent-ils quelque chose de chaque personne qui s'y rend? Ces endroits mystiques que l'on révère sont-ils un sanctuaire pour l'esprit collectif de l'humanité?

Les endroits mystiques semblent avoir leur pouvoir propre, un pouvoir qui peut influencer ceux qui les visitent; même ceux qui ignorent qu'ils se trouvent en un lieu mystique subissent son influence. Sommes-nous, nous et nos ancêtres, responsables de ce mystère, ou il y a-t-il "autre chose"? A vous de décider. Voici quelques endroits que beaucoup de gens considèrent comme mystiques.

- La grotte de Lourdes, en France
- Stonehenge, en Angleterre
- Un théâtre grec ancien
- Le Mur des lamentations à Jérusalem
- La ziggourat d'Ur

Vous connaissez sûrement d'autres endroits semblables, publics ou privés; il peut s'agir d'endroits ordinaires qui vous procurent énergie ou détente sans raison apparente. En voici quelques-uns, cités par diverses personnes.

- Un coin de parc en ville
- Un théâtre
- Une église
- La montagne

Au bord de la mer

Avez-vous votre propre endroit mystique? Il se peut que ce lieu ne soit mystique que pour vous, pour des raisons personnelles.

Endroits mystiques
1 La Mecque, en Arabie
2 Teotihuacan, au Mexique
3 Borobudur, à Java
4 Ziggourat, à Tchoga Zanbil, en Elam (Iran)
5 La place Saint-Pierre à Rome
6 Stonehenge, en Angleterre

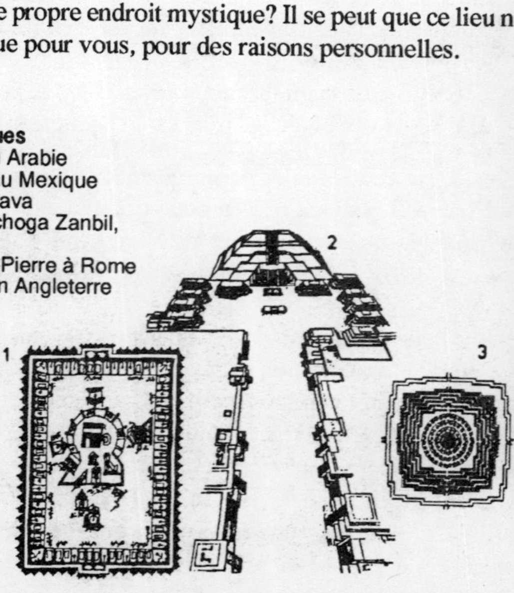

Les caractéristiques des endroits mystiques?

Les similitudes existant entre divers endroits mystiques ont été étudiées, et trois conditions semblent être le dénominateur commun. Ces conditions sont-elles responsables du sentiment qu'éveillent ces endroits mystiques?

1 Une association avec des croyances religieuses, comme la grotte de Lourdes.

2 Un endroit où la proportion d'ions à charge négative dans l'atmosphère indique régulièrement une augmentation par rapport à la normale, comme à Tiburon, premier endroit où les courants de l'Océan Pacifique atteignent le rivage de la baie de San Francisco, sous le Golden Gate. Tiburon est un vieux mot indien signifiant requin, parce que les requins s'échouaient sur son rivage après les tempêtes. Tiburon abrite une communauté spirituelle qui affirme qu'être en ce lieu apaise toutes les craintes.

3 Lorsque la forme d'un endroit converge vers un point central, comme dans une cathédrale, dans les chaînes de montagnes et les pyramides.

L'église de la minuscule île d'Iona, au large de la côte ouest de l'Ecosse, possède ces trois caractéristiques: association avec la Religion, une forme convergente et une haute ionisation

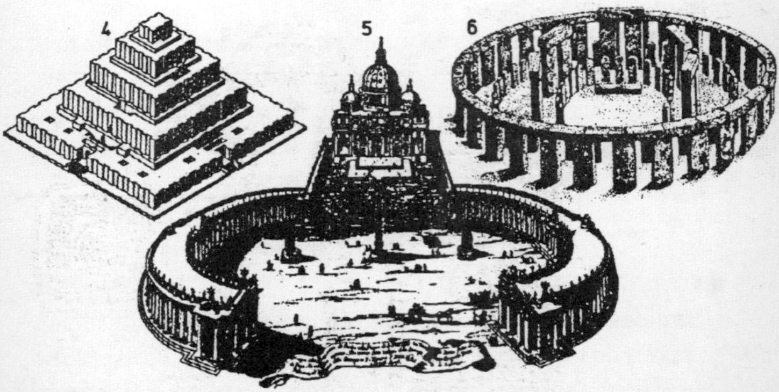

négative due à la proximité de la mer. Une communauté chrétienne dynamique est établie sur l'île; elle attire des jeunes gens venus du monde entier.

L'effet des changements dans l'ionisation de l'atmosphère

L'air pur normal régnant au-dessus des terres, renferme 1.500 à 4.000 ions par centimètre cube. La proportion des charges positives par rapport aux charges négatives est de 1,2 pour 1. Nombre d'aménagements modernes modifient la concentration d'ions et bouleversent cette proportion ions positifs/ions négatifs, provoquant une diminution du nombre d'ions négatifs.

Des recherches ont démontré que dans les bureaux, les magasins, les rues et les maisons où l'air conditionné et le chauffage central ont été installés, il y a diminution du nombre d'ions, ce qui entraîne fatigue et perte d'efficacité mentale et physique. Les preuves ne manquent pas pour affirmer qu'une augmentation des ions peut avoir des effets bénéfiques.

Il y a également diminution des ions par temps orageux et lorsque soufflent des vents chauds comme le föhn, en Bavière, le vent alpin du sud et le sharav, en Israël. Les effets provoqués (somnolence, fatigue, irritation, nausées et vulnérabilité aux accidents) sont similaires aux effets ressentis après un certain temps passé dans une pièce bondée et mal aérée. La pollution, elle aussi, diminue le nombre d'ions.

Certains endroits, par ex. en montagne, près de chutes d'eau et parfois à la côte, jouissent d'une abondance naturelle en ions. L'ionisation, utilisée à des fins thérapeutiques, a un effet calmant, soulage la douleur, guérit rapidement les brûlures et augmente la résistance aux infections.

Il se peut que les endroits mystiques soient riches en ions.

Les pyramides d'Egypte

Les pyramides construites en Egypte étaient des tombes destinées aux Pharaons de l'Ancien et du Moyen Empire, entre 2700 et 1786 av. J.-C. Elles faisaient partie d'un complexe plus vaste qui comprenait des aires d'embaumement, des couloirs et des temples du culte. Leur coût était élevé et des milliers de gens moururent pendant leur construction, mais ces pyramides contribuèrent à l'unité politique et religieuse.

La plus grande pyramide est faite d'environ 2.300.000 blocs de pierre; elle mesure 230 m de côté et s'élève à une hauteur de 147 m. Les côtés sont parfaitement orientés aux quatre points cardinaux; l'entrée du complexe de tunnels et de salles d'une pyramide se trouvait habituellement au nord.

La plus ancienne pyramide est la pyramide à degrés de Saqqarah. Oeuvre de l'architecte Imhotep, elle est située juste au sud de la nouvelle ville du Caire. Elle comprend six tombes disposées l'une sur l'autre, en gradins.

Par la suite, la conception des pyramides devint plus sophistiquée et les deux très grandes pyramides de Dahshour sont tout à fait extraordinaires.

Leur construction avait été commandée par Snéfrou. La Grande Pyramide de Gizeh, construite par son fils, Chéops, fut terminée aux environs de 2600 av. J.-C.

Les textes peints et gravés sur les murs des pyramides révèlent que les rois égyptiens étaient considérés comme des dieux qui montaient au ciel par un escalier ou en s'appuyant sur les rayons du soleil.

La pyramidologie est l'étude des proportions de la Grande Pyramide; certaines personnes croient qu'un nouvel ordre mondial naîtra de l'étude de cette pyramide. De petites pyramides sont souvent mises en vente pour le nettoyage des pièces d'argent et certaines personnes ont érigé leur propre pyramide chez elles, car le centre d'une pyramide est censé dégager une énergie positive et réparatrice. Ces idées se sont propagées à la suite de la découverte des corps embaumés des anciens rois, remarquablement bien conservés.

Un nouveau cerveau?

Il existe deux domaines de la recherche médicale qui défient déjà nos conceptions de l'individualité et de la normalité. L'un est la génétique, l'autre, la transplantation cervicale. Ces deux domaines de recherche ouvrent des possibilités de changement radical du moi profond.

L'esprit de l'humanité peut-il dominer et modifier la matière dont nous sommes faits? Pour donner un début de réponse à cette question, nous devons d'abord comprendre la nature de ce que nous appelons notre individualité et chercher à savoir en quoi ces deux domaines de recherche pourraient la transformer.

Qu'est-ce que l'individualité?

Un caryotype humain, que l'on retrouve dans toutes les cellules du corps, est composé de 23 paires de chromosomes. Chaque parent apporte un chromosome dans chaque paire. Ce caryotype est celui d'un individu de sexe masculin car la 23ème paire est Xy. Au même endroit, les sujets de sexe féminin ont un XX.

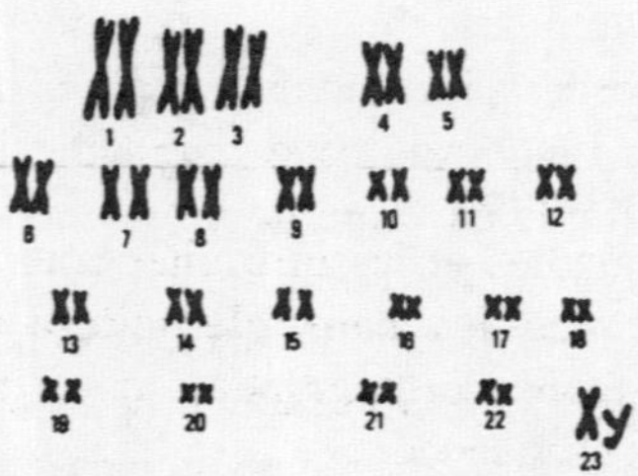

Un caryotype humain possède 23 paires de chromosomes. La 23ème et dernière paire détermine le sexe de la personne, dans le cas présent, un homme.

Chaque chromosome est une chaîne à double spirale de molécules d'ADN. Les deux parties de la chaîne sont reliées par quatre bases, connues sous le nom d'ATGC, qui apparaissent toujours dans les mêmes combinaisons, soit AT (adénine/thymine) et GC (guanine/cytosine).

La séquence suivant laquelle ces lettres (ou substances) sont disposées est appelée génotype humain. Il existe approximativement 3 milliards de lettres dans un génotype humain et beaucoup de chercheurs pensent que la plus grande tâche de la biologie du XXIème siècle sera de découvrir la séquence génétique de chaque chromosome.

Chaque individu a un profil d'ADN différent, et il est possible d'extraire des échantillons de petites quantités de sang ou de tissu afin d'examiner les empreintes génétiques.
C'est ainsi que l'on peut prouver la paternité.

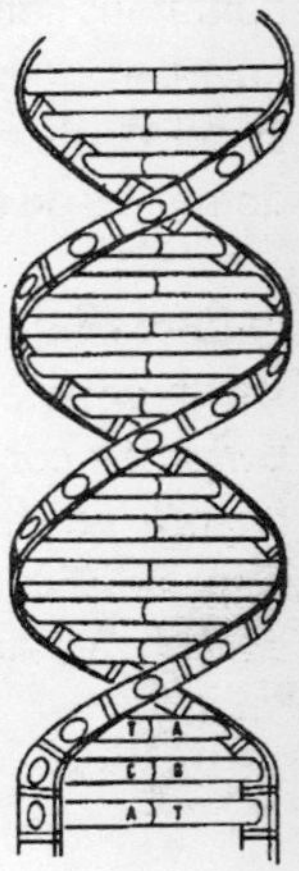

Les chromosomes consistent en de longues chaînes complexes d'ADN (acide désoxyribonucléique).

La génétique

Les maladies et les infirmités sont dues à des "fautes d'orthographe" dans les chaînes de molécules. Par exemple, on remarquera une faute d'orthographe dans les trois lettres qui composent la fin de la séquence.

GATAGCTTATCGA séquence correcte

GATAGCTTATGCT séquence incorrecte

Le génotype est la recette de la vie. Une fois les séquences ou l'orthographe trouvé et enregistré, il pourrait être possible de

procéder à des changements en remplaçant des parties de chromosomes défectueuses.
La difficulté réside dans la lecture de la séquence génétique.

On sait déjà que des fautes d'orthographe au sommet du chromosome 4 provoquent la chorée de Huntington et que la fibrose kystique est due à des fautes d'orthographe dans le chromosome 7.

La génétique consiste à corriger les fautes d'orthographe afin d'empêcher les maladies du foetus en développement. Il serait merveilleux de pouvoir empêcher toutes ces infirmités.

Entre utiliser la génétique pour corriger les fautes d'orthographe et modifier l'orthographe pour encourager les dons naturels ou rendre possible un accouplement parfait, il n'y a qu'un pas. De plus, il est possible de reproduire des séquences de gènes - ce procédé est appelé clonage. Ultime implication : on pourrait arriver à une reproduction parfaite. Qu'éprouveriez-vous à l'idée de vous rencontrer en double, en triple ou plus, c'est-à-dire à l'idée de rencontrer vos clones?

Mais ceci reposerait toute la question de l'eugénisme. L'eugénisme est une science ayant pour objet l'amélioration de la race. Au cours des 20 prochaines années, la génétique pourrait devenir un excellent exemple de "victoire de l'esprit sur la matière".

Transplantations cérébrales

Les transplantations cardiaques, des poumons et des reins sont assez courantes aujourd'hui, bien que l'on soit encore loin de pouvoir garantir à 100% le succès de l'opération dans tous les cas. D'autres opérations complexes sont réalisées fréquemment afin de rattacher des membres ayant été sectionnés du corps.

Des essais de transplantation de tissu cervical ont déjà eu lieu. Au Mexique, des chirurgiens travaillent depuis 1986 à la transplantation de tissu surrénal et en Suède, des travaux visant à utiliser des tissus de foetus avortés pour le remplacement de tissus cervicaux dégénérés progressent. C'est tout particulièrement le noyau cordiforme situé au centre du cerveau qui pourrait être le plus utile.

Le résultat de nombreuses maladies est la dégénérescence de fibres du cerveau. Les individus souffrant de la maladie de Parkinson doivent faire un effort de volonté pour faire travailler leur cerveau. Le champion de boxe Mohammed Ali souffrait de cette maladie.

Un autre type de dégénérescence, appelé maladie d'Alzheimer, a provoqué la mort de la star de cinéma Rita Hayworth en 1987. La dystrophie musculaire et la sclérose en plaques, qui mit précocement fin à la carrière de la violoncelliste Jacqueline du Pré, sont d'autres maladies auxquelles on pourrait remédier par l'apport de nouveaux tissus cervicaux.

Prochaine étape : la transplantation de la tête?

L'idée d'une transplantation complète de la tête est toute récente. Un Américain, un certain Dr Robert Smith, a déjà tenté de transplanter la tête d'un singe sur le corps d'un autre. La transplantation a échoué.

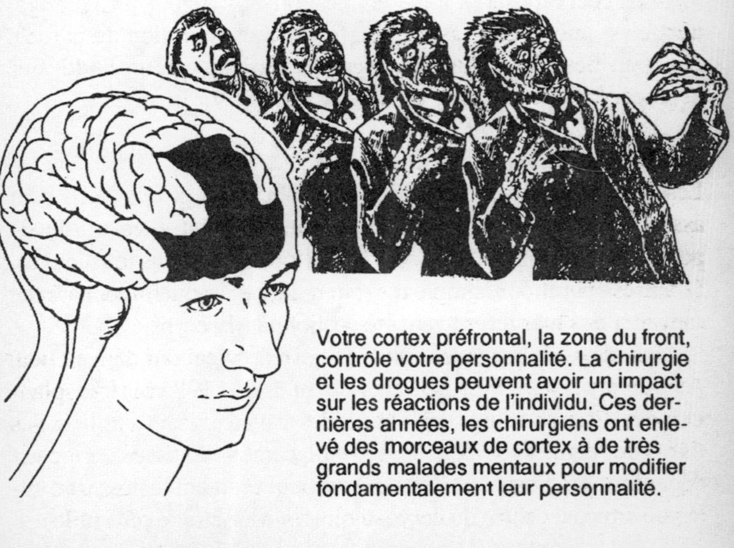

Votre cortex préfrontal, la zone du front, contrôle votre personnalité. La chirurgie et les drogues peuvent avoir un impact sur les réactions de l'individu. Ces dernières années, les chirurgiens ont enlevé des morceaux de cortex à de très grands malades mentaux pour modifier fondamentalement leur personnalité.

Si une tête entière pouvait être transplantée, que choisiriez-vous éventuellement, une nouvelle tête ou un nouveau corps? Adapter un cerveau et un esprit à un nouveau corps serait une entreprise d'une ampleur considérable. Pouvez-vous imaginer apprendre à votre nouveau corps à faire des choses auxquelles s'est habitué votre cerveau?

Les problèmes immenses auxquels les chirurgiens qui tentent cette transplantation sont confrontés ne sont pas seulement d'ordre technique. Des questions religieuses, morales et humanitaires doivent être prises en compte bien avant d'essayer de greffer ainsi l'esprit sur la matière.

Trouvez-vous et soyez vous-même

Il serait peut-être bon, après toutes ces spéculations étonnantes, de revenir à l'une des questions les plus fondamentales posées au cours de l'Histoire: QUI ETES-VOUS? Saviez-vous que vous aviez une chance sur 300.000 milliards d'être créé? Vous êtes unique. Il n'y a personne qui vous ressemble tout à fait. Et votre esprit aussi est unique. Apprendre à vous trouver et à être vous-même est peut-être le plus terrible des défis de la vie, mais aussi le plus fantastique. Il n'y a rien de pire que d'essayer d'être quelqu'un que l'on n'est pas. Vous avez un corps et un esprit... profitez-en.

Tables astrologiques

Ces tables sont celles mentionnées dans les instructions reprises dans le **Chapitre quatre.**

TABLES DES PLANETES LOURDES

Les planètes lourdes se déplacent dans les signes du zodiaque aux dates données et y restent jusqu'à la date et jusqu'au signe indiqués ensuite.

Table de Jupiter

1989		*Cancer*
1990	18 août	*Lion*
1991	12 sept.	*Vierge*
1992	10 oct.	*Balance*
1993	10 nov.	*Scorpion*
1994	9 déc.	*Sagittaire*
1996	3 jan.	*Capricorne*
1997	21 jan.	*Verseau*
1998	4 fév.	*Poisson*
1999	13 févr	*Bélier*
	28 juin	*Taureau*
	23 oct.	*Bélier*
2000	14 fév.	*Taureau*
	30 juin	*Gémeaux*

Table de Saturne

1989		*Capricorne*
1991	6 fév.	*Verseau*
1993	21 mai	*Poisson*
	30 juin	*Verseau*
1994	29 jan.	*Poisson*
1996	7 avr.	*Bélier*
1998	9 juin	*Taureau*
	25 oct.	*Bélier*
1999	1 mars	*Taureau*
2000	10 août	*Gémeaux*
	16 oct.	*Taureau*

Table d'Uranus

1989		*Capricorne*
1995	1 avr.	*Verseau*
	9 juin	*Capricorne*
1996	12 jan.	*Verseau*
jusqu'an l'an 2000		

Table de Neptune

1989		*Capricorne*
1998	29 jan.	*Verseau*
	23 août	*Capricorne*
	27 nov.	*Verseau*

Table de Pluton

1989		*Scorpion*
1995	21 avr.	*Sagittaire*
	21 avr.	*Scorpion*
	10 nov.	*Sagittaire*
jusqu'an l'an 2000		

TABLES DES SIGNES SOLAIRES

1 Trouvez l'année de votre naissance
2 Cherchez sur la ligne la colonne dans laquelle figure le mois exact.
3 Notez le chiffre qui apparaît à l'intersection des deux colonnes.
4 Si le chiffre de votre date de naissance est inférieur à ce chiffre, votre signe solaire est celui qui se trouve au-dessus de la colonne précédente.
5 Si le chiffre de votre date de naissance coïncide ou est supérieur à ce chiffre, votre signe solaire est celui qui figure au-dessus de la colonne dans laquelle vous vous trouvez.

Exemples:

1931, 19 mai, signe solaire Taureau
1931, 29 mai, signe solaire Gémeaux

Abréviations des mois

JAN	janvier	MAI	mai	SEP	septembre
FEV	février	JUN	juin	OCT	octobre
MAR	mars	JUL	juillet	NOV	novembre
AVR	avril	AOU	août	DEC	décembre

Abréviations des signes

Vr	verseau	Ge	gémeaux	Ba	balance
Po	poissons	Cn	cancer	Sc	scorpion
Be	bélier	Li	lion	Sg	sagittaire
Ta	taureau	Vi	vierge	Cp	capricorne

Table des signes solaires de 1916 à 1935

	JA	FE	MR	AV	MA	JN	JL	AO	SE	OC	NO	DE
	vr	*po*	*be*	*ta*	*ge*	*cn*	*li*	*vi*	*ba*	*sc*	*sg*	*cp*
1916	21	19	20	20	21	21	23	23	23	23	21	22
1917	20	19	21	20	21	22	23	23	23	23	22	21
1918	20	19	21	20	21	22	23	23	23	24	23	22
1919	21	19	21	21	22	22	23	24	24	24	23	22
1920	21	19	20	20	21	21	23	23	23	23	22	22
1921	20	19	21	20	21	21	23	23	23	23	22	22
1922	20	19	21	20	21	22	23	23	23	24	23	22
1023	21	19	21	21	22	22	23	24	24	24	23	22
1924	21	19	20	20	21	21	23	23	23	23	22	22
1925	20	19	21	20	21	21	23	23	23	23	22	22
1926	20	19	21	20	21	22	23	23	23	24	23	22
1927	21	19	21	21	22	22	23	24	24	24	23	22
1928	21	19	20	20	21	21	23	23	23	23	22	22
1929	20	19	21	20	21	21	23	23	23	23	22	22
1930	20	19	21	20	21	22	23	23	23	24	23	22
1931	21	19	21	21	22	22	23	24	24	24	23	22
1932	21	19	20	20	21	21	23	23	23	23	22	22
1933	20	19	21	20	21	21	23	23	23	23	22	22
1934	20	19	21	20	21	22	23	23	23	24	22	22
1935	20	19	21	21	22	22	23	24	23	24	23	22

Table des signes solaires de 1936 à 1955

	JA	FE	MR	AV	MA	JN	JL	AO	SE	OC	NO	DE
	vr	*po*	*be*	*ta*	*ge*	*cn*	*li*	*vi*	*ba*	*sc*	*sg*	*cp*
1936	21	19	20	20	21	21	23	23	23	23	22	22
1937	20	19	21	20	21	21	23	23	23	23	22	22
1938	20	19	21	20	21	22	23	23	23	24	22	22
1939	20	19	21	20	21	22	23	24	23	24	23	22
1940	21	19	20	20	21	21	23	23	23	23	22	21
1941	20	19	21	20	21	21	23	23	23	23	22	22
1942	20	19	21	20	21	22	23	23	23	23	22	22
1943	20	19	21	20	21	22	23	23	23	24	23	22
1944	21	19	21	20	21	21	22	23	23	23	22	21
1945	20	19	20	20	22	21	23	23	23	23	22	22
1946	20	19	21	20	21	22	23	23	23	24	22	22
1947	20	19	21	20	21	22	23	24	23	24	23	22
1948	21	19	20	20	21	21	22	23	23	23	22	21
1949	20	18	20	20	21	21	23	23	23	23	22	22
1950	20	19	21	20	21	22	23	23	23	23	22	22
1951	20	19	21	20	21	22	23	23	23	23	23	22
1952	21	19	20	20	21	21	22	23	23	23	22	21
1953	20	18	20	20	21	21	23	23	23	23	22	22
1954	20	19	21	20	21	22	23	23	23	23	22	22
1955	20	19	21	20	21	22	23	23	23	23	23	22

Table des signes solaires de 1956 à 1975

	JA	FE	MR	AV	MA	JN	JL	AO	SE	OC	NO	DE
	vr	*po*	*be*	*ta*	*ge*	*cn*	*li*	*vi*	*ba*	*sc*	*sg*	*cp*
1956	21	19	20	20	21	21	22	23	23	23	22	21
1957	20	18	20	20	21	21	23	23	23	23	22	22
1958	20	19	21	20	21	21	23	23	23	23	22	22
1959	20	19	21	20	21	22	23	23	23	24	23	22
1960	20	19	20	20	21	21	22	23	23	23	22	21
1961	21	18	20	20	21	21	23	23	23	23	22	22
1962	20	19	21	20	21	21	23	23	23	23	22	22
1963	20	19	20	20	21	22	23	23	23	24	23	22
1964	21	19	20	20	21	21	22	23	23	23	22	21
1965	20	18	20	20	22	21	23	23	23	23	22	22
1966	20	19	21	20	21	21	23	23	23	23	22	22
1967	20	19	21	20	21	22	23	24	23	24	23	22
1968	21	19	20	20	21	21	22	23	23	23	22	21
1969	20	18	20	20	21	21	23	23	23	23	22	22
1970	20	19	21	20	21	21	23	23	23	23	22	22
1971	20	19	21	20	21	22	23	23	23	23	22	22
1972	21	19	20	19	20	21	22	23	23	23	22	21
1973	20	18	20	20	21	21	22	23	23	23	22	22
1974	20	19	21	20	21	21	23	23	23	23	22	22
1975	20	19	21	20	21	22	23	23	23	24	22	22

Table des signes solaires de 1976 à 1995

	JA	FE	MR	AV	MA	JN	JL	AO	SE	OC	NO	DE
	vr	*po*	*be*	*ta*	*ge*	*cn*	*li*	*vi*	*ba*	*sc*	*sg*	*cp*
1976	20	19	20	19	20	21	22	23	22	23	22	21
1977	20	18	20	20	21	21	22	23	23	23	22	21
1978	20	19	20	20	21	21	23	23	23	23	22	22
1979	20	19	21	20	21	21	23	23	23	24	22	22
1980	20	19	20	19	20	21	22	22	22	23	22	21
1981	20	18	20	20	21	21	22	23	23	23	22	21
1982	20	18	20	20	21	21	23	23	23	23	22	22
1983	20	19	21	20	21	21	23	23	23	23	22	22
1984	20	19	20	19	20	21	22	22	22	23	22	21
1985	20	18	20	20	22	21	22	23	23	23	22	21
1986	20	18	20	20	21	21	23	23	23	23	22	22
1987	20	19	21	20	21	21	23	24	23	23	22	22
1988	20	19	20	19	20	21	22	22	22	23	22	21
1989	20	18	20	20	21	21	22	23	23	23	22	21
1990	20	18	20	20	21	21	23	23	23	23	22	22
1991	20	19	21	20	21	21	23	23	23	23	22	22
1992	20	19	20	19	20	21	22	22	22	23	22	21
1993	20	18	20	20	21	21	22	23	23	23	22	21
1994	20	18	20	20	21	21	23	23	23	23	22	22
1995	20	19	21	20	21	21	23	23	23	23	22	22

Au catalogue Marabout

Astrologie
Sciences occultes

Les signes du zodiaque

Connaissez-vous par votre signe astral,
De Gravelaine J. .... MS 1400 [04]

Esotérisme/Divination

ABC de la numérologie, Fermier J.D. .... GM 0127 [07]
ABC des couleurs, Beresniak D. .... GM 0129 [07]
ABC des tarots, Silvestre C.H. .... GM 0044 [06]
ABC du magnétisme, Mandorla J. .... GM 0126 [07]
Auto-hypnose (L'), Curcio M. .... MS 1433 [07]
Cartomancie (GM de la), Maisonblanche F. .... GM 0019 [07]
Dictionnaire des symboles (Le), Julien N. .... MS 1429 [12]
Franc-maçonnerie - Initiation (La),
Pacout N. [novembre] .... MS 1436 [N]
Livre des oracles (Le), Blau D. .... MS 1435 [07]
Parapsychologie de A à Z (La), Curcio M. .... MS 1430 [09]
Radiesthésie (La), Aurive M. .... MS 1432 [07]
Talismans et leurs secrets (Les), Julien N. .... MS 1434 [07]
Votre avenir par les tarots, Sciuto G. .... MS 1401 [06]
Vous êtes médium, Aurive M. .... MS 1431 [07]

Psychologie

Psychologie / Psychanalyse

Comprendre les femmes, Daco P. .... MS 0001 [09]
Dictionnaire des rêves, Uyttenhove L. .... GM 0046 [06]
Interprétation des rêves (L'), Daco P. .... MS 0002 [07]
Mystères de l'homme (Les), Dr Moigno Y. .... MS 0786 [07]
Mystères de la femme (Les), Dr Moigno Y. .... MS 0787 [07]
Prodigieuses victoires de la psychologie moderne (Les),
Daco P. .... MS 0015 [09]
Psychologie et liberté intérieure, Daco P. .... MS 0004 [09]
Rêve (Le), Von der Weid J.N. [novembre] .... FL 0044 [07]
Triomphes de la psychanalyse (Les), Daco P. .... MS 0029 [09]
Une psychanalyse pour quoi faire?,
Moscowitz J.J. & Grancher M. .... MS 0008 [06]
Voies étonnantes de la nouvelle psychologie (Les),
Daco P. .... MS 0003 [09]
Vos secrets intimes, Dr Houri Ch. .... MS 0021 [09]

Psychologie et personnalité

ABC de la parole facile, Bower S. A. .... GM 0128 [04]
Art d'engager la conversation et de se faire des amis,
Gabor D. .... GM 0104 [06]
Connaissez-vous par votre écriture, Uyttenhove L. .... GM 0052 [07]
Développez votre intelligence, Azzopardi G. .... MS 0024 [09]
Etes-vous surdoué, Fixx J. .... MS 0031 [07]
Etrangers intimes (Des), Rubin L. .... MS 0034 [07]
Femmes qu'ils aiment, les femmes qu'ils quittent (Les),
Dr C.Cowan & Dr. M. Kinder .... MS 0033 [07]
Il (ou elle) boit, que faire? Pacout N. .... MS 0030 [07]
Langage des gestes (Le), Pacout N. [octobre] .... GM 0124 [N]
Méthode Coué (La), ... MS 0028 [07]
1000 citations pour réussir, Uyttenhove L. .... MS 0071 [07]
Parler en public, Pacout N. .... GM 0095 [07]
Qui êtes-vous? Groupe Diagram .... MS 0005 [12]
Qui étiez-vous? Groupe Diagram .... MS 0006 [12]
30 secrets de la réussite amoureuse (Les),
Dr Y. Moigno .... MS 0020 [07]

Tests

Mesurez votre Q.I., Azzopardi G. .... GM 0102 [06]
Réussissez les tests d'intelligence, Azzopardi G. .... MS 0023 [07]
15 tests pour connaître les autres, Gauquelin M. & F . GM 0015 [06]
Testez votre quotient intellectuel, Berloquin P. .... MS 0038 [06]
Tests psychologiques (Les), Cesari C. .... FL 0014 [07]
20 tests pour se connaître, Gauquelin M & F. .... GM 0020 [06]

Santé - Forme

ABC de la diététique (L'), Dr Peeters E.G. .... GM 0041 [07]
Aventure des kilos perdus (L'), Aubry F. .... MS 1621 [07]
Boulimie et anorexie, Pacout N. .... MS 1551 [07]
Calories-compteur (Le), Prévot F. .... GM 0013 [04]
150 meilleures recettes pour diabétiques, Lesourd C. . GM 0034 [06]
Changer d'alimentation, Pr. H Joyeux .... MS 1555 [07]
Clés du bon sommeil (Les), Pacout N. .... GM 0116 [06]
Combattre la cellulite, Yayon A. .... MS 1617 [04]
Cycles de la femme (Les), Dr Tamborini A. .... MS 1608 [09]
Dépression (La), Morand de Jouffrey P. .... FL 0056 [07]
Dico-guide de l'homéopathie, Dr Bourgarit R. .... GM 0030 [09]
Dictionnaire familial d'homéopathie, Dr Maury E.A. ... MS 1553 [07]
Enceinte et en forme, Labro F. .... MS 0739 [07]
Guide anti-stress, Dr J. Renaud .... GM 0121 [07]
Guide des examens médicaux,
Dr D. Labayle & C. Radiguet .... MS 1612 [07]
Guide des massages bien-être, Julien N. .... GM 0113 [07]
Guide des premiers soins, Pacout N. .... GM 0106 [04]
Gym au quotidien (La), Laty D. .... GM 0119 [07]
Livre de bord de la future maman, Delahaye M.C. ...... MS 1604 [09]
Livre de bord de la future maman, Edition cartonnée,
Delahaye M.C. .... HC 140FF
Maigrir, Mallet J.B. .... MS 1554 [09]
Maigrir avec les hautes calories, Leconte M. .... MS 0584 [06]
Oligo-éléments (Les), Dr Moatti R. .... GM 0035 [06]
Régime F comme fibres (Le), Eyton A. .... MS 0624 [04]
Relaxation (La), Casari P. [novembre] .... FL 0055 [07]
Rhumatismes (Les), Deluchey G. [octobre] .... MS 1623 [N]
Scarsdale, régime médical infaillible,
Drs Tarnower H. & Baker S.S. .... MS 1556 [06]
Se soigner seul et sans risque, Dr Ouvrier J. .... MS 1605 [06]
Soignez-vous à la chinoise, Dr Grigorieff G. .... MS 0768 [07]
Soignez-vous par le vin, Dr Maury E.A. .... MS 1552 [07]
300 recettes minceur, Bérard L. .... GM 0036 [07]
Un bon dos, c'est facile, Payri O. .... GM 0075 [06]
Yoga des yeux (Le), Darst Corbett M. .... GM 0023 [07]

Sexualité

100 questions sur le sexe le plus souvent posées par les adolescents, Dr Herman .... MS 1618 [04]
Comment bien faire l'amour ensemble, Penney A. [novembre] .... GM 0136 [N]
Comment faire l'amour à un homme, Penney A. .... GM 0079 [06]
Comment faire l'amour à une femme, Morgenstern M. . GM 0081 [06]
Dictionnaire pratique de la sexualité, Dr. Y. Moigno ... MS 1615 [12]
Femme et son plaisir (La), Dr Gilbert Tordjman .... MS 1619 [09]
Guide des aphrodisiaques (Le), Julien N. .... MS 1622 [07]
Initiation sexuelle, Arnaud M. .... FL 0023 [07]
Magie du sexe (La), Penney A. .... MS 1607 [06]
Sexe de la femme (Le), Zwang G. .... MS 1609 [09]
Sexualité féminine (La), Tauval L. .... FL 0030 [07]
Sexe, manuel pratique illustré (Le), Groupe Diagram ..... GM 0017 [09]

Vie quotidienne

ABC de la comptabilité, Batsch L. .... GM 0122 [09]
Ainsi vivaient nos ancêtres, Beaucarnot J.L. .... MS 1312 [09]
Bourse (La), Jablanczy A. [octobre] .... FL 0052 [07]
100 clés pour bien écrire, Gourmelin M.J. .... GM 0112 [07]
150 questions à mon notaire, Reillier L. .... GM 0021 [07]
125 modèles de lettres d'amour, Maury P. .... GM 0090 [06]
Code Civil belge 1991 .... 370FB
Comment acquérir une super-mémoire, Dr Renaud J. . GM 0091 [07]
Correspondance (La), d'Assailly G. .... MS 0311 [04]
200 modèles de lettres, Maury P. .... GM 0016 [07]
200 questions à mon avocat, Blouin M.M. & Lalanne F. . MS 1338 [07]
Dictionnaire de votre argent (Le), Cadart N. .... HC 120FF
Dictionnaire Marabout des trucs (Le), Fronty L. .... MS 1317 [07]
Encyclopédie de poche illustrée .... MS 1335 [09]
Guide de vos démarches (Le), Le Bras F. .... MS 1337 [09]
Guide des assurances personnelles, Cadart N. .... HC 119FF
Guide des copropriétaires (Le), Ritschy M.F. .... MS 1327 [07]
Guide du bon conducteur (Le), Puiboube D. .... MS 0789 [09]
Guide du courrier facile, Ovtcharenko C. .... MS 1336 [12]
Guide du permis de conduire (Le), Puiboube D. .... MS 0788 [12]
Guide Marabout de l'héritage (Le), Le Bras F. .... MS 1324 [07]
Livre d'or des noms de famille (Le), Gonzalez P.G. ...... HC 124FF
Précis de savoir-vivre, Menard M. .... FL 0047 [07]
Prénoms, un choix pour l'avenir (Les), Mercier C. & Daco P. .... MS 0369 [09]
Règles d'or du secrétariat personnel (Les), Lange E. . GM 0005 [07]
Savoir-vivre (Le), d'Assailly G. & Baudry J. .... MS 1310 [06]
Savoir-vivre aujourd'hui (Le), Pacout N. .... GM 0087 [06]
Vivre la République, Guédon J.F. & Gourmelin M.J. ..... MS 1326 [07]
Vraie vie des prénoms (La), Corinthe P. .... GM 0037 [09]

Loisirs / Sports

Passe-temps

50 tours de magie faciles et spectaculaires, Romano P.	GM	0123 [06]
Claviers (GM des), Virga	GM	0058 [09]
Dessin (GM du), De Prémont R.-M.	GM	0008 [07]
Dictionnaire des mots croisés T.1, Noël L. & M.	MS	0184 [09]
Dictionnaire des mots croisés T.2, Noël L. & M.	MS	0185 [09]
Dictionnaire des mots croisés T.3, Noël L. & M.	MS	0186 [09]
Guide du camescope, Barbin M.	GM	0109 [07]
Guide du Compact-disc classiques 1992	HC	78FF
Guide du Compact-disc variétés 1992	HC	78FF
1000 accords pour la guitare, Moulou P.	MS	0161 [09]
1000 accords pour les claviers, Mickaelian A.	MS	0162 [09]
Photographie (GM de la), Biderbost M.	GM	0009 [07]
15 minutes par jour pour apprendre la guitare (Livre + K7), Moulou P. [octobre]	GM	1116 [N]
15 minutes par jour pour apprendre le solfège (Livre + K7), Arnould M. [octobre]	GM	1115 [N]
15 minutes par jour pour apprendre les claviers (Livre + K7), Mickaelian A. [octobre]	GM	1117 [N]
Sons d'Afrique, Bensignor F.	HC	30FF
U2 et le rock irlandais, Blanchet Ph.	HC	30FF

Jeux

Bridge, initiation (Le), Lohéac F.	GM	0080 [07]
100 Jeux et casse-tête T. 1, Berloquin P.	MS	0132 [04]
100 Jeux et casse-tête T. 2, Berloquin P.	MS	0133 [04]
100 Jeux Junior 3, Arcaini D.	HC	16FF
100 Jeux Junior 4, Arcaini D.	HC	16FF
100 Jeux Junior 5, Arcaini D.	HC	16FF
100 Jeux Junior 6, Arcaini D.	HC	18FF
100 Jeux Junior 7, Arcaini D.	HC	18FF
100 Jeux Junior 8, Arcaini D.	HC	18FF
100 Jeux Junior 9, Arcaini D.	HC	20FF
100 Jeux Junior 10, Arcaini D.	HC	20FF
100 Jeux Junior 11, Arcaini D.	HC	20FF
100 Jeux pour se perfectionner au scrabble, Berloquin P.	MS	0134 [06]
132 Jeux futés, Arcaini D.	HC	19.50FF
132 Jeux junior 1, Arcaini D.	HC	16FF

132 Jeux junior 2, Arcaini D.	HC	16FF
50 tours de cartes, Romano P	GM 0125	[06]
Echecs (GM des), Van Seters F.	GM 0064	[07]
Jeux d'intérieur, (GM des), Basset-Clidière M.	GM 0093	[09]
Jeux de papier, Gourlat C.	MS 0791	[04]
Jeux de plein air, (GM des), Basset-Clidière M.	GM 0094	[09]
Jeux de rien, Gourlat C.	MS 0753	[06]
Scrabble (GM du), Charlemagne M.	GM 0050	[09]
Testez-vous aux échecs, Loéhac F.	MS 0153	[09]
Tous les jeux de cartes (GM de), Gerver F.	GM 0039	[09]
20 jeux entre amis T. 1, Berloquin P.	MS 0135	[06]
20 jeux entre amis T. 2, Berloquin P.	MS 0136	[04]
20 réussites les plus passionnantes (Les), Berloquin ..	MS 0131	[04]
20/20 en maths de 7 à 10 ans, Lefebvre S	HC	20FF
20/20 en maths de 10 à 12 ans, Lefebvre S.	HC	20FF
20/20 en maths de 12 à 15 ans, Lefebvre S.	HC	20FF
20/20 en orthographe de 7 à 10 ans, Lefebvre S.	HC	18FF
20/20 en orthographe de 10 à 12 ans, Lefebvre S.	HC	18FF
20/20 en orthographe de 12 à 15 ans, Lefebvre S.	HC	18FF

IMPRIMÉ EN FRANCE PAR BRODARD ET TAUPIN
1111F-5 - Usine de La Flèche (Sarthe), le 03-01-1992.

pour le compte des
Nouvelles Editions Marabout
D.L. janvier 1992/0099/14
ISBN 2-501-01339-5